经通中外 ◆ 管汇知行
思成用谨 ◆ 想集致新

清华经管思想文库

心性

女性管理者的8项自我修炼

[美] 胡佳 / 著

清华大学出版社
北京

北京市版权局著作权合同登记号　图字：01-2025-1441

图书在版编目（CIP）数据

心性：女性管理者的 8 项自我修炼 /（美）胡佳著 .
北京：清华大学出版社，2025. 3. -- ISBN 978-7-302-68654-5

Ⅰ . C933

中国国家版本馆 CIP 数据核字第 2025YK0168 号

责任编辑：宋冬雪
封面设计：青牛文化
责任校对：王荣静
责任印制：杨　艳

出版发行：清华大学出版社
　　　　　网　　　址：https：//www.tup.com.cn，https：//www.wqxuetang.com
　　　　　地　　　址：北京清华大学学研大厦 A 座　　邮　　编：100084
　　　　　社 总 机：010-83470000　　　　　　　　邮　　购：010-62786544
　　　　　投稿与读者服务：010-62776969，c-service@tup.tsinghua.edu.cn
　　　　　质 量 反 馈：010-62772015，zhiliang@tup.tsinghua.edu.cn
印 装 者：三河市科茂嘉荣印务有限公司
经　　销：全国新华书店
开　　本：155mm×230mm　　印　张：24.5　插 页：1　字　数：246 千字
版　　次：2025 年 4 月第 1 版　　印　次：2025 年 4 月第 1 次印刷
定　　价：89.00 元

产品编号：108980-01

双重关爱模型：
女性领导力的新篇章

在全球商业环境不断变化的当下，女性领导者正以独特的视角和力量推动组织变革与社会进步。然而，如何平衡温和与果敢、包容与执行力，始终是女性管理者在职场中面临的关键挑战。胡佳的这本新书提出了优秀的女性领导者的八大特质：自信（第一章）、关怀心（第二章）、果敢（第三章）、利他（第四章）、坚韧（第五章）、重新思考（第六章）、进取（第七章）以及授权（第八章）。这八项共同构成了"2CAREs"框架，即竞争型女性领导力中的核心理念（见前言）。通过"双重关爱模型"（第9章总结），胡佳为我们提供了一个全新的领导力视角：女性管理者既可以温暖人心，又能够果断有力，以双重优势在管理领域开创属于自己的舞台。

这本书的意义远远超越性别，适合所有希望在职场中成为高效领导者并为建设更美好世界做出贡献的人——不分性别、职位或行业。胡佳通过扎实的理论框架，并借鉴丰富的领导力与性别相关文献，真实的国际与中国情景下的案例分析，以及前沿的企业实践，为读者构建了一幅完整的领导力图景。这不仅是对学术的贡献，对职场实践也有深刻的启发。

胡佳拥有深厚且卓越的学术背景。在短短 10 年间，她在美国一流商学院获得了管理学终身正教授职位，成为少数华人学者中的杰出代表。她的关于领导力的研究在国际学术界享有盛誉，她本人被评为 2011—2017 年间全球领导力领域最高产的学者前十名，并获得了管理学会的全球领导力学者"职业中期成就奖"。带着这些深厚的学术积淀，她选择回到中国，将国际化的视野与本土职场实践相结合，为组织领导力的研究和发展注入了新的活力和视角。

胡佳不仅是一位严谨而富有创意的学者，更是一位充满温暖和力量的朋友。她总能以敏锐的眼光洞察复杂的现象，并用通俗易懂的方式将深刻的学术洞见传递给更多人。这样的特质，使得她的这本书既有理论的高度，又有实践的温度。她本人就是这种"双关爱型领导者"的典范。

这本书内容丰富，既有严谨的理论框架，又辅以真实的案例和前沿的企业实践。无论你是女性管理者、研究性别课题的学者，还是希望提升自己领导力的职场人士，这本书都能为你带来启发与行动的方向。

我相信，这本书不仅是一部探索女性领导力的杰作，更是一部推动职场性别平等、提升领导力多样性的指南。无论男女，阅读这本书，你将学到如何成为一名更有智慧、更有力量的领导者，帮助企业去创造一个更美好的社会。

徐淑英

美国亚利桑那州立大学凯里商学院荣休讲席教授，香港科技大学管理系创系主任，美国管理学会院士和第 67 届学会主席，《美国管理学学会期刊》第 14 任主编，《组织管理研究》创刊主编，中国管理研究国际学会（IACMR）创会主席，"负责任的商业和管理研究"（Responsible Research in Business and Management network）联合创始人

具有双重关爱的领导力所向披靡

虽然我是一个性别意识比较弱的人，而且不曾做过与性别差异相关的研究，但是当胡佳问我能否为她的新书写序的时候，我毫不犹豫地答应了。

认识胡佳，是在 2017 年 4 月，我应邀去圣母大学商学院访问。我们一见如故，聊得停不下来，大有相见恨晚的感觉。她长期以来做与领导力相关的研究，在顶尖期刊上发表了很多论文。她也教了多年的领导力课程，除了理论，还邀请很多优秀的管理者，其中不乏女性高管，去课堂中与学生交流。此外，她还是我认识的学者中最愿意做服务工作的人，主动请缨担任各种活动的组织者。我就任《组织管理研究》的主编后，立刻就请她做了副主编。她工作勤奋出色，后来又兼任了《应用心理学》的副主编，还被选为美国管理学会组织行为学分会的代表，以及中国管理国际学会的地区代表，并主动发起了关怀女性学者成长的论坛。在这么多工作之外，她又是好几个博士生的导师，也是一位有着年幼孩子们的母亲。胡佳能够同时扮演好这么多不同的角色，早就令我钦佩不已，也一直想了解她能够兼顾这些的秘诀。今天读完这本书，我突然就找到了答案。

这个答案最浓缩的表达，就在本书的两个关爱（CCAARREE）之中。

首先是 Confidence，即自信心。女性要突破社会的刻板印象，不自我设限，要对自己的能力和才华充满信心。同时要展现Compassion，即同情和怜悯之心，这种被认为是女性与生俱来的温柔气质。这两个"C"的巧妙匹配，能让女性领导者焕发出别样的光芒。

其次，女性不能唯唯诺诺，要敢于发出自己的声音，表现出坚定果敢，也就是 Assertiveness。但与此同时，这种果敢又不是为自己，而是利他先行的，即 Altruism，为集体的共同目标挺身而出。这两个"A"的天然结合，为女性展现领导力增加无限可能。

女性的认知灵活性和反思能力 Rethinking，及其韧性 Resilience，是两个"R"的组合。认知和反思能力的核心，对于女性来说，是打破偏见和性别刻板印象，对自己有更客观准确的认识，从而充分挖掘自己的潜力。比如，女性常常被误认为是脆弱一族，经不起风吹雨打，实证研究却表明，女性的韧性很强，不会轻易被打倒。把这两个"R"连在一起，女性的 Confidence 也就自然增加了。

最后，则是两个"E"：一个是 Enterprising，即不断进取、追逐梦想的精神；另一个是 Empowering，即赋能他人去成就团队的授权风范。女性不能把自己的梦想局限于小家、局限于贤妻良母的角色，而应该在更广阔的天地中发挥自己的潜能。延伸出去，当女性成为管理者的时候，也同样要创造条件使别人成长，让他们能够在工作中实现自己的理想。

本书在讲述上述理念时，不仅引用了许多发表在学术期刊上的实证研究，而且列举了大量的优秀女企业家的实际案例和故事，来佐证说明每一个论点，有理有据，非常有说服力。更难得的是，作者在每一章都提供了具体的测量工具，让每个有志于成为具有双重关爱领导力的人都可以检查自己每一天的进步，制订计划，以达到理想状态。最重要的是，胡佳自己就是双重关爱领导力的亲身实践者。

当然，作为一个性别意识不那么强的学者，我在阅读这本书的时候，头脑里不免反复出现一个问题，那就是："难道这些品质只对女性管理者重要吗？"

亲爱的读者，你说呢？

是为序。

陈晓萍

美国华盛顿大学福特斯商学院讲席教授，原副院长

2024 年 12 月 25 日，圣诞节

于美国西雅图

"双关之力"前沿探究的价值与意义

呈现在读者面前的这本书，是胡佳教授深度剖析女性领导力特质、挑战与路径的力作。作为深入科研一线、了解学科前沿的学者，胡佳教授通过对当今商业世界中女性领导者角色的深刻洞察，融合管理学、心理学、经济学及性别研究等领域的最新成果，以丰富的案例分析和真实故事，为我们重新审视女性领导力的本质提供了独特的视角，也以理论创新为学术研究的方向、方法和议题提出全新的思考。

胡佳教授在书中从自信、关怀心、决断、利他、坚韧、重新思考、进取、授权 8 个维度，解析了女性领导力的构成要素与实践策略，展现了女性管理者如何在复杂多变的商业环境中，无惧传统观念与现实挑战，凭借独特的领导力风格，最终实现个人与组织的共同成长。

"双重关爱（2CAREs）"模型是本书的核心。这一模型不仅为女性管理者提供了一种全新的领导力框架，也为我们理解女性领导力的独特优势提供了有力的理论支持。此外，这本书没有止步于对女性领导力特质的描述与分析，而是进一步总结了将这些特质转化为实际领导力效能的路径与方法，深入探讨了意图、行为与结果之间的动态关系，有着至关重要的现实意义。

这本书是一部兼具理论深度与实践价值的作品，为读者提供了一个全面而深入地理解女性领导力的窗口。把某个领域的前沿问题与前沿方法相结合，并引起广泛的共识与关注，是不容易的。这不仅需要作者在创作过程中付出巨大的努力，也需要其具备高度的社会责任感和人文情怀。胡佳教授的这部著作不仅是对"双关之力"的前沿探究，也可以为所有追求持续学习与成长的读者提供启示。

通过阅读这本书，我相信每一位读者都能从中汲取力量与智慧，同时打破传统观念的束缚，以更加科学、理性的心态去审视和接纳不同的领导力风格与特质。在这个充满挑战与机遇的时代，期望我们可以携手共进，共同探索双关之力的无限可能，为构建一个更加多元、包容和美好的社会贡献力量。

薛健

清华大学经济管理学院教授，副院长，党委书记

CONTENTS 目 录

写在前面

写这本书时，一个特别的对话始终在我脑海中挥之不去。几年前，我参加了一场中小企业峰会，和一群企业家聚会聊天。当时话题聚焦在一位刚刚上任的女性CEO（首席执行官）。我原以为大家会热烈讨论她如何规划企业战略、如何打造团队协作，但出人意料的是，有人突然问了一句："她结婚了吗？"

这句话仿佛打开了某种开关，原本专业的讨论立刻被转移到了她的个人生活上。有人猜测她的婚姻状态，有人分析她的家庭背景，甚至还有人对她未来的"稳定性"提出疑问。那一刻，我意识到，在很多人眼中，女性高管的私人生活似乎比她们的商业决策更值得关注。

这样的场景并不罕见。女性领导者常常被贴上标签：她们的性别、婚姻状态，甚至着装风格，往往成为媒体和公众讨论的焦点。无论是家族企业的继承者，还是独立开拓的变革者，她们的职业表现都容易被淹没在性别化的叙事中。

想想宗馥莉刚接任娃哈哈集团时铺天盖地的报道，"未婚"的标签一次次抢占了头条，而她的企业愿景和管理思路却鲜有人真正深入探讨。这种现象背后，隐藏着深刻的社会偏见：为什么我们评判女性领导者时，总是先关注她们是否符合某种传统生活标准，而非她们的专业能力和实际贡献？

更令人深思的是，这不是个别现象，而是贯穿在女性职业生涯中的普遍困境。女性领导者往往要承受远高于男性同行的期待和标准，以证明自己不仅"足够优秀"，还要"无懈可击"。

它让我想起发生在身边的一个真实案例。希瑟，一位在金融界初露锋芒的女性领袖，不仅是管理着一家数百亿美元资产的私募基金公司的董事长兼 CEO，还是一位勇于破旧立新、不畏挑战的女性标杆。我曾邀请她到我在美国的大学商学院分享经验。

她充满激情地讲述了自己的成长经历：如何在父母全然不知的情况下改换大学专业，通过辛勤打工完成学业；在面临 20 个工作机会时，为什么选择了与自己专业毫无关联的金融行业；在金融界男性主导的背景下，如何从一名基层员工成长为中层管理人员，又如何抓住一个偶然的机遇，主动申请到澳大利亚的 CEO 职位，并在许多男性候选人不愿离开美国的情况下，毅然决然地迈出这一步；如何撰写一份详细的战略计划，不仅说服了总部，还成功地引领澳洲分公司实现飞跃；在随后的 5 年中，如何通过自己的努力和智慧彻底改变了公司的命运；当一个表现不佳的纽约私募基金公司提出挑战，邀请她成为董事长兼 CEO 时，她为什么勇于接受，并且怎样在短时间内扭转了公司的颓势，使之成为行业的领头羊。

她的故事极大地激励了听者，在提问环节引发了热烈的讨论。其中一位男性学生问道："您频繁更换工作、四处奔波，您的丈夫是怎么看待的？"希瑟平和地回答："他非常支持我，因为他是全职父亲。"这个出人意料的答案让全场一片寂静。为了缓解这一尴尬氛围，她幽默地补充说："我丈夫每天送孩子上学后会去和其他全职妈妈们喝茶，但喝完茶后，她们就不再带上我的丈夫了，因为她们要去做指甲。"这引起了全场的笑声。我的学生群体，来自美国、欧洲各国、印度、东南亚国家、韩国和中国等，背景丰富多元。他们的反馈和交流揭示了一个跨文化共识：性别与管理的议题，无论在地球的哪个角落，都让人关心。这促使我们思考，如何在多样化的文化背景下，探讨并解决性别平等面临的挑战。

希瑟的分享不仅讲述了她在职场奋力拼搏的故事，更深入挖掘了性别角色和传统观念如何影响女性在男性主导的工作环境中的晋升之路。她的经历犹如一面镜子，映射出社会对女性职场角色的固有预期，以及她们为突破这些桎梏所面临的挑战。

她的故事，不仅是一段个人成长和自我实现的旅程，更是对那些在追求职业成功过程中勇敢面对挑战、不屈不挠打破性别偏见的女性的肯定。她的经历鼓舞了其他女性在职业发展道路上勇于突破，同时也促使男性反思，共同支持构建一个性别平衡的工作环境。

此外，希瑟与伴侣之间互补的角色关系，展示了现代家庭中性别角色的多样化和转变，挑战了传统的刻板印象，为建立基于平等与尊重的伙伴关系树立了典范。

希瑟的成功不仅体现了其个人的卓越成就，更是对职场中性别平等和多元化的有力诠释。她的经历激励我们重新审视，探索如何构建一个更加公正、包容的工作环境，同时也提醒我们，每个人，无论是什么性别，都有机会展示自己的才华，追求自己的梦想。

在这个跨文化的讨论背景下，希瑟的故事成为一个关键的反思起点，引发了我们对性别、管理和职场文化的深入探讨。通过她的演讲，我们被启发去思考：当对女性领导力和家庭角色的理解被广泛接受时，我们的社会将如何变得更加多元、包容和美好。

2023 年的诺贝尔经济学奖得主，哈佛大学教授克劳迪娅·戈尔丁（Claudia Goldin）通过对过去 100 年的数据分析发现，男女工资不平等的根本原因在于女性在育儿方面的无偿工作，传统上女性承担了养育孩子的主要责任。美国咨询巨头麦肯锡在 2023 年的一项全球调研中发现，管理层中女性的占比约为 40%，体现了社会的进步。而在高层管理者中，女性的比例从 2018 年的 22% 上升至 2023 年的 28%，尽管这代表了明显的进步，但前路依旧遥远。在全球最大的公司——那些贡献了全球三分之一 GDP 的《财富》500 强企业中，女性 CEO 的比例在 2023 年仅为 5.8%，2024

年虽创下历史新高，但也仅为 10.4%。根据彭博社（Bloomberg）计算，在标准普尔 500 指数所覆盖的公司中，名为 John（约翰）或 James（詹姆斯）的 CEO 数量甚至比所有女性 CEO 加起来还要多。

在中国，近年来女性高管的占比一直处于上升趋势，CEO 为女性的公司在上市公司的占比为 6.4%，财务总监为女性的占比为 26.3%，董事会成员有女性的占比是 13.8%，都超过了全球平均水平。在商业领域，中国女性成为高管已不再是新鲜事。除了宗馥莉，新希望的刘畅、香飘飘的蒋晓莹、美邦服饰的胡佳佳、信德集团的何超琼、达利食品的许阳阳、华为的孟晚舟、格力电器的董明珠、华熙生物的赵燕等，都是杰出的女性领袖。这些女性担任董事的中国上市公司，在生物医疗、科技创新、互联网大数据等领域的比重越来越高。美国前总统拜登曾在多次演讲中提出提高女性在企业管理层的地位，并引用了"妇女能顶半边天"的说法，有趣的是，《福布斯》后来特别指出这句话的原作者是毛泽东主席。

尽管中国企业高层女性管理者的比例高于发达国家的平均水平，但女性在职场上仍面临众多挑战。正如前文提到的，在关于一个成功女性管理者的新闻报道中，对其个人婚姻状况和性别的过度关注，反映了一种根深蒂固的传统观念。

组织心理学家沙因（Schein）曾深刻指出："谈到经理，人们首先想到的往往是男性。"这句话揭露了一个广泛存在的现象：在许多国家，性别角色和管理岗位紧密相连的刻板印象不幸地得到了普遍认同。面对这一现实，不少女性在追求管理职位的征途中，觉得自己必须展现出更多被视为男性的特质。

这种观念让许多人陷入一个常见的误区：女性管理者似乎只有披上"男性化特质"的外衣，才能在职场上获得成功，而忽视了自身独特而宝贵的特质，仿佛这些特质与成功无关。事实上，为了打破偏见并赢得广泛认可，女性管理者往往需要展现更卓越的资历和背景，并在事业上取得耀眼成就。这种现象在心理学中被称为"双重标准"和"期望突破效应"。美国杜克大学的阿什莉·罗塞特（Ashleigh Rosette）和利·托斯特（Leigh Tost）的研究则为女性领导力带来了令人深受鼓舞的发现：当女性高管将男性化特质（如果断）与女性化特质（如关怀）融合时，不仅会获得更积极的评价，其整体领导效能也常被认为超越男性领导者。这一研究为女性领导力的独特优势提供了重要的理论支持。

我曾与新希望集团的联合创始人李巍女士探讨过这一话题，她提到女性管理者常需要在"雌雄同体"中找到平衡。这一观点正与我在本书提出的"双关爱（2 CAREs）"模型相呼应。在这个模型中，女性管理者既可以展示男性化的管理特质，如自信（Confidence）、决断力（Assertiveness）、重新思考（Rethinking）和进取精神（Enterprising），又能够保留女性化的管理特质，如关怀心（Compassion）、利他性（Altruism）、坚韧（Resilience）和授权（Empowering）。两种特质的融合，不仅可以拓宽女性管理者的领导力风格，也可以为其在职场中赢得更多认可提供有力支持。

　　本书基于国际管理学领域的前沿研究，融合最新学术成果和众多女性高管与创业者的真实经历，从多个角度揭示了女性在职场中的现实挑战与潜在可能性。希望这些故事与分析能够为每一位读者——无论性别——提供启发，帮助他们找到自己的职场定位，勇敢应对挑战，突破性别偏见。

　　本书通过对研究和案例的深入剖析，提出的"双关爱（2 CAREs）"模型（图 0-1），力求为女性领导力勾勒清晰的方向。通过整合自信与关怀心、决断力与利他心、坚韧与重新思考、进取心与授权这些核心特质，女性管理者能够在复杂多变的企业环境中充分发挥独特优势。

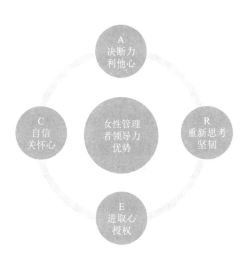

图 0-1　双关爱（2CAREs）模型

本书并不试图提供普适的答案，而是希望通过前沿研究、真实案例和深刻反思，为读者开启思考的空间，启迪新的可能。在这段探索与成长的旅程中，愿你感受到启发与力量，找到属于自己的平衡，与时代同行，创造属于你的精彩未来。

此外，本书还探讨了一个重要的方法模型，致力于解析在决策和评估事件时常见的误解：我们往往不能清晰地区分意图、行为和结果之间的差异。人们常常抱怨："我只是想要下属进步，他们怎么就不理解呢？"或"难道我的老板没看到我的努力吗？我所做的一切不都是为了团队和公司的利益吗？"这些反映了一个广泛存在的误区：混淆了为集体利益服务的愿景（意图）、与集体的具体互动方式（行为）和实现团队业绩提升、满意度增进的结果。尽管意图可能会影响结果，但它并不能保证直接促成与初衷相符的行为或带来预期的结果。这种情况被称为预测的信度问题。我们因实际结果与期望不符而感到遗憾和焦虑，错误地认为意图必然会导致特定的行为，并且这些行为会自然而然地产生预期的结果。当结果不尽人意时，我们感到不快。本书强调，所有的反思都不应仅局限于当前，而应视为一种持续变化所带来的结果的改善和提升。

重要的是，意图、行为与结果并非孤立存在，而是构成了一个动态循环的过程：结果反过来影响意图，行为揭示了意图的真实性，同时也受到结果的影响（图0-2）。这种相互作用强调了在任何领域内，尤其是在领导力的培养上，理解并应用这三者之间的动态关系是至关重要的。结合这个方法模型，本书深入探讨了女性领导者所需的意图与行为，详细分析了它们的重要性（即促进意图）、如何付诸实践（即促进行为），并穿插了评估与跟踪的环节，以便更深入地理解其结果。

图 0-2　意图、行为与结果构成动态循环

在深入探讨女性领导力的过程中，本书试图打破传统观念的界限。通过提出"双关爱"模型，本书不仅为女性管理者搭建了一个展示其独特优势的平台，也向所有追求有效领导力的人士开放了宝贵的视角。本书融合了心理学、管理学、经济学以及性别与管理等领域的研究成果，并深入分析了女性高层领导的案例和自我反思，旨在鼓励读者去发现和培养那些能够提升他们领导力效能的关键品质。

写作本书，绝不仅限于为女性管理者勾画出职业发展路径，更希望为所有领导者，提供一些可能的启示，哪怕这些启示仅仅能在他们的专业领域中带来一丝助益。我满怀谦逊与求知欲，真诚地邀请你一起，踏上这段探索知识与个人成长的旅程。

若你愿意，就请让我们共同迈出这一步。

第一章

自信之光：
女性管理者的启航

（Confidence）

意 愿
为什么自信对于女性管理者很重要？什么是真正的自信？

行 为
什么因素影响了自信？如何才能做到在管理职位上有健康的自信？

结 果
如何测评自己的自信水平？

"一旦我们相信自己，就能勇于尝试那些充满好奇、惊喜和自发性的事物，体验揭示人类精神的活动。"

——E.E. 康明斯（E.E. Cummings）

"若想成为无可替代的人，必须始终独具一格。"

——可可·香奈儿（Coco Chanel）

为什么女性会不自信

在职业生涯的初期，弗吉尼亚·罗曼提（Virginia Rometty）面临着一个可能改变她职业命运的重大机会：她被提名为 IBM 下一任 CEO。然而，当这个机会摆在面前时，她却犹豫不决。她觉得自己还没有准备好，缺乏必要的经验，因此向对方表示需要时间来思考。"你知道的，我还没准备好承担这份工作。我需要更多时间、更多经验，这样我才能做得更好。"她说道。

那晚，她一如既往地向丈夫吐露心声。他安静地坐着，仔细听着她的考虑，然后平静却带着一丝挑战的语气对她说："你觉得，如果换作一位男性，他会做出同样的回答吗？"这句话像一记警钟，震醒了她，让她开始重新审视自己的决定。她意识到，尽管人们可能会对自己的能力和知识持有保留意见，但保持自信是通往成功的重要一步。她把这个教训当作一次冒险的开始。"这教会了我，即使你内心对自己可能知道或不知道的东西非常不确定，你也必须保持自信。"她在一次《财富》MPW女性峰会上说。

哈佛商学院研究女性商业角色的教授罗莎贝斯·莫斯·坎特（Rosabeth Moss Kanter）曾指出，处于高层的女性往往被限制在"三个P"角色：人事管理（People）、采购协调（Purchasing）和公关事务（Public Relations）。然而，罗曼提在IBM的职业旅程已经证明了她如何突破了这些传统角色的束缚。罗曼提1981年从计算机科学和电气工程专业毕业加入IBM开始，其职业路径就展现了突破性。她在技术、战略和销售等多个领域取得了显著成就，最终成为IBM在销售、营销和战略方面的高级副总裁。

尽管如此，罗曼提的经历也揭示了一个更为普遍的问题：即便是像她这样身为全球500强企业的女性领袖，并且拥有超过传统性别界限的成就和资格，也难免会遭遇自信的缺失，在面对机会时，往往倾向于自我怀疑，而非主动自我推广。

这种现象并非个例。研究表明，女性在自我推广方面显著弱于男性，这种差异导致了晋升和薪酬上的显著不平等。在美国国家经济研究局的一篇论文中，来自密西根大学的性别经济学家克里斯汀·埃克斯利（Christine Exley）及其合作者发现，尽管男性和女性的平均成绩相同，女性在测试中对自己的表现评分却普遍低于男性。具体而言，男性平均给自己的表现打61分（满分100分），而女性只给自己打了46分。即使被明确告知自我评价将影响雇用结果与薪资水平，女性在自我推广方面仍低于男性。

LinkedIn 的一项调查显示，女性在申请职位时更倾向于自己 100% 符合资质要求，而男性仅需满足 60% 的要求就会提交申请。这表明女性对自身能力的信心不足，直接影响了她们主动追求机会的可能性。

根据智睿咨询（Development Dimensions International, DDI）和经济咨商会（Conference Board）2017 年的研究，仅有 30% 的女性领导者认为自己位于领导者的前 10%，而同等职位的男性有 37% 的人认为自己处于顶尖之列。这项研究发现，在更高的管理层级，只有 49% 的女性领导者认为自己是高效的领导者，相比之下，同一层级的男性有 63% 认为自己是杰出的。

这种普遍现象不禁让人深思：其根源究竟何在？是哪些因素共同导致了性别与自信之间的鸿沟？

成因：自信性别差异的社会与历史根源

不同性别在自信水平上的差异是一个历经长时间形成的现象，其背后隐藏着复杂的社会和历史因素。从社会角色的角度来看，传统意义上男性被看作家庭的经济支柱和高地位角色的扮演者，女性则被期望充当家庭主妇和较低地位的角色，从而更多地展示出关注人际关系、培养他人和照顾他人需求的共情特性。这样的角色期待加剧了人们对女性特质与领导层所需的主导性、控制性以及自信倾向之间的认知矛盾。组织心理学家沙因在 1973 年就提出了"想到领导者，就想到男性"的偏见，这直接反映了普遍观念中，成功的管理者被认为应具备男性化特质。正是由于这种认知上的不匹配，女性在管理能力和职业抱负方面往往被低估。

芝加哥大学心理学者莱斯利·普拉奇（Leslie A. Rudman）和西北大学学者乔丹·雅各布维茨（Jordan B. Glick）的研究发现，男性领导者并不面临女性领导者所遭遇的基本角色冲突，因为社会对领导者行为的期望与对男性行为的信念大体一致。男性领导者在执行多样领导风格时更为自由，不太会遭遇负面反馈，他们的领导通常被视为合理的。我们期待男性展现自信，而女性领导者展现自信则显得不那么常见。

女性管理者还面临着一种观念，即要在领导岗位上成功，必须展现出主导性行为，但她们的共情特质在升至高层管理职位的决策中经常被忽略。元分析证实，尽管证据表明女性管理者在某些方面比男性更有利，且男性化行为与管理成功或组织成功无关，但相比之下，男性更有可能被选拔为领导角色。这表明，在不存在能力缺失的情况下，女性管理者仍然被低估，这是导致她们自信心缺乏的社会原因之一。

影响：女性自信缺乏的多重后果

自信不足显著影响女性的职业发展。为了深入理解自信对男性和女性职业生涯影响的差异，都柏林大学的一项研究通过对英国会计和金融行业的 30 位男性和 36 位女性高层领导深入访谈发现，其中大多数女性受访者（33/36）均提到，自信的缺失是阻碍她们及其他女性职业发展的一个关键因素。例如，一位女性受访者因经过谈判未能得到与男性同事相等的薪资增幅而自责，"我本应更自信地争取"。另一位女性领导者提到："如果一项工作有 10 个要求，哪怕一个女性满足了 9 个，她也不太可能自荐，而男性即使只满足了 4 个要求，也会尝试。我想尽我所能来帮助女性建立自信，支持她们，推荐她们。"相较之下，参与访谈的男性很少提及自信对他们个人职业发展的影响。实际上，当 30 位男性中有 6 位谈到自信时，主要是在讨论女性的职业发展以及女性感知到的自信缺失。

研究发现，在自信的测量中，男性表现出的变化范围很小，因此自信水平对男性领导的评价缺乏显著的预测力。相比之下，对于女性领导者，自信水平可以显著预测她们的领导效果。研究表明，女性能够公开且非防御性地面对外部世界的挑战，往往成为她们领导力卓越的关键因素。这种作用超越了偶然性，并在统计分析中表现出压倒性的显著性。

认知心理学的研究一再证明，男性和女性在认知能力上并无差异。性别心理学家爱丽丝·伊格利（Alice Eagly）及其团队在 2003 年进行了一项元分析，探讨性别与领导风格之间的关系。研究发现，女性领导者在变革型领导风格上的得分更高，而男性则在交易型领导风格上表现更突出。波斯蒂娜－昂德达尔（Paustian-Underdahl）及其团队在 2014 年进行的另一项元分析评估了性别与感知领导效能之间的关系。结果显示，总体而言，男性和女性被视为同样有效的领导者，但在某些特定情境下，女性被认为更为出色。

在竞争激烈的商业环境中，有能力的女性领导者需要对自身能力有足够的认识与信心。这表明，职场中女性领导者所面临的挑战，不仅涉及能力层面，更与自信和自我展现密切相关。

提升女性领导者的自信，不仅能助力她们个人职业发展和领导力提升，还对推动组织的多样性和整体成功具有关键作用。研究表明，性别多样化的领导团队通常表现出更强的创新力和更高的盈利能力。然而，女性自信心的不足可能阻碍企业充分发挥这一优势。

根据《哈佛商业评论》的分析，女性高管比例较高的公司，其股东回报率和利润率平均比同行高出 25% 以上。这一发现表明，自信不足不仅是个体面临的挑战，也可能限制组织的潜在发展空间。

反之，当女性表现出自信时，她们能够更充分地发掘自身的潜能。蓝思科技的董事长周群飞便是一个生动例证。自 2000 年开始进入手机玻璃生产行业以来，周群飞凭借不懈的努力和创新的精神，成功将蓝思科技建设成为苹果公司的核心供应商之一。

周群飞在采访中回忆起当年的情形："当时我的公司规模还很小，不足 1000 人，客户担忧地问我：'如果产品出现问题，伤害到我们的 CEO 或是某位大明星，你们能够承担责任吗？'"面对这样的质疑，周群飞并没有退缩，而是凭借自己的判断和坚持，让蓝思科技成为行业内首个通过严格跌落测试的公司。这为蓝思科技与苹果公司之间的深入合作奠定了基础。

周群飞曾坚定地表示："大家都认为湖南人擅长战斗、治理，那为什么我们就不能创建一家高科技企业呢？我就是要赢得这份尊重。"周群飞的自信并非无中生有，而是建立在她对业务流程和行业动态的深刻理解之上。她不仅能详细解释生产的每一个环节，还能准确预见行业的未来发展趋势。

周群飞的故事，以及其他众多女性领导者的成功案例，充分展示了自信不仅是个人成功的驱动力，更是组织取得竞争优势的重要因素。女性领导者一旦突破自信不足的障碍，不仅能够推动自身成长，还能为团队和企业带来显著的积极影响。

女性应建立自信

综上所述，女性在担任高层管理职位时，必须具备高度的自尊和自信，才能被视为有效的领导者。简言之，她们必须成为更强大的应对者，以克服对其领导风格的局限。

历史上，有些女性创新者和领导者展现了无与伦比的自信，尽管她们没有任何模范可循。例如，玛格丽特·埃洛伊斯·奈特（Margaret Eloise Knight）创造了制作方底纸袋的机器，约瑟芬·加里斯·科克伦（Josephine Garis Cochran）发明了洗碗机，安·筑满（Ann Tsukamoto）在干细胞分离方面做出了贡献，斯蒂芬妮·科沃克（Stephanie Kwolek）发明了凯夫拉，而鲁斯·韦克菲尔德（Ruth Wakefield）则发明了巧克力碎片饼干。她们的成功故事激励着后来的女性，鼓励她们勇敢面对挑战，自信表达自己的独特声音，并坚持追求自己的梦想。

女性研究者乔安娜·克鲁茨（Joanna Krutz）深入分析了女性企业家面临的诸多挑战，包括自信心不足、商业经验缺乏、初始资金较少，以及在融资过程中经历的性别偏见。尽管如此，除自信问题外，女性在各个领导风格维度上通常都比男性得分更高。这一现象凸显了一个重要观点：女性领导者常展现的共情、合作和倾听技能，对于打造一个高效、创新和包容的工作环境同样至关重要。因此，女性领导者更应展现自信，坚信自己的能力。

正如智睿咨询的 CEO 泰西·M. 拜厄姆（Tacy M. Byham）所指出的："女性需要更好地展示自己，并成为自己最好的倡导者——自信地发言和采取行动，并在心态上将自己定位于面向未来的角色。"

随着社会对性别平等和多样性认识的加深，增强女性的自信和领导力变得尤为重要。通过教育、培训和制度改革，我们可以为女性开辟更多机会，帮助她们克服外界偏见，实现自我提升和职业发展。

自信是走向成功的关键，但真正的成功来自个人的全面发展，包括技能、知识、情感智能以及勇于面对挑战的能力。为了创造一个更加公平和包容的世界，我们需要认识到并为每个人的独特价值和潜力而欣喜，尤其是在女性管理者的情境中。

自信的力量：女性管理者成功的关键

对女性管理者而言，自信不仅是她们成功的秘诀，也是推动整个组织向前发展的重要动力。自信对女性管理者至关重要。

1. 自信是领导力的核心

自信是塑造领导力的基石。在许多畅销的 CEO 自传中，"自信"这一高频词揭示了其对领导成功的重要性。正如迪斯尼 CEO 鲍勃·艾格（Bob Iger）所强调的，"没有人愿意跟随一个悲观主义者……你可以持怀疑态度，可以保持现实主义，但不能变得愤世嫉俗"。自信的女性管理者能够强有力地引领团队，做出明智决策，并赢得团队的信任及尊重。她们通过自信激励团队成员，共同努力实现目标。

2. 自信是突破性别障碍的重要武器

在许多行业中，女性仍遭遇着根深蒂固的性别偏见。自信成为她们克服这些障碍的关键武器，使她们能通过展示自己的能力和专业性，证明女性也能成为卓越的管理者。性别角色的刻板印象往往将女性领导风格归类为以人为本和协作，而男性领导风格则视为任务导向和权威性。然而，女性所期望的高社交品质，如归属感、自我牺牲、关心他人、主动性和情感表达，正是领导有效性的重要促进因素。研究显示，当女性能够结合男性和女性两种领导风格时，她们在高层管理中的表现尤为出色。

3. 自信可以增强可见性

长久以来，许多职业女性坚信，只要勤奋工作，就能取得成功。然而，这种观念忽略了一个关键因素：成功不仅需要能力，还需要自信，二者缺一不可。遗憾的是，许多女性仅仅专注于通过自己的表现来证明自己的价值，忘记了提升个人品牌和增加曝光度同样重要。增加自身在组织中的可见性和认可度，对于女性提升职业发展至关重要。

4. 自信有助于推进职业成长

自信使女性更倾向于抓住职业机遇，不论是晋升、领导重大项目还是推动变革。自信让她们敢于表达自己的见解，这是职场成功的关键。与男性相比，女性往往在自我推广上较为薄弱，但不展现自己的能力，机遇与挑战不会自然而来。为了提升自己的职业发展，跨出舒适区、与决策者建立联系、在会议上发表自己的见解、演讲，并找到展现成就的方式至关重要。赢得他人的信任，必须保持真实，而这一切的基石是对自己的信心。

5. 自信助力应对挑战

面临挑战是管理职位不可避免的一部分，伴随而来的压力和挑战考验着每一位管理者。对女性管理者而言，自信是她们面对这些挑战时的重要资产。它赋予她们勇气，使她们能够有效地解决复杂问题、做出艰难的选择，甚至在充满不确定性的环境中寻找到解决方案。管理学领域的研究揭示，当女性领导者能够明确地、面向外部环境而不仅仅是自我内部去表达对挑战和困难的准备和应对时，这种态度与她们的领导效果呈现出显著的正相关关系，而对男性领导者来说，这种关系并不显著。这一发现突出了女性自信地展示面对挑战能力的重要性。当女性领导者自信地表达她们应对困难的策略和能力时，她们不仅克服了性别刻板印象的障碍，而且更容易获得他人对她们领导力的认可和尊重。这种自信不仅是个人韧性的体现，也是领导力影响力的关键。它让女性管理者在面对挑战时能够站稳脚跟，不仅保持自己的领导地位，还能激励团队成员共同克服难关，展现出领导者应有的责任感和解决问题的能力。

6. 自信可提升影响力

自信不仅可以增强女性管理者的影响力，还让她们的说服力更加强大。不论是向团队推广新理念，还是向高层提出方案，自信都是使人信服的关键。这也可以激励更多的年轻女孩看到榜样的力量，对她们有着更为正面的影响。自信对于女性管理者来说，是个人成就的基石，同时也是推动组织发展的强大引擎。通过培养自信，女性管理者不仅能够更有效地面对职场挑战，激励团队成员，还能推动性别平等，成为后来者的典范。因此，鼓励和支持女性建立自信，不仅是对她们的一种赋能，也会对整个组织和社会产生积极的影响。

7. 自信有助于维护积极关系

自信的女性管理者擅于建立和维护积极的职业关系。她们自信的态度不仅吸引他人，还促进了有效的沟通和协作，这对于团队合作极为重要。我的经历让我对这一点体会颇深。初到美国攻读博士学位时，作为唯一的外国学生，也是最年轻的学生，每次说话我都非常谨慎，生怕说错什么而感到尴尬，以至于在刚开始的第一个月的博士生研讨会中我几乎不发言。内心有个声音不停地告诉我，"你太年轻，不该发言"，或是"如果你开口，人们会发现你知之甚少"。因此，我选择了沉默，不分享自己的想法和观点。结果，我最恐惧的变成了现实：我越是保持沉默，人们就越可能认为我没有什么有价值的贡献。并非因为我说错了什么，而是因为我的内心认为自己不够好，这是追求梦想、在生活中做出改变、向世界贡献我们的想法最大的障碍。缺乏自信会让我们自我限制，停留在舒适区内，从而感到不足、自尊降低，缺乏动力和积极性。因此，建立自信和勇敢面对内心的恶魔，不仅是个人成长的标志，还是改善与他人合作、获得认可、向他人学习以及实现职业发展的关键。自信让我们对反馈和新观点更开放，也可以促进更有效的沟通和团队协作。通过自信，我们能够更好地展示自己的能力和价值，从而在职业道路上迈出坚实的步伐。

探索真正的自信

在女性管理者的世界里，自信犹如一把锋利的剑，不仅驱动她们不断前行，也是她们与这个世界沟通的桥梁。现在，让我们深入探索何为健康的自信，并探讨如何在展现力量与坚韧的同时，保持一份谦逊之心。

自信的含义究竟是什么？它是将梦想变为现实的推动力。缺少它，我们只能在原地徘徊。自信，既是一种深信不疑的信念，也是一种从内而外散发的感觉。

从信念的角度来看，自信是对自己能够获得成功结果的坚定信心。这意味着，当我们拥有自信时，我们相信自己的价值和能力，相信自己有所贡献。这种信念驱使我们勇于尝试，不论是申请一份新工作、争取一次晋升，还是去一个新的地方工作或者创业。

从感觉的角度来说，自信是一种深植于我们内心的体验。虽然难以用言语精确描绘，但它是一种能量，一种存在感。对有些人而言，这种感觉可能是兴奋和激情的化身；对另一些人来说，则可能是平和与镇定的源泉。自信，是一种我们能够在自己心中真切感受到的状态。

在深入理解健康自信的本质之前，我们首先揭示一些关于自信的常见误解，并共同探索何为真正的、健康的自信。

自信：辨别外在声音的智慧

自信绝非盲目自信或将所有批评视为刺耳之声。通常认为女性的优势之一在于情感的丰富性和敏感度。然而，接纳他人的声音，尤其是批评，不应导致我们感到痛苦、愤怒或是自信心下降。

原子弹之父奥本海默，这位历史上备受争议的人物，他的一生及其巨大影响力在一部电影中得到了生动的呈现。其中一个特别吸引人的情节发生在战后，当时美国原子能委员会的主席斯特劳斯邀请奥本海默前往普林斯顿大学，担任著名的第三任前沿研究学院院长。在一次偶遇中，奥本海默与爱因斯坦在池塘边进行了深入的交谈。爱因斯坦离开时，未向斯特劳斯打招呼，这一行为让斯特劳斯多年来难以忘怀，他坚信是奥本海默在他们之间挑拨离间。这一段往事在斯特劳斯被提名为商务部长的听证会上再次被提及，他公开指责奥本海默诽谤了他，并最终导致他未能成为商务部长。然而，事实是，奥本海默与爱因斯坦的对话仅仅是关于原子弹可能导致人类毁灭的深切忧虑，而在那一刻，爱因斯坦正满心忧虑，根本没有注意到斯特劳斯。

斯特劳斯因一次被忽视而长久记恨，反映出一个深刻的问题：是否应该因为他人一时的行为就质疑自己，或是自我否定？如果他人的看法并非事实，我们又何必因此而苦恼？真正的自信来自对自己长处和短处的清晰认识，能够大方接受批评并勇于改进，从而实现个人成长。过度的敏感和报复实际上源于内心的自卑，因为只有当我们把他人的看法作为自我价值的衡量标准时，才会受到影响。

德国哲学家叔本华在著作《人生的智慧》中，深入探讨了构成人生幸福的三个关键维度：自我认知、财富和外界评价。他认为，真正的幸福源于对自我认知的深刻理解以及良好的身心状态，他强调了内在感受对于个人幸福的极大重要性。虽然人们常常在意他人对自己的看法，叔本华却提醒我们，真正的智慧在于辨别哪些外界的评价能促进我们的成长，哪些只会给我们带来不必要的痛苦。

日本作家渡边淳一在《钝感力》中也讨论了人们对于外界评价的敏感度，我们有多么在意他人的看法、自身的失败和脆弱性。这种过度敏感，被他形象地称为"玻璃心"。"玻璃心"的人极易受挫折，进而失去自信。因此，渡边淳一主张，我们需要培养一种钝感力，学会不被他人的评价所影响，坚定地做自己认为正确的事情。通过这种方式，我们可以逐渐建立起更强大的自信。

他们都强调了一个共同的理念：幸福和自信的关键在于如何处理外界的评价和内心的自我认知。他们鼓励我们寻找内在的力量，通过自我认知的深化和对外界评价的正确处理，培养出一种坚不可摧的自信心态。这种心态不仅能帮助我们更好地面对生活中的挑战和失败，也能让我们在不断变化的世界中保持自我价值感和幸福感。

如果我们能够坚定自己的价值观，不因外界的评价而迷失方向，就能够更加自信地前进。自信意味着在接受反馈时保持开放，同时能够识别和排除那些无助于成长的负面声音。

自信的建立不仅仅存在于内心的斗争，也是一个与外界互动的过程。在这个过程中，我们学会了如何在尊重他人的同时，坚持自己的原则和信念。真正的自信并不是将自己置于孤岛，而是在明白自我价值的基础上，与外界建立积极的互动和沟通。

这种自信还意味着我们能够在面对不确定性和变化时，保持冷静和专注。正如《荀子·天论》所言，"天行有常，不为尧存，不为桀亡"。外界的变化是不可控的，但我们可以控制的是自己的态度和行动。通过培养这种自信，我们不仅能够更好地应对生活中的挑战，还能够在变化中找到稳定，实现真正的自由和自我控制。

最终，自信的力量在于它能够帮助我们认识到自己的独特价值，鼓励我们不断探索和实现个人潜力。它不是一个终点，而是一个不断发展和深化的过程。随着不断前行，我们将发现，自信让我们能够以更加开放和积极的态度面对生活，激励我们超越自我，成就更加丰富多彩的人生。

自信不代表不能示弱

尽管人们尤其是领导者，往往本能地不愿显露软弱，但实际上，人们对他人的脆弱性更加宽容，对自身往往更加苛刻。一项研究展示了所谓的"美丽的混乱效应"：当参与者想象自己处于脆弱状态时，他们可能觉得自己显得软弱或不足，但当想象他人处于同样情况时，他们则更倾向于将这种脆弱视为可贵和正面的品质。

同时，过分的自信，即一种"无所不能"的姿态，被发现会阻碍领导者接受关键反馈，导致决策偏见和工作绩效下降。自信过度往往是理性决策的障碍。维也纳和新加坡大学的研究团队对800名CEO进行了为期3年的信心水平研究，发现过于自信的

CEO 对自己公司的财务状况评估过于乐观，并且较少回应外部和内部反馈。男性 CEO 在传统的信心测量上得分较高，而女性领导者在评估自己的能力时更为准确，并且能更广泛地回应不同类型的反馈。

认知心理学领域的先锋特雷西·休斯顿（Therese Huston），揭示了一个关于信心的深刻洞见：真正的高效信心策略在于"按需调整"——在必要时降低自信，以便客观收集信息做出决策；而在行动执行及其反馈阶段，则适时提高。过度自信会阻碍人们跳出自我，从而无法做出最佳决策。

生活方式品牌 Goop 的创始人兼 CEO，也是充满魅力的曾获多项电影最佳女主角大奖的格温妮斯·帕特洛，提供了一个独特的例子。虽然她表面上看起来信心满满（毕竟，销售玉蛋产品需要相当的信心），但实际上，她的管理风格并非不可动摇的"强势自信"。帕特洛对自己在商业术语等方面的专业知识表现出了开放的态度。"在不断前行的过程中，我学到了很多，"帕特洛坦言，"我选择主动提问，而不是假装自己无所不知。"她进一步解释说："我宁愿坦率地承认'不，我不知道这是什么意思'，也不愿在背后偷偷查阅。这是我的决定——即使我不确定自己是否能胜任这份工作，我也愿意尝试，并以自己的方式去做。"正是这种承认不足的态度，帮助帕特洛获得了运营公司所需的经验和专业知识，并在 2016 年成为公司的 CEO。

同样，星巴克 CEO 霍华德·舒尔茨（Howard Schultz）也强调了领导者展现脆弱性的意义。在接受奥普拉·温弗瑞的"超级灵魂周日"节目采访时，他分享了一个令人印象深刻的故事：他在全公司员工面前哭泣，这在商界，尤其是对男性来说，常常被视为失礼之举。

那是在2008年，经济衰退最严重的时期，他刚刚回归星巴克CEO的职位。当时，公司正经历严重困难，超过600家门店关闭，约12000名员工被裁。"当我站在人们面前道歉时，我开始哭泣，就在回归的第一周。"舒尔茨告诉温弗瑞。温弗瑞回应说，男性尤其被教导在公共场合不要流泪。然而，舒尔茨将他的脆弱时刻等同于透明，这是商业领袖不可或缺的一个关键特质。

脆弱性是否是弱点？美国社会心理学家布琳·布朗博士（Brené Brown）说过："在我们的文化中，我们将脆弱性与我们想要避免的情绪如恐惧、羞耻和不确定性联系在一起。然而，我们往往忽视了一个事实，那就是脆弱性也是快乐、归属感、创造力、真实性和爱的诞生地。"布朗博士提出了一个邀请和一个承诺：当我们敢于放下保护我们免受感觉脆弱的盔甲时，我们就为自己打开了体验带来目的和意义的生活的大门。她驳斥了脆弱性是弱点的文化神话，并揭示了它其实是我们勇气最真实的衡量标准，那些展示脆弱性的人实际上更加自信和勇敢。

自信不代表不谦逊

自信与谦逊并非水火不容，在领导力的广阔天地里，它们共舞于细微之处，绘制出成功的复杂图景。想象一下，一位女性管理者，她的自信不是建立在高声下令的威严上，而是源自对自己优势与短板的深刻认知。她知道，真正的力量并非来自外界的认可，而是源自内心的平和与明智的自我评估。

当这位管理者走进会议室，她的目光中既有坚定，又带着探求。她知道，在这个充满不确定性的商业世界里，唯一确定的就是变化本身。她对团队说："我们都在这个旅程中学习，我也不例外。让我们共同面对挑战，寻找最佳解决方案。"这样的话语，既展示了她的自信，也体现了她对团队的尊重和信任。

在领导力的探索中，我们见证了两种极端：一方面，我们期望管理者具备谦逊的品质。这种谦逊不仅能激励团队成员发挥出最佳水平，也包括对自己弱点的坦诚承认，以及对追随者展现出赞赏和信任。另一方面，现实是，缺乏谦逊的管理者也能迅速爬升至组织的顶端。这反映了一个观念，即成功往往与自我推销紧密相连。管理者们面临的，是一种需表现出能力与完美的压力，而谦逊有时被视为弱点或不自信的表现。

这种悖论在性别研究中尤为明显。《应用心理学杂志》上的一项元分析揭示，虽然女性管理者在外界评价中往往胜过男性，但男性在自评时常常认为自己更有效。这表明了一个令人困惑的现象：女性管理者的自信度通常低于外界对她们的评价。

在这一背景下，我们开始理解，自信与谦逊并不相互排斥。真正的自信建立在客观自我认知之上，它要求我们既要认可自己的能力，也要正视自己的不足，并对反馈持开放态度。这种平衡可以促进更有效的领导力，因为它创造了一个团队成员感到被支持和尊重的心理安全环境，促进了开放沟通和创新。

在现代职场中，展现出一定的脆弱性和谦逊并不会削弱管理者的地位。相反，这种行为有助于构建真实的信任，鼓励团队成员分享自己的想法和担忧。因此，自信不再仅仅是"假装直到你成功"的伪装，而是关于如何在自信和脆弱之间找到平衡、在坚定与开放之间导航的能力。这种自信是真正的内在力量，经得起考验，并能推动持续的成长。

所以，当你下次面对挑战、感到不确定或缺乏自信时，试着将其看作成长的机遇。勇于提问，勇于承认无知，勇于对反馈持开放态度——这些都是构建真正自信的关键步骤。谦逊不仅不是自信的对立面，反而是对真实的认知，是对自我不足和错误的勇敢承认。真正的自信，源自一种深刻的自我理解和对责任的担当，而这，正是谦逊所赋予我们的真正力量。

在不断变化的世界中，拥抱不确定性，敢于展现自己的真实面貌，不仅能帮助你成长为一个更好的管理者，也能让你成为一个更完整的人。

在这个充斥着"假装直到你成功"文化的世界里，我们每天都被那些经过精心打造的、看似完美无瑕的社交媒体形象包围——从那些展示美好生活的个人，到在季度财报电话会议上自信满满地做出预测的CEO们，自信和确定性无疑成了当下的宝贵货币。实际上，一旦 CEO 们公开承认前路的不确定性，他们所在公司的股价往往会遭遇重挫。似乎领导者们被预设了一种模式：展现无懈可击的自信——这种自信反过来似乎能激励起投资者、员工和消费者的相同情绪。

但有时，不自信反而是一种美德。勇敢地承认"我实际上并不确定自己在做什么"——展示出一种脆弱性——被证明是赢得信任和收集团队宝贵反馈的极其有效的方法。更重要的是，这种对自我不确定的承认，在女性管理者中似乎更为常见。

当下，当管理者和员工一样，面临着全球经济衰退、通货膨胀、环境问题等前所未有的不确定性，对于他们来说，比起盲目展现自信，学会在必要时表达自己的不确定和脆弱显得更加重要。众多研究和无数实际案例已经证明，通过承认自身的不足，管理者能够从更加广泛和多样化的渠道收集到宝贵的信息——这通常会带来更优的决策制定和更出色的业务成果。

2016 年，时任支付宝 CEO 的彭蕾的例子就是一个很好的典型。2016 年 11 月 27 日，支付宝推出了一项名为"圈子"的新功能，特别是其中的"校园日记"规定只允许女大学生发帖，这一决策迅速引发了公众的广泛争议。在面临如此尖锐的社会反馈时，企业往往会选择采用公关策略来缓和矛盾、转移视线。然而，彭蕾选择了一条不同的道路。在这场公关风波中，她的选择不仅展示了真正的领导力，也体现了作为女性管理者的深层次自信和谦逊。

彭蕾当时正在美国出差，远离国内的舆论旋涡。面对公司内部和外部的巨大压力，在与公关团队一起寻找如何巧妙处理这一危机的方案时，彭蕾却选择了最直接且最勇敢的方式——承认错误。她通过一封公开信向大众反省，直言"错了就是错了"，这句简单而直接的表述，不仅立即缓解了紧张的舆论氛围，也赢得了公众的尊重和理解。

这一行为背后，是彭蕾对管理者责任的深刻理解和对自己职责的坚定承担。她的勇气和决断力展现了真正的自信——不是建立在永远正确的虚幻期待上，而是基于对自己决策的负责，以及在面对错误时勇于站出来承担后果的勇气。这种自信源于对自己能力的深刻认识，以及对错误的坦诚接受和修正的能力。

真正的领导力远超过简单的力量的展示，它更关乎勇敢地呈现自己的真实面貌，包括面对不确定性、脆弱以及承认错误的勇气。这种领导风格不仅是对个人成功的追求，更是营造一个建立在真实、信任和共鸣之上的环境，促进整个组织的发展与繁荣。女性管理者的这一特质尤其显著，她们在历史上经常面临职场中的额外挑战和预期，包括对其自信的不公平评价。然而，那些勇于展示自我真实面貌的女性管理者，通过赢得团队的尊重和忠诚，激发了更深层次的信任和合作。

自信不等于自恋

在职场舞台上，自信常被奉为通往成功的金钥匙，然而，它的真实面貌远比表面的光鲜亮丽复杂得多。自信，一个细腻而多层次的概念，需要我们去深入挖掘它在领导力塑造中的根本意义。它源自对个人能力的深刻理解和坚定不移的自我价值感，而非闭门造车的自恋或傲慢。

有趣的是，自恋者往往更容易获得管理职位，他们初次给人的印象通常是迷人且自信的。然而，随着时间的流逝，自恋者那些更为负面的品质，如傲慢、利用他人和自我中心，开始侵蚀他们的人际关系。这一现象似乎表明，自恋在一定程度上似乎与领导力的有效性挂钩。然而，纽约州立大学布法罗分校的艾米莉·格里贾瓦（Emily Grijalva）及其团队进行的元分析研究揭示了一个更加复杂的现象：虽然自恋与领导力的显现呈正相关，但它与领导力的实际效果却没有关联。这一发现深化了我们对于自信与自恋在领导力中的作用的理解。

进一步的性别差异研究，基于生物社会视角的社会角色理论，通过对超过4万名员工的样本进行分析，发现男性倾向于比女性更自恋。这一性别差异在不同年龄组中保持稳定。调查发现，性别差异主要由自恋人格清单中的剥削/权力和领导/权威方面推动，而在宏大/表现方面的差异则相对较小。这些发现揭示了自恋特质在性别间的不同表现，为我们提供了深入理解个体行为模式的新视角。

伊丽莎白·霍尔姆斯（Elizabeth Holmes）和她的公司希拉诺斯（Theranos）的故事，揭示了健康的自信与自恋、傲慢之间的微妙的界限。霍尔姆斯曾是硅谷最受瞩目的创业明星，她宣称希拉诺斯开发出了一种颠覆性的血液检测技术，能够仅凭极少量的血液完成广泛检测，同时显著降低成本并提高检测效率。这一承诺为希拉诺斯吸引了大批投资者的目光，并将其估值推至高达90亿美元的巅峰，霍尔姆斯一度成为创业界的传奇人物。

然而，这种看似坚定不移的自信，最终被证明是一种危险的自我欺骗。随着时间的推移，希拉诺斯的技术不仅未能兑现其革命性的承诺，反而暴露出诸多严重缺陷。为了维持这一幻象，霍尔姆斯及其公司采取了极端手段，包括对员工实施严密控制、打压质疑声音，并极力反击外界的批评。这种行为并非真正的自信，而是一种自恋与傲慢的结合——一种对现实和反馈的彻底排斥。谎言终究无法掩盖事实，在监管机构和媒体的持续调查下，希拉诺斯的欺诈行为被彻底揭露，霍尔姆斯也因此被判处11年3个月的监禁。从昔日备受瞩目的创业明星，到因欺诈锒铛入狱的反面教材，她的故事成为硅谷创业史上最具警示意义的案例之一，也提醒我们：如果自信脱离了事实与道德的约束，便可能演变为毁灭性的陷阱。

这个案例强调了真正的自信不是建立在虚假承诺或对挑战的拒绝上，而是基于对自身能力的真实评估和对失败的开放态度。它提醒我们，在面对挑战时，展现真实、诚信和脆弱性的能力，才是真正的领导力所在。通过这些深刻的教训，我们学到，健康的自信是领导力的基石，它鼓励我们共同探索未知，促进个人和团队的共同成长，而不是固守无法维持的幻象。

自信的女性管理者的定义

在探讨过自信的误区之后，让我们重新定义什么构成了真正具备自信的女性管理者的特质。

1. 认识到自己的价值

自信的女性管理者深知自己的价值所在，她们不畏惧展示自己的才能。她们庆祝自己的成就，不仅因为达成了目标，更因为明白如何运用自己的优势去实现这些目标。这种自我认知不是自负，而是对自己能力的准确评估和应用。

2. 勇于面对挑战

自信的女性管理者不会因为恐惧失败而避开挑战。对她们而言，挑战是成长和学习的宝贵机会。即便在逆境中，她们也能保持坚韧和乐观，视挑战为自我提升的手段。

3. 不断自我发展

自信的女性管理者永远不会停止自我提升的脚步。她们通过不断学习新知识和技能，提升自己的领导力和对行业的洞察力，这种持续的自我发展使她们在任何情境下都能保持领先。

4. 大胆表达观点

自信的女性管理者敢于表达自己的见解和立场，即便这意味着要站在主流意见的对立面。她们知道，要真正产生影响力和推动变革，就需要勇敢地发出自己的声音。

5. 展现包容性

虽然自信的女性管理者强大且自信，但这并不意味着她们缺乏同理心或包容性。她们懂得倾听他人的声音，理解并尊重差异，致力于营造一个包容和支持性的环境。

6. 将失败视为学习的机会

自信的女性管理者深知失败是通往成功的必经之路。面对挫折，她们不会轻易被打倒，而是将失败视为前进的动力，而不是自我定义的标签。

7. 真实地展现自我

自信的女性管理者知道，要成为独一无二的存在，就必须保持自己的独特性。她们不试图成为他人期望中的模样，而是勇敢地展现真实的自我。

通过践行这些特质，每个人都能够走上自信的道路，成为激励身边人的领导者。这是一段需要时间、耐心和坚持不懈的旅程，但带来的影响和成就是无价的。真正自信的女性管理者，她们的存在可以照亮每个角落，给人留下深刻、积极的印象。她们拥有一种难以言喻的魅力，使得她们不仅仅是领导者，更是灵感的源泉。

从那些激励你的女性管理者身上汲取自信是完全可行的。她们可能并非生来就充满自信，背后是有意识的实践和不断的练习。因此，如果她们能够实现，你也同样可以。

什么因素影响了我们的自信

社会认知理论为我们提供了一个宝贵的视角，它揭示了塑造自我效能感的关键因素，这种感觉是我们对自身能力的信心水平，让我们一起探索能够增强这种信心的四大支柱。

1. 实践成就（Mastery Experiences）

这是建立自信的核心。当成功完成一项任务时，我们的自信心会得到加强，相信自己能够克服挑战。反过来，失败的经历可能会动摇我们的信心，尤其是当这些失败没有被有效理解和处理时。

2. 观察学习（Vicarious Experiences）

看着别人，特别是那些我们认为与我们相似的人成功地完成任务，能够激发我们内心的信念，让我们相信自己也能做到。这种学习方式说明了为何榜样的力量如此强大，它能够激励我们追随他们的脚步。

3. 口头劝导（Verbal Persuasion）

正面的鼓励和反馈能显著提升我们的自我效能感。当我们所尊敬和信任的人告诉我们"你可以做到"，这种信念的力量能够激发我们的潜能，让我们跨越障碍。

4. 情绪与生理反应（Emotional and Physiological States）

我们的情绪和身体状态也对自信有着深远的影响。感到紧张或焦虑时，我们可能会误将这些感觉解读为能力不足的迹象。相反，保持积极和放松的心态有助于增强我们对自己能力的信心。

这四个因素共同作用，塑造了我们的自我效能感。它不仅影响我们如何看待挑战和应对压力，还决定了我们设定目标的高度、追求目标的动力以及最终实现目标的可能性。社会认知理论提醒我们，通过积极地影响这些因素，我们可以有效地提升自信，进而获得更好的学习成果和个人发展。简而言之，自信的提升既是一种内在的修炼，也是外界影响的结果，通过这些途径的相互作用，我们可以踏上自我提升和成就的旅程。

如何做增加自信

提升女性管理者自信的路径涉及心理和身体两个层面。在这段充满挑战与机遇的职业之旅中，综合前面的讨论、社会心理学的研究发现，以及女性管理者的亲身经验，女性管理者可以通过以下几个关键步骤来塑造和加强自信。

心理层面

1. 情绪与压力管理：走向内在平和

学习如何在忙碌的工作生活中管理情绪和压力，是构建自信的基石。参与工作坊，掌握调节压力的技巧，培养健康的生活方式，如定期参加体育活动、均衡饮食和充足休息，都是迈向自我提升的重要步骤。在这个过程中，创建一个促进开放交流的环境至关重要，它有助于我们有效地应对压力和消极情绪。请记住，负面情绪并非我们的敌人，而是心理健康的一个重要组成部分，可以指引我们了解自己的价值和界限。应对的关键在于识别那些潜藏在心底的声音，将它们从阴影中带出，转化为更加积极的信念。通过这一过程，我们不仅可以学会如何面对自我怀疑，更能找到通向内心平静之路。

2. 积极的自我对话：唤醒内心的助威者

积极的自我对话是驱散心中阴霾、建立自信的有力工具。每天向自己传递"我能做到""我值得"的积极信息，能够将其逐渐内化为深刻的自信。想象一下，就像你的内心有一个永远支持你的啦啦队队长，知道你的价值，相信你的能力。当我们遇到挫折或自信动摇时，它就如同我们的亲密朋友或家人，能够提醒我们自身的优秀，让我们学会在内心的批评者声音太大时，为自己加油打气。通过回想过去的成功，重新连接到力量和真实，将那些闪耀的品质化为日常生活中的正能量源泉，我们就能够持续培养出一个坚强、自信的自我。目标设定与反思学习也是不错的方法，通过设定具体可行的小目标并逐一实现，我们可以积累成功经验，如果失败了，就将失败视为成长的机会，而非自我定义的标签，从每次失败中吸取教训。

3. 持续练习：塑造内心的和谐之声

当我们开始积极地用内心助威者的鼓励话语取代那些消极的

自我批评时，会渐渐发现，那些负面的声音开始减弱，而正面、鼓舞人心的声音变得更加响亮。这种积极的自我对话，随着时间的推进，会慢慢融入我们的内心深处，成为我们精神世界的核心驱动力。但要让这种转变深入人心，形成一种自然的反应模式，还需持之以恒的练习。

正如任何技能的掌握都需要长时间反复练习，每当内心自我贬低的声音试图干扰我们的时刻，就是我们练习和强化内心助威者声音的机会。通过这样的练习，我们不仅能够减少自我怀疑和负面情绪的影响，更能在各种情况下，自动调动起那些积极、支持性的内在对话。

这个过程像是在心灵的花园里不断除去杂草，让那些充满正能量的植物茁壮成长。随着时间的积累，这些美好的植物将构成我们内心世界的主景观，而那些曾经妨碍我们成长的杂草，将不再有生长的土壤。

在这个过程中，我们将学会如何在遇到挑战和不确定性时，从内心深处汲取力量，保持自信和冷静。这样的练习，最终将使我们达到一种内在的平衡和谐，让我们在人生的旅途中，无论遇到什么困难，都能够坚定、自信地前行。

身体层面

在建立和维持自信的过程中，身体和心灵是不可分割的伙伴。下面三个策略将帮助我们在日常生活中培养出更强的自我意识和自信心。

1. 身体语言与运动：展现自信的姿态

保持积极的体态语言，如挺胸抬头、直视他人的眼睛，这不仅可以改变他人对我们的看法，更能激发我们内心深处的自信。此外，定期参加运动，如跑步、瑜伽或其他形式，这不仅有助于释放身体中的正能量，还能够显著提升我们的心理状态。当我们的身体感觉良好时，这种积极的身体感知自然而然会转化为自信。

2. 深呼吸与放松：在平静中找到力量

掌握深呼吸和放松的技巧，是在压力重重的生活中保持冷静和自信的关键。正如网球巨星维纳斯·威廉姆斯（Venus Williams）所分享的，"最重要的是保持放松和自信，这样你的最佳表现就会自然流露。在紧张和压力下，展现最好的自我会变得更加困难"。通过练习深呼吸，我们可以学会如何在面对挑战时保持心态的平和，让自信从内而外地散发出来。

3. 均衡饮食与自我呵护：塑造健康的生活基础

均衡的饮食习惯对于维持健康的身体和积极的心态至关重要。当我们给予身体所需的营养时，不仅能够改善身体的感觉，还能在心理上感到更加充实和自信。此外，践行健康的生活方式，如合理安排工作与休息时间，定期参与自己喜欢的放松活动，都是维持良好精神状态和自信心的有效方法。通过关爱自己的身体和心灵，我们可以为自信建立坚实的基础，让自己在任何情况下都能够保持最佳状态。

行动层面

1. 导师制与社群的力量

在职业生涯中寻找女性导师及加入女性职业团体，是构建自信的关键。这样的支持网络不仅是学习和分享的舞台，更是获取宝贵指导和支持的平台。王·宝拉（Paula Wang）在谷歌担任应用开发销售总监，有着丰富的技术和商业领域经验。她的职业生涯涉及多个领域，包括销售、营销和项目管理，这使她在全球技术领域内具有广泛的影响力。宝拉在分享她的观点时指出了社群支持的重要性："我深信自信来源于知识的积累和对某领域的精通。拥有一个包含导师、同事、家人在内的支持体系，对于建立自信至关重要。"脸书的首席运营官谢丽尔·桑德伯格（Sheryl Sandberg）在其著作《向前一步》中也提到，缺乏良好的导师关系是许多女性在职场遇到挑战的主要原因之一。她强调，女性导师对于促进女性在职场中的成长尤为重要，因为她们的经验和建议能够直接帮助个人发展。

2. 公开演讲与沟通：勇敢的表达

参加公开演讲培训、在会议中主动发言，是提高自我表达能力，面对恐惧、接受挑战并将之视为自我提升机会的有效方法。特诺销售与商业战略副总裁艾琳·奥布尔费恩特（Irene Oh-Buhrfeindt）凭借其在全球销售和市场营销领域的丰富经验，展示了如何通过公开演讲和主动沟通在高压环境下建立自信。她在分享中提到："获得自信的关键是不断的实践。长时间在会议上发言，参加亚太地区的会议，通过这种重复性的演讲工作，我逐渐建立了自信。每次演讲后，我都会反思如何可以做得更好，倾听反馈，以此推动自己走出舒适区，增强自信。即使现在，每次登台我依然会紧张，但这种经历让我学会了如何在紧张中找到自信。"

通过这些策略，我们不仅能学会如何在职场中建立和维护自信，还能理解在面对挑战和不确定性时，支持系统的重要性以及如何有效地表达自己。这些经验教训对于任何希望在职业生涯中奋力前进的人来说都是宝贵的财富，对于那些追求成长和成功的女性而言尤其是。

3. 观察学习：从榜样中汲取灵感

在塑造自信的旅途上，汲取身边成功领导者的精华显得至关重要。每一位领导者都有其独特的闪光点——可能是驾驭危机的能力、与团队的沟通艺术，或者是制定的前瞻性策略。通过观察这些领导力的展现，我们不仅可以学到实际技能，更能感受到自信的力量。作为学习的起点，通过模仿我们可以进入一个逐步深化的过程，在这一过程中，我们不仅学习到了行为的模式，更重要的是学会了如何带着自信去实施这些行为。

正如百事可乐前董事长兼 CEO 英德拉·努伊（Indra K. Nooyi）所强调的，观察在提升能力方面至关重要。她在一次采访中提到，我们之所以拥有两只耳朵和一张嘴，就是为了提示我们应该更多地倾听，少些言语。"我是一个善于观察的人，通过观察别人，你能学到许多东西。"她说道，"因此，观察和倾听是关键。"这一观点不仅仅是一个策略，更是一种深思熟虑后的生活方式，它鼓励我们以更加开放的心态去接受周围的知识和经验，从而在个人成长和自信建设的道路上迈出坚实的步伐。通过倾听和观察，我们可以吸收那些非言语的教诲，让自信在无声中生根发芽。

4.提升自我认知：学习的力量

知识不只是打开世界大门的钥匙，还能够加固我们的自信。通过不断地吸取新知和做好准备，我们能够增强面对各种挑战的能力，从而更加镇定自若地应对。从客户、同事甚至家人那里收到的直接且真诚的反馈，更是提升自信的宝贵资产。温·佩妮（Penny Wan）现任安进亚太及日本区域副总裁兼总经理，在生物科技和制药行业拥有丰富的经验。佩妮在一次演讲中分享了她的经验："通过协作、资源整合和倾听反馈——特别是在做重要决策时——我积累了宝贵的经验并增强了信心。所以，我鼓励大家持续学习、保持耐心。与孩子的交流让我学到了很多，他们的直接反馈让我受益匪浅。不要错过获取原始反馈的机会。有时，简单地与孩子对话就能增强你的自信。"

5.目标设定与反思学习：塑造成长的轨迹

设定切实可行的小目标，并一一实现它们，是积累成功经验、逐步建立自信的有效途径。更重要的是，将每一次失败视作成长和学习的机会，而非对自我价值的否定。通过每一次的尝试和反思，我们不仅可以学会从挑战中吸取教训，更重要的是，可以学会如何在失败面前保持坚韧不拔。这一过程的关键在于，认识到成长往往伴随着试错，而每一步前进都是自信构建的重要里程碑。通过明确的目标设定和深刻的自我反思，我们不仅可以为自己铺设一条通往成功的道路，更能在这个过程中发现自我成长的无限可能。

6. 在尝试与错误中建立自信：接纳不完美

自信的建立并不是一蹴而就的。很多人都需要通过不断的努力和积累来逐步建立自信。保持谦逊的态度，清楚地认识到自己并不完美，我们会更平和地面对失败，更容易有健康的自信。更重要的是，要明白无论我们多努力，有时候失败仍然难以避免。关键在于，我们能够从这些失败中吸取教训，经历一次次的重生，把看似复杂的问题进行拆解使之变得简单。自信并不意味着无所畏惧，而是明白自己有能力面对和克服那些恐惧和忧虑。

在庆祝女性成就的同时，我们还须认识到提升女性管理者自信不仅需要个人努力，还需要组织文化的支持。在我和合作者们对全球范围内公司样本的研究来看，当 CEO 领导层展现出谦逊时，他们更能够为女性管理者提供职业资源，增强她们的自信，并促使更多女性进入高管层。这种互相促进的环境，不仅能够激发女性的潜能，还能够为整个组织带来无限的可能。

工具：如何测评自信和领导力水平

测评自己表现出来的和感受的自信涉及对外在行为和内在感

受的观察与反思，可以通过以下几个步骤来进行自我测评。

1. 自我观察

● 记录情境：在不同的情境下，记录自己的行为和感受。例如，在会议中发言时、处理困难任务时或在社交场合中。

● 注意体态和语言：观察自己的身体语言（如姿势、眼神接触）和语言使用（如语速、声音的强度）是否展现出自信。

2. 日常反馈收集

● 主动询问反馈：向同事、朋友或导师主动询问他们对你自信表现的看法。

● 注意非正式反馈：在日常互动中留意他人的反应和评论，这些通常能间接反映你的自信水平。

3. 自我反思问卷

设计一份包含具体问题的问卷，帮助自己反思在特定情况下的自信表现。例如：

● 我在讨论中能否坚定地表达自己的观点？

● 我能否在压力下保持冷静和自信？

● 在面对挑战时，我是否倾向于信任自己的能力？

定期填写并比较问卷结果，观察自信水平的变化。

4. 设定具体目标和挑战

● 自信挑战：设定一系列旨在提升自信的小挑战，如主持会议、进行公开演讲或领导一个项目。

● 评估结果：完成每个挑战后，评估自己的表现和感受。分析成功的因素和需要改进的地方。

5. 使用评估工具

● 心理量表：利用专业的心理学量表来评估自信水平，如"自尊量表"（Self-Esteem Scale）或"社交自信量表"（Social Confidence Scale）。

● 应用程序和在线工具：一些应用程序和在线平台提供自信评估工具，可以通过完成特定任务和问卷来测评自信水平。

6. 综合日记和日常记录

● 建立自信日记：定期记录自己在不同情境下的自信表现和内心感受，以及任何可能影响自信的因素。

● 定期回顾：每月或每季度回顾这些记录，分析自信水平的变化趋势，识别哪些行为或习惯有助于提升自信，哪些则可能削弱自信。

通过掌握以上策略，我们不仅能够更深入地了解自己的自信水平，还能探索提升自信的有效途径，进而在职场与生活的每一个角落自信地展现自我。随着逐步建立和积累自信，我们不仅为自己铺设了一条通往成功和自我成就的道路，也为周围的人提供了鼓舞和启示。

小结

在英德拉·努伊结束她作为百事公司 CEO 的 12 年任期后，

她对当代年轻女性的前景表达了前所未有的乐观看法。我们借用她的话来结束这一讨论："我们即将迎来的几十年将是女性的时代。女性应该敢于怀抱宏伟的梦想。她们应该对自己充满无限的信心。"她强调了信心的价值："保护好你的信心，它是你的财富。持续积累你所有的信心。如果你发现信心开始消退，那就寻找方式重新为自己注入信心。因为拥有了信心，你就能够跨越任何障碍。在自己身上建立坚不可摧的信心储备。记住，现代社会渴望你的参与，需要自信的女性，现在就是你大放异彩的时刻。"

努伊的话是对所有女性的呼唤，鼓励她们拥抱自信，拥抱自己的潜力和力量。正如努伊所说，建立信心的旅程是每个人的责任，同时也是我们共同的使命。让我们在这个旅程中携手前进，不仅为自己创造更加光明的未来，也为整个世界带来更大的希望和变革。让我们在自信的光芒中，勇敢地迎接每一个挑战，实现每一个梦想。

第二章

关怀心之源：
在领导中展现温柔的力量
（Compassion）

意 愿
为什么关怀心对于女性管理者很重要？什么是关怀心？

行 为
如何才能在管理职位上展示合适程度的关怀心？

结 果
如何测评自己的关怀心水平和能力？效果如何？

"领导就是关于人的心和灵魂……我不是那种只看数字的领导者，我也看人们的情绪。"

——英德拉·努伊 百事可乐前董事长兼 CEO

在讨论这个题目的时候我想起两个小故事。很多年前我刚加入美国圣母大学门多萨商学院，心中既期待又紧张。作为新加入的教师，我对未来充满了好奇和期待，但同时也无法避免对未知的担忧。一位经验丰富且充满智慧的同事给了我意想不到的安慰。她叫安妮，是一位年长但依然风采奕奕的女性学者，也是一名管理者，眼睛里藏着故事和智慧。我们的第一次对话发生在我入职后的第二个周末。

"你的周末过得怎么样?"安妮温和地问，就像我们是已经认识多年的老朋友。

我深吸了一口气，准备分享我那伤心的周末。我的奶奶刚刚过世，这个消息让我心情沉重。我本以为会隐藏自己的感情，但安妮的眼神让我觉得可以向她敞开心扉。

"实际上，我刚得知奶奶去世的消息。我刚从国内探望她回来，见了她最后一面。我知道她时间不多了，没想到这么快。我和奶奶一直很亲近。"我小心翼翼地说，努力让自己不流泪。

安妮沉默了一会儿，然后轻轻地说："我很抱歉听到这个消息。如果你需要什么，告诉我。"第二天，她代表整个系送来了一盆绿植和一张慰问卡，上面写着："在这个困难时期，我们与你同在。"

这份关怀如同一束光，照亮了我心中的阴霾。很多年之后想起当时的对话，我依然感到温暖。这个故事给了我一个启示：管理者的关怀不仅能够让人感到情感上的理解，还能增强员工对团队和组织的认同感。我也体会到了女性在展现关怀时的独特之处。

另一个故事发生在俄亥俄州立大学。一个大四的女生因为必须承担起家庭的重担而影响了课堂的表现。她的母亲病重在医院接受手术，需要她的照顾，而这份责任使她在一门有时间冲突的课上，不得不提前离开课堂，这直接影响了这门课的老师对她的评判和最终的成绩。她对成绩的结果提出了异议。按照规定，系里选了几位老师组成评委委员会，对她的成绩进行重新分析。当她流着眼泪讲述自己的故事时，空气仿佛凝固了，每天她都在与时间赛跑，不断挑战个人的极限。尽管如此，她仍在学术和体育上展现出了惊人的才能和毅力。她的情况让在场的每一个人都受到触动，但作为会议中唯一的女性，我感到了一种特别的使命感。我递给她纸巾，并告诉她，我们理解她的努力和牺牲，并将重新分析她在课上的综合表现。会议结束后，我的一位年长的男同事对我说："刚才真是尴尬，幸好你在这里，不然我都不知道该怎么面对她的眼泪。"在这种情感丰富的场合，男性往往感到不知所措，他们认为女性的细腻和关怀心能更好地理解和安抚受苦的心灵。这不仅解决了一个具体的问题，更让我意识到我们的社会常常期待女性在情感理解和支持上扮演更加积极的角色。

关怀心往往源自一个细微的举动和肯定，它如同星星之火，能够触动并使对方感到不再孤单。

在商学院的 MBA 领导力课程中，我引入了一个细微而深刻的练习，源自芝加哥喜剧演员对关怀心和敏感度的探索。

"今天，我们将通过一个小游戏，来探索沟通在团队中的力量。"随着游戏的推进，学生们的脸上浮现出好奇与兴奋的光芒。他们将被分成两组，一组扮演经理，另一组扮演员工，并且配对组成"经理—员工"的角色扮演。员工的任务是向经理提出举办年终蛋糕派对的提案。

然而，我已经悄悄为这场游戏设置了一个"转折"——两种截然不同的沟通方式："是的，并且"与"不，因为"。这个小小的改变，旨在让学生们亲身体验，沟通的艺术如何微妙地影响团队的气氛和成员的情绪。

游戏伊始，教室内充满了热烈的讨论和欢笑声。当一位扮演员工的学生提出增加团队建设活动以提升工作效率时，"是的，并且"组的经理积极响应，建议加入工作相关的小组讨论，进一步增强团队合作；"不，因为"组的经理则持保留态度，担心增加的活动会占用宝贵的工作时间。

随着对话的深入，两种沟通方式的差异日益明显。在"是的，并且"组，每一轮对话都在建立信任和激发创新；而在"不，因为"组，尽管讨论依然活跃，但员工们的情绪逐渐陷入紧张和挫败。

游戏结束时，学生们的讨论变得更加热烈。那些经历了"不，因为"回应的学生对扮演经理的同学抗议："我再也不要你做我的经理了，说什么你都否认！"这个反馈成为我们讨论的开端。

虽然两种回应都在考虑如何改进提议，但"是的，并且"的回应方式明显给员工的感觉更正面，它肯定了员工的建议，并在此基础上进行了扩展。这种回应方式表明管理层愿意从员工的角度考虑问题，并寻求共同发展的解决方案。这不仅增强了员工的参与感和归属感，还鼓励了更多的创新思维和开放沟通。

相反，"不，因为"的回应方式虽然也提出了合理的考量，但可能会让员工感到被否定和不被重视。即使理由充分，这种沟通方式也不利于建立信任和鼓励员工提出新想法，因为员工可能会担心他们的建议被直接拒绝。

"是的，并且"不仅仅是回应的方式，更是一种充满关怀心的态度，一种立足员工视角、追求共同成长的姿态。这个练习不只是一个简单的沟通游戏，它是对真正领导力的反思。作为管理者，采取"是的，并且"的态度意味着打开心扉，倾听团队的声音，寻找每个提议背后的可能性。这种关怀和包容的领导风格，能够激发团队的潜力，创造出一个更加和谐、包容和富有创造力的工作环境。有意思的是，如果是女性经理说"是的，并且"，员工会觉得更有亲和力，反之，如果是女性经理说出"不，因为"，员工负面情绪反应更为强烈。这与著名的社会心理学家爱丽丝·伊格利(Alice Eagly)的"角色一致性"理论不谋而合：当女性管理者表现出与性别角色相似的行为时，她的管理风格更易被认可和接受；当女性管理者表现得与性别角色相反的风格即更为强势、更具竞争意识时，人们往往会排斥这种管理风格。

许多杰出的女性管理者和企业家之所以成功，并非因为她们模仿男性行为，而是因为她们将女性的敏感、关怀心以及设身处地为他人着想的能力，发挥到了最佳水平。瑞声科技董事长吴春媛，是一个极具代表性的成功案例，她从最初的护士身份起步，逐步成长为深圳的知名企业家。她领导下的公司累计拥有 8000 项专利，并通过卓越的商业能力和不懈努力，与苹果公司建立了合作关系，每年实现数十亿元的营收。有评论说："如果她的公司停产，全球大约 40% 的手机将无法使用!"吴春媛被誉为"声学女王"，她独特的刚柔并济的管理风格帮助瑞声科技达到新的高峰。但人们更赞赏的是她的领导方式——她利用柔和的力量与深厚的关怀心团结了一支卓越的团队，塑造了一种令人敬佩的企业文化。

在吴春媛的领导下，瑞声科技不仅技术精进，而且展现了充分的人文关怀。她关注团队的每一个成员，在细节之处体现出她的关怀。在一次采访中，董事助理王颖用"疼爱"来形容吴春媛对员工的关心。工作之余，她与下属相处得就像家人一样。例如，当王颖在汇报工作时感到紧张，吴春媛注意到了她的压力，温柔地问:"饿不饿,要不要先吃点饼干?"这种看似微不足道的细节,让团队成员深感温暖,这种感觉是无法用金钱衡量的。资深工程师刘晓萍在谈到吴春媛时表示,女性的温柔在职场上具有无法估量的力量。吴春媛的成功秘诀不仅在于她对声学的深刻理解和对企业的精明管理,更在于她以女性特有的敏感和关怀心感知团队的需求,从而建立起强大的团队凝聚力。

这种以人为本、关怀心引导的领导风格在通用汽车 CEO 玛丽·巴拉的危机处理中也得到了充分体现。面对通用汽车点火装置引发的严重危机,巴拉采取了前所未有的应对措施。她没有试图隐藏问题,也没有回避责任,而是选择了正面应对。在一次全公司会议上,巴拉坦诚地表达了她的态度:"我从未想过忘掉这件事。我希望这成为我们集体记忆中永不磨灭的一部分。"她通过公开道歉显示了她的责任感,她说:"作为通用汽车家族的一员,以及一个母亲,这件事真的深深触动了我。我们道歉,但这只是解决问题的第一步。"她亲自探望了受害者家属,并在法律责任尚未明确之前就设立了赔偿基金,表现出通用汽车对此事的认真态度和对受害者的深切同情。

这些处理细节不仅展示了巴拉作为女性管理者的敏感和关怀心,也体现了她作为领导者的勇气和决心。她的行动得到了美国检察官的高度评价:"正是因为通用汽车的配合,我们才能在短时间内达成和解。"这表明,关怀心不仅是人文关怀的体现,也是危机管理中不可或缺的领导力表现。

在瑞声科技和通用汽车的案例中，我们看到了女性管理者如何利用她们的温柔和关怀心，以及如何将这些特质转化为企业发展的强大动力。她们在日常工作中和处理危机事件时表现出的关怀心正是她们独特领导力的体现。

女性在追求职业梦想时可以大方地展示自己的温柔、敏锐和关怀心。女性不需要模仿男性的行为模式来取得成功，而是应该珍视并发挥自己的女性特质，以细腻的感知去领导和激励团队，用自己的方式书写职场传奇。

在商业领域，还有许多其他女性领导者以她们的关怀心和影响力闻名。例如，梅琳达·盖茨，作为一位慈善家、比尔及梅琳达·盖茨基金会的共同创始人，她不仅资助全球的性别平等项目，而且通过自己的行动和言论，呼吁全球关注女性在科技和商业领域的重要性。她的公众形象不仅是性别平等和女性赋权的强有力宣言，也是关怀心的一束光，照亮性别平等的未来之路。

再有，抖音CEO张楠女士独特的管理哲学和对用户深刻的关怀心，也是一个极佳的例证。她亲自走访用户，聆听他们对于抖音的喜爱、欢乐，以及在不快乐时寻找慰藉的真实反馈。张楠深知成功的产品远超过数据的堆砌，它们能触及人心，赋予人们情感的共鸣。正如她和抖音所倡导的："同理心是基础，想象力是无限的，逻辑和工具构建了二者之间的桥梁。"这种对生活的深入理解和对人性的洞察让抖音不仅是一个平台，更成为丰富和启发每个人生活的源泉。

这些女性企业管理者的故事突显了关怀心在商业领导中的关键作用。她们通过商业成就展示了女性的力量，并通过深刻的关怀心影响了无数人，激励女性追求领导职位。这些女性不仅在自己的领域内取得了显著成就，也推动了更公平、包容的职场文化建设。她们向世界证明，关怀心不仅是女性管理者成功的关键，也是构建公正和谐工作环境的基石。在当今多变的商业环境中，关怀心成为连接人、促进多样性和包容性的桥梁，是每位成功的女性企业管理者不可或缺的品质。

关怀心为何对女性管理者至关重要

管理学大师彼得·德鲁克曾说过：这种时代的转变，正好符合了女性的特质。互联网时代更强调平行管理，意味着管理的去权威化，领导方式需要从过去自上而下的权威导向，转向以人为本的柔性管理。企业的管理开始注重人际关系、尊重、协作，要求更高的敏感性和关怀能力，这正是女性的优势。女性天生细腻、温柔、善于体恤他人的特质，恰好有利于构建注重平等、包容的柔性管理机制。

在当前的商业和社会环境中，数字化水平的提高让工作更为高效，同时人性的关怀也变得尤为珍贵。这给更为敏感的女性管理者提供了一个更好发挥其优势的平台。相对男性管理者，女性管理者能更好地利用和发挥她们的关怀心在管理中的作用。这种优势是一种重要的领导力，对于构建健康、高效的工作环境至关重要。

对于女性管理者而言，关怀心尤为重要，因为她们通常在社会和职场中面临更多的挑战和偏见。通过展现关怀心，女性管理者不仅可以更有效地支持和激励团队，还可以改变人们对女性领导能力的刻板印象，从而为其他女性开拓更多机会。此外，关怀心还能促进更加包容和多样化的工作环境。女性管理者通过展示关怀心和理解，可以为不同背景和经历的员工创造一个更加开放和支持的环境，有助于挖掘各种人才和观点，从而促进创新和适应性。

关怀心对女性管理者的重要性体现在以下几个方面。

1. 增强团队凝聚力

通过展现关怀心，管理者能够更好地理解团队成员的感受和需求，建立一种信任和尊重的氛围。这种理解和支持可以增强团队的凝聚力，促进成员之间的合作。

例如，在团队会议中，如果某位成员情绪低落，女性管理者可以在会后单独询问："今天的讨论是不是让你感到有些压力？我们可以进一步聊聊你的想法。"

2. 提高员工满意度

当员工感觉到管理者关心他们的福祉时，他们更有可能对工作感到满意，这有助于降低员工流失率，提高员工忠诚度。

例如，某员工因工作压力大而感到沮丧，女性管理者可以表示："我知道你最近工作很辛苦，我们可以一起看看有没有办法减轻你的负担。"

3. 改善决策质量

关怀心使管理者能够从不同角度看待问题，更全面地理解情况，从而做出更加公正和周全的决策。

立讯精密的 CEO 王来春在福布斯中国卓越女性论坛上曾经分享道："站在客户的角度，你成就客户、成就市场，才有可能成就你自己。"她强调，企业一定要站在客户的角度思考，并且要对行业有敬畏之心。

4. 促进创新

开放和支持的工作环境鼓励员工分享想法和创新。有关怀心的管理者更能鼓励这种环境，因为员工感到他们的意见被尊重和重视。

例如，女性管理者可以鼓励团队成员在会议中畅所欲言，并积极采纳有建设性的建议。

5. 管理多样性

在多元化的工作环境中，关怀心对于理解和尊重来自不同背景的员工尤为重要。这有助于解决可能因文化或个人差异而产生的误解和冲突。

例如，某团队成员因文化背景不同在沟通中遇到障碍，女性管理者可以主动询问其需求，并帮助调解。

6. 提升领导力的人性化

关怀心展现了领导力的人性化一面，这对在现代社会建立真正的领导者形象至关重要。它有助于管理者以更加平易近人和富有感染力的方式来领导。

例如，女性管理者可以在员工面临困难时表现出理解和关怀，从而增强员工对她们的信任和尊重。

7. 关怀心使人感到有力量

研究发现，拥有和展现关怀心的管理者不仅能营造支持性和信任感的工作环境，还能更好地保护自己的心理健康。数据显示，这些管理者在面对个人焦虑和情绪压力时的风险显著低于其他管理者。关怀心赋予他们一种内在的力量，使他们能够平衡自身需求与他人期望，在领导过程中获得更大的内在满足感和情绪稳定性。这表明，关怀心不仅是对他人的温暖，也是管理者自身韧性的源泉。

通过展现关怀心，女性管理者不仅可以提高团队的凝聚力和员工满意度，还可以在更广泛的社会和商业环境中树立积极的榜样，推动更加平等和包容的文化。这种领导力不仅促进了团队的成功，也为未来的女性管理者开辟了更广阔的空间。

关怀心：超越同情，比单纯同情更多

值得注意的是，关怀心（Compassion）常被和同情心（Sympathy）、同理心（Empathy）放在一起讨论，然而它们并不相同。

同情心是指了解他人的情绪和处境，但不一定能感受到对方的痛苦。例如：我知道你很难过，我看得出你正在难过，但我没有感受到同样的痛楚。

同理心是指能够感同身受他人的情绪，不只是知道而已。例如：我看到你很难过，这让我也感到难过，我理解这为什么让你伤心。同理心也可以体现在感受他人的快乐上。无论是同悲还是同乐，同理心强调能感受到对方的苦乐。因此，虽然同情心和同理心仅一字之差，前者是了解对方的感受，后者则是要拥抱别人的脆弱。

关怀心不仅包括同情心和同理心，还包括愿意采取行动来帮助他人减轻痛苦或增加快乐。例如：我看到你很难过，这让我也感到难过，我理解你的伤心，因此我愿意帮助你渡过难关。因此，关怀心是考虑别人的感受但更为理性地思考，并提出如何解决问题。正如《论语·颜渊》中的"仁者爱人"，孔子所提出的"仁"不仅包含爱人的意涵，还深含对他人感受的考量和理解。这不仅是同理心的体现，更展示了关怀心——仁者在关爱他人的同时，还会努力理解并帮助解决他们的问题。

就本书探讨的领导力而言，管理者对于三者的实践也存在显著差异。例如，当管理者看到员工因为家人病重而哭泣，仅表现出同情心的管理者会说："我知道你现在一定很难过。"进一步表现出同理心的管理者会说："看到你这么难过，我也感到非常伤心。我能理解你的痛苦，因为我也曾经历过类似的事情。"但是，能够表现出关怀心的管理者，更可能说出："看到你这么难过，我也感到非常伤心。我能理解你的痛苦。让我陪在你身边，帮你分担一些事情，帮你推荐或者找到医生，或者做一些能让你感觉好一些的事情。"

管理者展示的关怀心不仅能给下属带来益处，还能为管理者提供信心——看到自己能够帮助他们，而不是陷入他们的困境中。研究显示，与同理心相比，以关怀心为导向的管理者整体的主观幸福感和快乐感要高 30%。此外，由于他们的关怀心导向，他们对自己的领导能力的信心也高出 14%，因为他们觉得自己有能力产生影响。

倾听：一个重要的概念

在关怀心里，一个重要的概念便是倾听和理解对方的需要。

佐治亚大学的法德尔·马塔（Fadel Matta）和同事的研究发现，管理者和员工对他们之间工作关系的看法往往存在差异。管理者可能认为他们与员工的关系非常好，员工却不一定这样认为。员工希望的是一种共同信任和互相支持的关系，但管理者有时意识不到这一点。这种不一致的理念可能成为影响员工工作动机和绩效的绊脚石。

在畅销书《你没在听》（*You Are Not Listening*）中，作者和同事们进行了一个有趣的实验：让夫妇倾听对方的诉求，结果发现夫妇之间对于对方的理解程度还不如控制组中的陌生人对于他们中某个人的理解。很多时候，我们认为倾听就是简单的听着，你说，我听着，便是最好的反馈。事实上，倾听不仅需要听，还需要让对方明白你在听，并且真的尝试用对方的角度看问题。

当一位员工因为无法按时完成任务感到压力巨大，于是向管理者诉苦，表达自己对工作量和时间安排的不满。管理者若只是坐着听他说，就认为这是很大的让步和尊重，实际上却缺乏情绪、语言或实际行动上的反馈，员工会觉得管理者冷漠和自己被漠视，这种感觉对于员工无疑是雪上加霜。如果管理者表达关怀心，例如："听到你说这些，我感到很担心。看得出你现在压力很大，我们一起来想办法解决这个问题好吗？"这种回应能让员工感到被理解和关心。

能够捕捉到员工深层次的心理需求和未说出来的感受，是管理者高情商的重要体现。这种能力在管理中非常关键。研究发现，女性在这方面往往表现得更好，因为她们更具同理心和敏感度。例如，当员工在团队会议中表现出疲惫但没有明说时，女性管理者可能会主动询问："最近工作压力是不是很大？需要调整一下工作量吗？"

情绪价值指的是在互动中能够给对方带来情绪上的满足和支持。管理者应当意识到，自己不仅需要解决问题，还需要在过程中给予员工情感上的支持。例如，当员工完成一个困难任务时，及时的认可和表扬会增强他们的自信心和归属感。

许多男性管理者可能会认为自己应该保持"冷酷"的形象，

不该表现出脆弱和关怀。这种观念需要改变，因为关怀心并不意味着软弱，而是领导力的重要组成部分。正如开篇的例子中，有的男性会觉得表达同情和关怀是尴尬的，他们可能认为男性应该保持情绪中性的形象，或者从小到大对如何表达温柔的关怀缺乏锻炼和重视。而女性管理者正是有先天的温柔和敏感，可以很自然地表达关心，输出情绪价值。同时，女性管理者有更多自然的情感表达技巧，可以更好地支持员工。

管理学中有一个经典的 X 理论（Theory X）和 Y 理论（Theory Y），由道格拉斯·麦格雷戈（Douglas McGregor）在 20 世纪 60 年代于著作《企业的人性方面》（*The Human Side of Enterprise*）中提出，用以描述不同管理者对员工的基本假设和管理方式。

X 理论认为人是懒惰的，需要不断鞭策和监控。X 理论假设员工本质上是不喜欢工作的，需要通过严格的监督和控制才能完成任务。

Y 理论认为人有自我判断，是自我驱动的。Y 理论假设员工在合适的环境下能够自我激励和主动工作，管理者需要授权，予以信任，让员工发挥自主性。

人的本性都是希望有一定的自主权，对如何做事有一定的选择权，没人喜欢被束缚。《老友记》的女主角詹妮弗·安妮拍过一个电影叫作《上班一条虫》（*Office Space*），里面的男主角选择从公司职员转做一名搬砖工。他之所以做出这个职业选择，是因为之前看似高大上且舒适的工作其实非常受束缚，一个报告需要给八个不同的领导汇报，他觉得这是浪费时间和生命，于是毅然选择离开。

时至今日，我们依然能看到很多管理者对员工层层束缚，其底层逻辑便是不信任，觉得他人是没有决断力的，需要不断被监控。这也往往是导致员工工作效率低下和离职的原因。如果管理者能设身处地为对方想一下，便不难发现，这种枷锁的可怕。

关怀心的智慧：道德选择、情绪耗竭和优柔寡断

当关怀心和同理心被混为一谈时，我们需要注意同理心可能的陷阱。

首先，在道德选择方面，同理心可能导致我们做出偏颇的判断。保罗·布鲁姆在他的书《反对同理心：有理智的关怀心》（*Against empathy：The case for rational Compassion*）中详细讨论了这个问题。他提到，虽然同理心带来了许多积极影响，但它也有可能成为道德判断的障碍。实验显示，当参与者被要求对一个濒临死亡的男孩产生同理心时，他们更倾向于将他提前放到治疗名单上，即使这意味着其他情况更加危急的病人可能因此遭受损害。这种情绪驱动的决策展示了同理心在道德选择上可能导致的问题。在实际工作中，管理者常常要针对员工的不合适行为进行判断和处置。假设一名员工挪用了公司的款项，但是作为管理者，你了解到这名员工最近家庭财务压力很大，其配偶生病，需要照顾。

由于对这位员工的个人状况过于同情，你决定不对其进行必要的纪律处罚，甚至没有正式记录其表现问题。虽然初衷是出于善意，但这种做法违背了公司的公平性和纪律规范。其他员工注意到这种不一致，会感到困惑和不公，结果则可能导致整个团队的士气和生产力下降。

其次，情绪耗竭是同理心过度投入的直接后果之一。长期的情绪投入可能导致个体感受到极大的压力，进而影响到工作和生活的各个方面。例如，医疗和社会工作领域的专业人士常因同理心过度而经历职业倦怠。有时候我在和管理者聊到同理心的时候，他们会发出长长的叹息。因为同理心在很多人看来是一种负担，管理者需要面对很多的困难和全局的挑战，还需要去面对员工的工作困难，这看起来是一种巨大的包袱。正如上文所说，同理心和关怀心的关键差别是，同理心是一种情感，而关怀心是一种意图。同理心是当我们看到别人受苦时，承担他们所经历的痛苦，与他们一起受苦。这是一种非常人性化和高尚的行为。然而，它不一定会帮助到其他人，甚至会让施予者本人感到耗竭。LinkedIn 的前 CEO 杰夫·韦纳曾指出，同理心让我们体会到他人的苦痛，但同时，这种同理心的重负也可能让我们自己陷入情绪的旋涡，从而影响决策的客观性和个人的心理健康。

最后，过度的同理心，有时会使我们丧失做出有效决策的能力，还可能会导致优柔寡断。在决策过程中，管理者不可能令每个人都满意，这中间难免会伤害到一些人的利益。因此，管理者，尤其是女性管理者，要警惕过度同理心可能有的负面影响，比如显得犹豫不决或缺乏对自己战略的信念。不必总是追求共识，相反，要认识到真正的关怀心并不是放弃自己的权威，而是在必要时坚定地行使它。例如有研究发现，虽然对表现不佳的员工提供负面反馈是一项有效的管理措施，但同理心过度的管理者会在提供负面反馈之后感到苦恼，这种负面情绪进而阻碍他们表现出积极的领导行为。Orsted 公司的 CEO 马兹·尼珀分享了他的个人经验，表达了过度同理心可能带来的领导挑战："有时候我会过度同理心，这在建立信任关系时十分有用，但它也让我在需要对他人产生影响的艰难决定上犹豫不决。"他的经历说明，虽然同理心能够增进人际关系，但在做出涉及广泛利益权衡的决策时，过度同理心可能阻碍效率和公正性。

有时候从同理心中抽身，并不会让你变得不那么人性化或缺乏善意，反而能让你在困境中更好地支援他人。要与他人保持一定的心理和情感的距离，以避免在与受苦之人共处时被同理心劫持。给自己和他人一点空间，这样你才能更清晰地看到全局并提供帮助。你只是在问题上退后了一步，这样你就可以帮助别人解决它。例如，在处理员工的个人问题时，同理心能帮助管理者理解员工的情绪和困境，而关怀心则能引导管理者提供实际帮助，而不是仅仅在情感上与员工共鸣。这种策略性的情感管理不仅有助于问题的解决，也维护了管理者的决策能力，避免了因过度同理心而导致的决策失误。

自我关怀：关怀心的双赢策略

照顾他人的感受和关注自己的感受并不相排斥。事实上，关怀心常常让我们忽略自身的焦虑，关注自身的情绪不会让我们短视，反而可以促使我们更加关注更广泛的社群，并探索如何让自己的生活变得更有意义。例如，曾经的新冠疫情不仅引发了全球性的健康危机，还给工作场所和全社会带来了极大的挑战，增加了许多员工的焦虑。我与合作者们的研究发现，新冠疫情触发的死亡意识加深了员工的状态性焦虑，同时提高了人们对受苦者的关怀心，并促进了利他行为。我们的研究结果强有力地支持了我们的理论假设，突出显示在这场前所未有的危机中，公仆式领导在减轻员工焦虑、指引员工积极面对挑战方面的关键作用。

这样的管理者不会只告诉员工："不要焦虑了，没有什么可担心的。"而是会坦诚地说："我也很焦虑，我也不确定未来会如何发展，但是我们在一艘船上，让我们一起面对挑战，共同让事态变得更好。"这种领导方式不仅缓解了员工的焦虑，还增强了团队的凝聚力和信任度。这项研究为理解和应对全球危机中的人类行为提供了宝贵的见解，并为管理者在危机管理方面的策略提供了指导。这项研究也受到了《福布斯》和《财富》等媒体的报道和关注。

的确，关怀心不仅仅是对他人的关怀，还有对个人的关怀（self-compassion）。华盛顿大学的管理学学者基拉·沙布拉姆

（Kira Schabram）和王育珍（音译，Yu Tse Heng）的研究显示，关怀自己同样重要。他们告诉商学院的学生被试："在今天的某个时刻，你会发现自己面临与学校相关的困难（例如，团队合作问题、完成作业或截止日期的压力等）。我们将在晚上的调查中请你描述这种情况。现在，给你一个任务：我们很容易因为自己认为的不足而批评或责怪自己。但请记住，这个学校的所有学生都会面临挑战，这是完全正常的！与其自责，不如想出一个具体的行动来对自己表示关怀：说些让自己感觉好点的话，给自己一点奖励，或者进行一次自我照顾等。"接下来的时间，被试们写下给自己的话，向自己提问了以下问题：

- 我是不是尽量理解和耐心对待自己不喜欢的性格特质？
- 当我经历痛苦时，我是不是会对自己友善？
- 当经历非常困难的时刻时，我会不会给予自己所需的关怀和温柔？
- 我是不是对自己的缺点和不足持宽容态度？
- 当情感上感到痛苦时，我是不是尽量对自己充满爱意？

这样的测试结果会提升个体对自我的关怀，减少情绪耗竭，增加自尊感和自我价值感，从而提高工作的效率。佛罗里达大学的克洛迪亚娜·拉纳伊将相似的实验应用到管理者身上，发现通过每天早上进行关怀自我的写作练习，管理者能够因此成为下属眼里更有效的领导者。

因此，有效的关怀心包括对自己和对他人的关怀。一个成功的管理者同时关注这两者，将会成为更为健康和持续有效的领导者，并带领团队取得更好的成果。

培养关怀心，增强领导有效性

一位具备适当关怀心的女性管理者不仅关注业绩，而且重视员工的感受与福祉，能在人文关怀与组织目标间找到平衡。以下八个策略可以帮助女性管理者反思如何培养关怀心，成为更有效的领导者。

1. 自我反思与情绪意识

自我反思和情绪意识是一位出色的管理者必备的素质。增强自我意识首先需要定期进行自我反思，这不仅可以帮助我们识别自己的情绪反应和偏见，还能深化我们对这些情绪如何影响我们的理解和响应他人的认识。此外，通过阅读、参加研讨会或培训课程来学习情绪智力，可以增加我们对情绪在决策、领导力和人际关系中所起作用的理解。

增强对他人的敏感度，有时候细小的举动便能赢得人心。《财富》500强公司格瑞夫的董事长比特·沃特森（Pete Watson）曾在我的MBA课上分享了他的经历。有次，我们一起走过公司的长廊，一个路过的员工给他打招呼，但他未能注意到。到达办公室后，比特意识到了这一点，他突然说，请你等一下。他马上回去，跟刚才那个员工说："Hi，约翰，你好吗？刚才我没听到。"这位管理着四万多名员工的董事长的举动让我很受触动。比特的眼中闪烁着坚定和温暖，解释道："这不仅仅是为了纠正一个小错误，更是为了展示我们每个人都值得被尊重和注意。"

2.积极倾听与沟通，换位思考

实践积极倾听和开放式沟通是建立有效团队互动的关键。实践积极倾听意味着不仅听别人说什么，更重要的是深入理解他们的感受和需求。这种深度的聆听能够帮助领导者捕捉到团队成员的真实想法和情绪，从而作出更为精准的响应。例如，瞿芳作为小红书的联合创始人，以扁平化和公开透明的管理风格展现了卓越的倾听与共情能力。她推动员工入职时取"薯名"，如她的"木兰"，以激励自我并拉近彼此距离。通过定期举办广场对谈，小红书每两个月公开分享公司双月 OKR，让员工全面了解目标与挑战，并积极参与讨论。这种透明化的沟通方式大幅提升了团队的参与感和成就感。瞿芳注重赋能团队，提供资源支持并鼓励创新尝试。当涌入数百万美国用户时，小红书迅速上线即时翻译功能，促成中美网友间的大规模互动。这一成果充分体现了小红书倾听与信任文化的力量，彰显了团队的创造力与公司发展的敏捷性。

同时，开放式沟通鼓励团队成员自由表达自己的想法和情感，营造一个自由表达不同意见的环境。这种沟通方式不仅能够增强团队的透明度，还能提高团队成员之间的信任和协作。沟通并非各说各话，答非所问，真正的理解才能促进真正的信任。在《高效能人士的七个习惯》中，史蒂芬·柯维强调了"先理解别人，再寻求被理解"的重要性。这个习惯提醒我们，在沟通中首先要从对方的角度考虑问题，真正理解对方的需求和诉求。这种方法不仅能够促进个人间的和谐，也是管理者在团队管理中不可或缺的技能。通过实际行动展示对团队成员的深度理解和真诚关怀，管理者可以有效地激发团队的潜力，创造一个更加积极和支持性的工作环境。

3. 主动关心，并非每个人都愿意倾诉

在现代社会中，许多人为了遮掩自身的脆弱和无助，常常佩戴着面具，不愿轻易向他人展示自己的真实情感。这种心态源于缺乏信任，而信任的定义是一个人愿意接受另一个人可能带来的伤害的程度。因此，作为管理者，主动关心员工就成为一种必要的敏感度和洞察力的展现。

我曾与美国中部最大医院的运营总监马克，交流在新冠疫情期间他所面对的重大挑战，马克分享了他如何维持团队士气的经历："在所有的混乱中，我意识到团结的重要性超过了任何时候。我的助手丽萨平时非常能干，但最近她的状态有些异常。"当我询问他如何察觉到这一点时，马克说："我注意到她连续两周都穿同一件黑色外套，这对一个平时喜欢色彩的人来说很不寻常。"他决定私下询问丽萨，这一简单的关心使她意识到自己对自身情绪的忽视。

马克的例子说明，有时候，人们并不需要即时的解决方案，更需要的是被倾听和被理解。当管理者问出"你需要什么帮助？"这样一个简单的问题时，已经为对方提供了反思和表达自己需求的机会，这是帮助他们的第一步。真正的帮助往往不在于采取行动，而是通过主动的关心和开放包容的沟通方式，使人们感受到被关心和被看见。这种方法通常是解决问题最有效的手段，同时也可以强化团队的凝聚力和信任。

4. 增加对多元文化和不同背景的认识

在当今增长多元化的工作环境中，扩展视野，推动多样性及包容性至关重要。通过阅读、参加培训和文化交流，我们可以加深对不同文化、性别和社会背景的理解，从而在职场中实现和促进人类的核心价值。

关怀心的自然倾向有时可能导致我们与和自己相似的人产生更深的共鸣，对不太熟悉或背景差别较大的人则可能感到疏远。这种现象在日常决策和人际互动中会不经意地体现出来，比如我们可能更容易对邻居的不幸产生关怀心，对街头的无家可归者则不那么关心。这种倾向也反映在职场上，我们可能无意中给予背景相似的同事更多的机会和好评。

弗吉尼亚大学的比特·拜耳米（Peter Belmi）及其团队通过实际的劳动力市场简历投放实验发现，人们通常对那些是家中第一位大学生的候选人抱有更多关怀，认为他们更有可能努力并成功逆袭。然而，受教育程度较高的管理者往往出于对这些候选人缺乏商业知识和专业网络的担忧，而不愿意给予他们机会。这种现象揭示了我们的关怀心往往是有条件的，更倾向于那些与我们背景相似的人。

对于以顾客为中心的公司而言，培养对拥有不同背景、职业或在不同文化中长大的人群的同理心和关怀心尤为重要。例如，万豪酒店采取了一种创新的做法，让经理们定期体验一天顾客的生活，以便更深入地理解顾客的需求和服务中的不足之处。此外，通过各种轮岗实验，员工可以从不同的职位角度理解公司的运作和客户互动。

角色扮演则是另一种加强组织关怀心的实践方式。这种方法迫使参与者跳出自己的视角，站在别人的立场上思考问题，从而增进对他人情感和反应的理解。通过扮演不同背景和立场的角色，并通过模拟对话和情境，参与者能够直接体验他人的情感和面临的挑战，这种体验有助于提升员工的同理心，从而优化顾客服务和内部协作。

为了真正实现一个多元化和包容性的工作环境，我们需要有意识地扩展同理心和关怀，覆盖那些与我们有着不同背景的人。通过积极了解并尊重他们的独特经历和潜力，我们不仅可以帮助他们更好地融入和发展，还能丰富组织的视角和创新能力。这种努力不仅可以支持个体的成长，也是对整个组织健康和成功的重要投资。

5. 平衡决策

管理者在关怀员工的同时，必须能够做出对组织有益的决策。

这意味着在必要时，他们必须坚定地做出选择，即使这些决策可能不总是受到每个人的欢迎。保持公正和透明在这一过程中至关重要。特别是在组织变革或危机管理的情境下，管理者可能需要做出牺牲部分员工利益的艰难决定。在这种情况下，过度的同理心可能会成为阻碍，因此管理者需要更多依赖于关怀心，理解员工的挑战和痛苦，同时做出最符合组织整体利益的决策。

此外，有效的管理者会在日常交流中展示情感智慧。他们通过在团队会议或一对一对话中询问具体需求、倾听员工意见并提供反馈，展示他们的共情和同情。这种行为不仅建立了信任，也增强了团队的凝聚力，提升了效率。

我们最终的目标是创造一个员工既能感受到管理者的情感支持，又能明显看到管理者为整体利益做出考虑和牺牲的工作环境。这样的环境不仅能激励员工，提升他们的工作热情和忠诚度，在面对复杂问题时，也能让管理者保持适当的情感距离，从而做出更公正、更有效的决策。

通过理解和实践同理心与关怀心之间的平衡，管理者可以更有效地应对复杂的人际关系和挑战，确保在多变的工作环境中维持自身的影响力和效能。这种平衡对管理者个人的成长极为重要，同时也是整个组织健康和成功的关键。

6. 实践关怀心和模范行为

实践关怀心和模范行为是构建健康组织文化的基石。管理者应努力从他人的视角考虑问题，设身处地理解他们的感受和挑战。

这种思维方式不仅有助于做出更加周全的决策，也能在团队中促进更深层次的理解和协作。

非言语沟通，如肢体语言和表情，也是管理者必须关注的重要方面。这些细微的信号往往能揭示团队成员的真实情绪和福祉，帮助管理者更准确地响应他们的需要。通过留意这些非言语线索，管理者可以更有效地支持员工，增强团队的整体幸福感。

作为团队的道德典范，管理者的行为应该体现出深度的关怀心和智慧。在处理困难和冲突时，管理者展现出的关怀心和成熟的决策能力，可以为团队成员树立积极的榜样。此外，通过建立一个鼓励同理心、支持和正直的工作环境，管理者能够塑造一种支持性强的组织文化。

为了进一步支持团队成员的情感和心理健康，管理者应确保提供必要的资源，如心理健康日和咨询服务等。这些资源不仅能帮助员工处理工作中的压力，还能增强他们的整体福祉。

领导力的真正含义不在于直接为他人解决问题，而是在于培养和发展人，使他们有能力自己找到解决方案。这意味着管理者应避免直接介入解决问题，而是通过辅导和指导，帮助团队成员识别问题的核心，并探索解决问题的路径。这种方法不仅可以促进个人的成长，也可以强化团队的问题解决能力，为组织的持续成功和发展奠定坚实的基础。

7. 自我关怀

了解自我关怀的重要性，有助于我们更好地照顾他人。我们需要遵循"先给自己系好安全带，再帮助他人"的原则，以确保在帮助他人之前，自己的基本需求得到满足。

自我关怀是实践自我怜悯的一部分。有效管理自己的情感对于更好地管理他人是必要的，但也是有代价的。这种被称为情感劳动的过程——吸收、反思并转移他人的情感——可能让人感到压力过大。因此，管理者必须实践自我关怀，这包括确保充分休息、保持良好的睡眠习惯、均衡饮食、培养有意义的人际关系以及进行正念练习。管理者需要找到一种方法，让自己在坚韧中保持务实，并与内心的真实想法保持一致。当他们以这些品质出现在工作场所时，人们可以依赖他们，从而在他们的幸福中找到安慰和舒适。

对于反刍思维的打破也是管理压力的一部分。反刍思维是对压力情境的持续思考，无论是工作中的问题还是个人冲突。好消息是，提高留在当下的能力可以帮助你搁置那些暂时无法解决的压力源。首先，让自己稳定下来，花一点时间感受你的脚踩在地板上的重量，思考自己当前的思绪、身体感觉以及正在进行的活动。然后问自己："我现在的想法对我有帮助吗?"尝试不要过度认真地对待这些想法，与这些想法保持一定距离并观察，提醒自己这些仅仅是一些想法。其次，不要抗拒不确定性。虽然接受不确定性可能需要承受一些恐惧，但试图过度控制现实是不现实的。最后，认可自己及自己的感受。简单地认可自己的负面情绪可以帮助缓解压力和反刍思维，比如告诉自己："我有权感到紧张。"为自己的情绪命名并给自己感受它们的权限，可以帮助你减轻它们最初的强度。

8. 持续学习和成长

持续学习和成长是管理者成功的关键组成部分。通过参与研讨会、工作坊和讨论，尤其是加入女性领导力网络，女性管理者可以不断学习和分享提升关怀心的方法。这不仅可以扩展个人的视野，还有助于在组织内推广包容和理解的文化。

寻求反馈是另一种关键策略，定期向团队成员和同事收集反馈，特别是关于领导风格和关怀心的表现，可以帮助女性管理者识别需要改进的领域。这种开放的反馈机制不仅增强了团队的透明度，也促进了管理者的个人成长。

此外，通过理解员工的个人目标和职业发展需求，管理者可以提供个性化的激励和支持。鼓励团队成员面对挑战并支持他们的成长和发展，是建立一个充满活力和自我实现的团队环境的重要方式。

通过实施这些策略，女性管理者不仅可以提升自身的关怀心，还可以通过示范作用鼓励整个组织培养更加包容、理解和支持的工作环境。这样的领导风格使得女性管理者能够在提升团队表现和促进积极工作环境的同时，关注员工的个人成长和福祉，成为真正受人尊敬和信赖的领导者。

工具：衡量你的关怀心与领导力水平

如何自我感受关怀心？

拉斯穆斯·霍加德（Rasmus Hougaard）和雅各琳·卡特尔（Jacqueline Carter）共同撰写的书《关怀领导力：如何以人的方式做困难的事情》（*Compassionate Leadership: How to hard things in a human way*）中提供了一个简单的自我练习，用以体验同理心对自身的影响及如何转化为关怀心：

首先，闭上眼睛，舒适地坐着。花几分钟时间放松身心，把注意力从之前阅读或关注的事物上移开。

接着，回想一个你最近非常关心的人，他们最近在情感或身体上遭受了重大苦难。想象这个人就坐在你面前。观察他们的苦难如何在他们的面部表情和体态上体现出来，花几分钟时间去感受这一切。

如果你此刻感到有些沉重或悲伤，这正是共情的感受。这种感觉说明你真正关心他人。

为了真正帮助这个人，你需要献出关爱。请继续下一步。

在心理上与这个人保持一定距离，以便获得一些视角，然后问自己："我该如何帮助这个人？"探索你能做的一些小事或大事来让他们感觉好一些，比如打电话、发送短信、拜访或送礼物。

向自己作出坚定的承诺，至少做一件事来帮助这个人。花几分钟时间静下心来，思考这一承诺，意识到你实际上有能力积极影响这个人的处境并给予帮助。

思考一下你现在的感受。

如果你现在感觉比之前轻松些，那么你就体验到了关怀心：愿意为需要帮助的他人做一些事，并且认识到你有能力产生积极的影响。

通过这个练习，你可以深入理解同理心与关怀心之间的联系，以及如何在领导和日常生活中应用这些理念来帮助他人。

如何检测自己的关怀心？

你可以尝试从以下角度去检测自己的关怀心的能力，以及可以怎么增强它并带来更好的管理效果。

1. 检测你对不同员工的关注度

你是否关注到不同员工的需求？根据《哈佛商业评论》2018 年的一篇文章，CEO 的工作时间中有 61% 用于面对面交流，15% 用于电话和书面通信，24% 用于电子通信。同时，有报道称，管理者可能会把高达 90% 的时间用于通过会议、电子邮件、报告、演示及即时消息进行沟通。各层级的管理者大部分时间都用在沟通上，但是否真正理解了员工的需求？

作为高层管理者，可能无法亲耳听到每个人的声音。这种情况下，可以考虑过通过录制视频或网络的方式与员工沟通。不要低估这种方式的力量，在关键时刻，尤其是危机时刻，它能极大地提振士气，让员工感受到被尊重和关心。美国通用汽车的前 CEO 杰克·韦尔奇实行了一种名为"走动管理"的政策。他每年会花 70% 的时间飞往世界各地的分公司，与一线员工和管理者直接对话，聆听他们对公司核心产品的看法和需求，从而识别顾客需求和产品问题，进而提升产品质量。

除了关注员工的需求，作为管理者，你有没有留意到他们的贡献？积极心理学领域一个在不同文化和情境下都得到反复验证的研究结果是，表达感谢不仅对被感谢者有积极影响，表达感谢的人自身也有积极的情绪和行为改变。如果你没有这么做过，可以花时间反思至少一件员工的贡献，思考他们的行为如何积极影响了你，并试图从他们的角度理解做出这些行为的动机。这样的反思能够帮助你培养对他人行为背后的情感和动机的关怀心。

2. 检测你的倾听能力

就如何提升倾听技巧，我们可以考虑几个关键的问题来引导自己的实践和自我检验。

当你的管理者在与你交谈时不时查看手机，这种行为可能传达了什么信息？这是否意味着他们不够重视你？通过这样的问题，我们可以更深入地理解日常交流中的非言语信息。

深度倾听的实践不仅仅是听到对方的话语，更重要的是理解对方的感受和需求。在深度倾听的练习中，一方可以分享一个个人经历，而另一方则全神贯注地倾听，不打断，也不提出建议，只是在分享结束后重述对方的感受和需要，确保准确无误地理解对方的真正意图。

此外，建立"感受日记"也是一种很好的方法。通过每天记录至少一次的交流情况，特别是那些引起强烈情感反应的对话，我们可以分析这些情感并试图从对方的角度看待情况。这种自我反思不仅有助于我们培养关怀心和情感智力，还能让我们在反思时更加深入地理解如何在各种个人和职业关系中有效地应用这些技能。

每天结束时，我们可以通过几个关键问题来评估自己的倾听和关怀心表现，例如："今天我有没有真正理解员工和团队的感受?""我如何展现了关怀心?""有哪些情况我可以做得更好?"通过这些练习，我们不仅能提高对他人情感的敏感性和理解力，还能在日常生活中更有效地应用同理心，无论是在个人关系还是职场交往中。

3. 检测你的情绪捕捉能力（情商）

第一，你可以尝试向你信任的人寻求直接反馈。你可以询问他们在何种情境下感觉到你特别理解或者不理解他们的感受。这种直接的对话有助于你了解自己在关怀心展示上的强项与弱点。

第二，你可以考虑使用360度反馈工具。这种工具通过收集来自你的下属、同事、上级甚至客户的反馈，帮助你全面评估自己在沟通、决策能力和团队管理等方面的表现。通过这种全方位的评估，你可以更清晰地看到自己的领导技能和关怀心水平。

同时，你也可以通过参加小组讨论或工作坊，专注于收集其他人对你的反馈，尤其是关于你如何展现关怀心的方面。在这种互动中，观察和学习是非常重要的。你也可以尝试找到一个在关怀心方面表现出色的角色模型，并观察他们是如何与人交流、表达理解和支持的。

在日常交往中，尝试模仿这些高关怀心表现的行为，注意观察这种模仿对你的人际关系产生的影响。此外，你可以考虑学习一些基本的心理咨询技巧，比如倾听、反馈和非言语沟通等。这些技巧能帮助你更加专注于理解对方的感受和需求。

第三，你可以参加在线或由专业机构提供的情感智力和关怀心测评。这些测评可以提供关于你关怀心水平的客观反馈，帮助你更好地认识自己，并在必要时做出调整。通过这些方法和实践，你可以有效提升自己的情商，无论是在个人关系还是在职场中，都能更好地应用关怀心。

4.通过关键事件检测

在检测自我的关怀心和领导效果时，关键事件评估法是一个非常有用的工具。我们可以通过回想自己，或者观察别的管理者在日常工作中的表现，特别是在处理冲突和压力情况时的反应，来判断我们自己或者其他管理者的关怀心和应对能力。这种评估可以让我们更深入地了解自己在紧张环境下的真实表现。

此外，识别和命名每天经历的不同情感也是一种重要的自我评估方法。经常尝试理解自己对特定事件的情感反应模式，可以帮助你更好地控制情绪并提高情绪智力。同时，在与人交往时，你可以留意下对方的情感表达，包括他们的言语和非言语信号，如肢体语言和面部表情。

通过定期的绩效回顾会议，结合具体的目标设定和成就，我们不仅可以评估自我的成长，还可以检测自己的领导力效果。领导力发展计划也是提升领导技能的一个重要途径。参加专门的领导力发展课程或研讨会，并通过课程结束时的评估来测量学习成果和行为改变，这些都是评估和提升领导力的有效方法。

通过这些系统的方法和策略，管理者不仅能够加深对自身行为和情感的理解，还能在实际工作中更有效地应用这些知识，以提高整体的领导效果和团队的协作能力。

5. 检测你的多样化的能力

要检测和提升自己在多样化能力方面的表现，我们可以通过一系列的自我提问来引导思考和行动。首先，你是否经常阅读或观看来自不同文化、背景和生活经历的人的故事？这种习惯是否帮助你扩大了视野，并增进了对不同生活经历和挑战的理解？进一步地，这种理解是否转化为你对他人状况的关怀心？通过这样的自我检测，你可以评估自己在多样化的理解和包容性上的能力。

在领导力的层面，纽约大学的西井（Nishii）和密西根大学的迈耶（Mayer）的研究揭示了包容性领导力的重要性，尤其是在多元化的工作环境中。你是否在领导时表现出足够的自信来面对不确定性？同时，你是否能够在适当的时候展现谦逊和脆弱性，以此来营造团队中的心理安全感并增强关怀心？这种平衡的展现对于你来说是否容易实现？最后，你认为自己在反思和开放性方面表现如何？是否认为这些特质是构建一个包容性工作环境的关键要素？

通过这些问题的反复思考和实践，你可以更深入地理解并提升自己在多样化和包容性方面的能力，这在全球化日益增强的今天，无论是在个人发展还是职业生涯中，都具有重要意义。

6. 检测公司或者团队的文化

在快节奏和高压的工作环境中，理解并改善公司或团队的文化至关重要。以下是一些问题，通过这些你可以自我检测和评估你的团队或公司文化：

- 你的团队是否存在不可持续的工作负载或"996""007"这样的高强度工作文化？这是否已成为团队的常态？

- 如果是这样，这种文化是否导致了高员工流失率、低士气，或者员工只是为了加班而加班？

- 你是否观察到员工在工作中缺乏真正的热情？他们的潜能和能力是否得到了充分的发挥？

- 员工在非正式的场合或对外谈论公司时，通常怎样描述公司？他们的讨论是否反映出对公司的正面或负面认同感？

- 作为管理者（特别是女性管理者），你是否利用自己的独特优势去感受和倾听了员工的需求？你是否正在努力塑造一个让每个人都感到被尊重而不是被压迫的文化和机制？

通过对这些问题的深思熟虑，你可以更好地理解你的团队或公司的文化现状，并采取必要的措施来引导企业文化向更积极、更包容的方向发展。这不仅有助于提高员工的满意度和效率，长期来看还能提升团队的凝聚力和整体表现。

小结

关怀心不仅是女性的特长，也是每位有效管理者应具备的核心品质，它跨越性别、国籍和年龄。

在考虑从美国俄亥俄州立大学商学院终身教授职位辞职，全职加入清华大学的关键时刻，我收到了我的同事，全球知名的管理学和组织心理学学者提姆·贾奇（Tim Judge）的来信。他在信中表达了深切的关怀："我和其他每一个人都非常希望你能回来，但也意识到这对你及你的家庭来说是一个艰难的决定。很难想象没有你的俄亥俄州立大学，但基于家庭的考虑，我在我的职业生涯中也曾做过一次艰难的转移，从康奈尔大学到爱荷华州，那是跨越了半个美国。而你现在面临的，是跨越半个世界的迁移！尽管如此，我们的友谊超越了职业关系，这一点永远不会改变。"蒂姆博士展现的关怀心不仅提供了支持，也深深感动了我。他能够用这样的深度关怀心回应一个晚辈做出的离开决定，体现了他的高尚品质。

关怀心是一种强大的力量，它构建了人与人之间心灵的桥梁，让我们在复杂多变的社会中找到共鸣和安宁。在工作场所，关怀心不仅可以促进员工的工作动力和团队氛围，还是创造更美好团队和组织的关键动力。这种情感的联结使我们的工作环境充满希望和温暖，即使在组织变革和商业环境的不确定性中，关怀心透露的人性之美对我们来说依然是最宝贵的支持。

第三章

决断之剑:
女性管理者的坚定与果敢
(Assertiveness)

意 愿	行 为	结 果
为什么果敢对于女性管理者很重要?什么是果敢?	如何提升领导实践中的果敢力?	如何测评和改进自己的果敢力?

"拥有自己声音的女性,本质上就是坚强的女性。但寻找这份声音的过程却可能异常艰难。"

——梅琳达·盖茨(Melinda Gates),比尔及梅琳达·盖茨基

金会联席主席

"决定你成为谁的,不是能力,而是选择。"

——JK. 罗琳,《哈利·波特》作者

如果你是一位女性管理者或者年轻的管理者，如果以下情形适用于你，请打钩：

☐ 开会时常常坐在后排，不愿意发言，或者发言次数比资深或男性同事少。

☐ 发言时常被打断。

☐ 参加行业会议时，除了女性主题的会议，主要嘉宾都是男性。

☐ 参加的高科技领域会议，发言的嘉宾都是男性。

☐ 参加的会议中的女性参与者，通常是主持人或者作为家属出席。

接下来，我还有两个问题问你：

● 你未来希望成为一家大型公司或企业，比如《财富》

500 强企业的董事长吗？

  ● 如果你有机会成为一家大型企业的董事长，你愿意吗？

如果答案是肯定的，你可以在心里举手，或者想象一下，如果我在一个会议或公众场合上问这些问题，你会举手吗？

这两个问题是我在美国圣母大学商学院的本科必修课上问的，我们当时在讨论为什么世界 500 强公司里，女性的掌舵人如此之少。我先问了男生，几乎每个人都举了手。有的男生还会看一看旁边的朋友，伴随着自信的笑声，半开玩笑地说："为什么不呢？"当问到女生时，只有零星几个女生举起了手。

这一幕让我深思，为什么在拥有相同教育和资质的情况下，女生们对自己的职业抱负如此谨慎？这不仅仅是一个问题，更是一个跨文化的现象。尽管美国社会看似充满机会，但女性在追求高层职位时常常显得犹豫。她们也许从未想过，因为见到的榜样太少了。她们也许这样想过，但是害怕自己能力不够，或者害怕别人会认为这不属于适合女性做的事情，不愿意在大家面前表现自己的勇气和决心。

你可能会说，想的未必要说出来。是的，我同意。但是对职业发展的渴望是一个人进取和上进的动力之一，为什么男性会愿意在人前表达自己的这种渴望呢？

这个问题也让我们看到职业渴望上的性别差异，以及它后面存在的深层次原因。开篇我所列出的那几种情况是关于女性在管理层的存在感的。

这些都集中在一个主题上：作为女性管理者，你是不是应该果敢地表达自己？

果敢，是管理者不可或缺的特质。不仅因为它能让你在团队中有更强的存在感，更因为它可以帮助你清晰、明确地传达自己的想法和意图。在职场中，尤其是在高层管理岗位上，能够自信地表达自己的观点，影响他人，是成功的关键。

研究表明，果敢的人在工作中更容易得到同事和上级的尊重。他们敢于发声，不怕冒险，同时也能为自己的决定承担责任。这种特质不仅对男性有益，对女性同样重要。然而，由于文化和社会期望的不同，女性在表现果敢时往往面临更多挑战。

在许多文化中，女性从小就被教导要温柔、顺从，不要表现得过于强势或自信。这种社会化过程导致许多女性在职业生涯中不敢或不愿意表达自己的想法和雄心，尤其是在需要果断决策和竞争激烈的环境中。这也解释了为什么在面对成为管理者的问题时，女性往往比男性更为犹豫。

然而，这种状况正在发生变化。越来越多的女性意识到，果敢并不意味着咄咄逼人，而是能够清晰、坚定地表达自己。现代领导力研究也支持这种观点，强调有效的管理者不仅需要智力和技术能力，还需要能够果断决策和有效沟通。这些特质无关性别，而是所有成功的管理者都应具备的能力。

对于女性管理者来说，突破自我设限，勇敢发声，是职业发展的重要一步。通过不断锻炼和提升自己的果敢能力，女性不仅能提升自身的领导力，还能为整个组织带来更多的多样性和创新。这不仅仅是个人发展的需要，更是推动整个社会进步的重要力量。

所以，请"举手"，让你的声音被听到。

果敢的定义：自洽的领导之路

在一次讲座中，我曾向一位资产管理公司的董事长海瑟提问："作为一名高管，你认为自己最大的优点和缺点是什么？"她稍作停顿，坦然地回答道："我的优点和缺点都是决断力。我从小就是个果断的人，家人常说我太'霸道'，而我哥哥和弟弟却不会被这样形容。在职场上，同事们有时也私下议论，说我果断得有点过分。但正是这种决断力帮助了公司，所以我从不因为别人对我的看法而否定自己。"

海瑟的自信和坚定令人印象深刻，她的经历也揭示了果敢在管理中的重要性。果敢不仅是一种决策能力，它更是一种自洽的表现——对自身价值的信念与内心的坚定相辅相成。然而，果敢作为领导力的一个重要特质，常常伴随着性别偏见。正如心理学家提姆·贾奇所言："决断力强的男性可能被认为是霸道，而同样果断的女性则往往被贴上尖刻的标签。"这种偏见提醒我们，果敢与性别角色的关系复杂，女性在展现果断领导风格时往往需要面对更多的社会期待与评价。

果敢与其他相关概念的区别

1. 果敢与自信的关系

果敢与自信紧密相关，但又有所不同。自信是对自身能力和判断的信任，果敢则是在自信的基础上迅速做出决策的能力。自信的人不畏惧表达观点，果敢的人则是在面对多重选择或不确定性时，依旧能够迅速而坚定地行动。

莎士比亚曾在《无事生非》中写道："说出我们真实的感受，而非被期望说的话。（Speak what we feel, not what we ought to say.）"这句话强调了自信与真诚，果敢则是将这种自信付诸实践的具体表现。在现代管理中，自信和果敢相辅相成，果敢的管理者通常能够在自信的基础上快速反应、决策，而不是被动等待。

2. 果敢与被动、咄咄逼人的区别

心理学家兰迪·帕特森（Randy Paterson）用一个有趣的类比说明了被动、咄咄逼人与果敢的区别：被动的人是舞台下的观众，自己不上场；咄咄逼人的人想要独占舞台，把别人赶下去；而果敢的人则知道舞台足够大，能够与他人分享舞台，一起展现自己的才能。果敢的人能够清晰表达自己的需求和立场，同时尊重他人的意见与权利。

在管理团队时，果敢的管理者会与团队成员合作，确保每个人都有展示机会，而不是通过强制或操控手段推动自己的意见。比如，在项目分配时，果敢的管理者能够在考虑所有团队成员意见的同时，迅速做出决策，并推动项目向前。这种行为与咄咄逼人者形成了鲜

明对比，后者通常忽视他人意见，只专注于自己的目标。

3. 果敢与武断的区别

果敢和武断有时容易混淆，两者的区别在于决策过程中的信息整合与团队参与。果敢的决策是基于充分的信息结合团队意见做出的，而武断的决策则往往忽视他人的看法，甚至缺乏对事实的深入理解。

举例来说，果敢的管理者在面对公司发展战略时，会倾听各个部门的意见，整合信息后迅速决策，并在必要时做出调整。而武断的管理者可能完全依靠个人的判断，忽略团队的反馈，导致决策缺乏全面性，甚至可能对公司造成不利影响。果敢是开放性和灵活性的表现，武断则是对外界信息和意见的封闭。

果敢的有效表现包括以下四个方面：

● **信息整合**：果敢的管理者善于整合不同来源的信息，从中提炼出关键洞见。

● **开放与灵活**：管理者尽管果敢，但不固执己见，愿意根据新信息调整决策。

● **执行力与勇气**：果敢不仅体现在决策上，更体现在行动的速度和执行的有效性上。

● **平衡亲和力与权威**：适当的热情和决断力相结合，让团队感受到被尊重与推动，这种亲和与权威的平衡能够促进高效合作。

4. 果敢与灵活性：坚定与适应并存

果敢并不等于固执己见，它需要在坚定和灵活之间找到平衡。

在当今快速变化的商业环境中，果敢的管理者不仅要有能力迅速做出决策，还必须具备根据环境变化调整决策的灵活性。这种灵活性体现在开放的心态和愿意接收新的信息上。*Vogue* 杂志主编安娜·温图尔（Anna Wintour）是一个以果敢的决策著称的人。无论是选择封面人物，还是决定杂志的整体内容方向，她都表现出迅速且果断的决策风格。她坚信，犹豫不决往往会错失良机，哪怕决策未必完美，但迅速行动更能确保 *Vogue* 在竞争激烈的时尚行业中保持领先地位。然而，温图尔的成功不仅依赖于她的果敢决策，同时她也展现出极强的灵活性，愿意根据市场和趋势的变化迅速调整方向，这种果敢与灵活并存的品质是她保持长久成功的关键。

果敢不仅是一种决策风格，它还反映了管理者内心的自洽与自信。正如我们在海瑟的故事中看到的，她不仅坚定地做出决策，还对自己的选择负责，坦然面对他人的评价。在这种自洽中，果敢不仅仅是做决定，它是一种内在的坚定与外在行为的平衡。自信果敢的管理者能够在充满不确定性的环境中保持冷静、果断，同时展现出对团队的尊重与灵活应对的能力。

果敢并不等于盲目行动，也不代表拒绝倾听他人，而是基于信息整合、情绪管理和执行力的综合表现。它是一种领导力的重要表现，推动团队向前，同时也帮管理者赢得团队成员的信任与尊重。

果敢在领导力中的性别差异

关于果敢在领导力中的性别差异研究，揭示了男性与女性在展现果敢特质时所面临的不同社会期待与反应。

1.性别角色与果敢行为的社会期待

研究表明，果敢行为往往与"男性化"的特质相关联，涉及自信、直率及对权力的主动追求。传统性别角色期待男性展现这些特质，女性则被期望表现得温和、共情和合作。因此，女性在表现果敢行为时，面临的社会反应与男性截然不同。

一些研究发现，当女性表现出果敢时，往往被视为"过于强势"或"情感上不适宜"，男性表现出相同的行为则会被认为自信、有领导力。这种"果敢的双重标准"意味着女性在展现果敢时，可能会招致负面评价。例如，劳里·A.鲁德曼（Laurie A. Rudman）和彼得·格里克（Peter Glick）在 2001 年的研究指出，女性在主动追求权力时，常面临更多的抵制和偏见。

2.果敢与领导效能的关系

果敢行为普遍被视为提升领导效能的重要特质，但性别显著影响了这一特质在领导效能中的展现效果。研究表明，男性管理者的果敢行为通常与更高的领导力效能和组织成果相关联，尤其是在男性主导的领域中，果敢增强了领导的权威性。

相比之下，女性管理者虽然在果敢行为中也能获得效能提升，但往往需要结合情感温和、共情等传统"女性化"特质。爱丽丝·伊格利（Alice Eagly）和琳达·卡利（Linda Carli）在 2003 年的研究中发现，女性如果采用"果敢 + 温和"的变通型领导风格，往往会被认为更加有效。这种双重风格不仅增强了领导效能，还提高了女性管理者的受欢迎度和可信度。

3. 性别偏见与果敢行为的挑战

果敢行为在性别偏见下的表现尤为复杂。女性表现得果敢时，往往面临"霸道"或"难相处"的刻板印象。这种偏见来源于社会对女性应展现温柔而非强势的期待，从而阻碍了女性在职场中展现自信和决断力。维多利亚·布雷斯科（Victoria Brescoll）2011 年的研究揭示，女性在会议或决策场合中，对自己的果敢表达，常使用缓和语气来避免冲突，这种行为既反映了女性在职场中的压力，也展现了她们适应性强的沟通风格。

4. 果敢与信任的构建

果敢行为在建立领导信任方面的效果，因性别而异。女性管理者在表现果敢时，尤其是在那些偏好合作与温和管理风格的文化中，可能会被认为缺乏同理心，进而降低信任感。相反，男性管理者则更容易因果敢表现被认为是自信的，从而增强其领导能力的可信度。金·艾尔塞瑟（Kim Elsesser）和珍妮特·莱弗（Janet Lever）2011 年的研究指出，女性管理者在展示果敢时，往往需要事先建立起足够的权威和信任感，以减少负面影响。

5. 情境对果敢的影响

不同的工作情境对果敢的需求和接受度也有影响。在危机时刻，无论男女管理者，果敢决策往往会被高度认可。然而，女性在这种情境下的果敢行为更容易受到质疑，尤其是在她们尚未建立足够权威的情况下。伊格利和卡利在 2003 年的研究中指出，在需要高水平协作的情境中，女性管理者如果能将果敢与合作、倾听结合，则更能获得团队的支持和认同。

6. 果敢的平衡：双向领导策略

为应对性别偏见对果敢行为的挑战，研究建议女性管理者采用"双向领导"策略，即在果敢决策时，结合情感共鸣和团队沟通，以减少果敢过于强势带来的负面影响。变通型领导风格是这种平衡的典型表现，它将果敢与合作和关怀结合，既能提升领导效能，又避免了性别偏见带来的阻力。

在实验研究中，那些果敢且能够展现团队关心和情感支持的女性管理者，往往会更受团队成员的认可。这种综合的领导方式不仅增强了女性管理者的领导效能，还打破了果敢行为中的性别刻板印象。

总的来说，果敢作为领导力中的重要特质，受性别影响显著。男性和女性管理者在展现果敢时，会面对不同的社会期待和评价。女性管理者在表现果敢时，需要在传统性别角色期待与果敢特质之间找到平衡，通过结合共情和团队协作，提升果敢决策的有效性，并突破性别刻板印象的限制。

双重"天花板":压力山大

由于性别偏见,女性常常面临独特的挑战。这些挑战并非仅源于个人能力或信心不足,而是受到更广泛的性别偏见和社会期待的制约。这也引出了一个更为系统性的问题——"玻璃天花板"。"玻璃天花板"指的是一种无形但真实存在的职场障碍,阻止特定群体(通常是女性)在组织中晋升到高层领导岗位或更高级别。尽管表面上没有明确的规定或政策限制这些群体的发展,但各种隐形的偏见、文化因素、制度性障碍和社会期望共同形成了这种"天花板",使特定群体难以突破既定的职业发展瓶颈。

在组织架构中,还有另一个概念——"竹子天花板"。它由美籍韩裔女性简·玄(Jane Hyun)在其 2005 年的著作《突破"竹子天花板":亚洲人在企业职场中的隐性障碍》(*Breaking the Bamboo Ceiling: Career Strategies for Asians*)中首次提出。这个概念描述了亚裔在职场中,尤其是领导层和高管职位上,所面临的无形障碍,类似于女性所面临的"玻璃天花板"。麻省理工学院斯隆商学院的杰克森陆发现,东亚人尤其是华裔,在世界 500 百强企业中难以晋升至 CEO 等高层职位,原因之一是他们的果敢力相对较弱,特别是在与南亚人(如印度人)相比时。

以上研究结果揭示了华人女性管理者在全球市场和跨国企业中面临的双重天花板——既有性别因素导致的"玻璃天花板",又有文化与种族因素带来的"竹子天花板"。

这两种"天花板"常常让华人女性在职业发展中感到迷茫。她们不仅难以看清前方的机会，还时常质疑自己是否具备打破这些障碍的能力。这不仅影响了她们的职业发展轨迹，还对她们的领导力产生了较大影响。接下来，我们从几个角度探讨双重"天花板"如何影响她们在领导角色中的果敢表现。

1. 天花板的压制感：职场梦想被限制

当华人女性试图攀登职业阶梯时，总感觉有一股无形的力量将她们挡在门外。"玻璃天花板"使她们看似接近高层职位，但在关键时刻，却往往无缘进入核心决策圈。而"竹子天花板"则更加复杂，不仅涉及性别，还牵涉到文化和种族背景的隐形障碍。这种双重"天花板"限制了她们的晋升机会，削弱了她们在组织中的影响力。长此以往，这种压抑感让她们质疑自己是否有机会真正发声并获得重视。

2. 孤军奋战：缺乏支持与资源

当华人女性终于走上领导岗位，准备带领团队前进时，往往发现自己缺少必要的支持和资源。她们在跨国企业中常常得不到足够的指导或高层支持。缺少这些关键后盾，推动变革和创新变得格外艰难。没有高层支持，任何领导行为都会显得束手束脚，难以达到预期效果。

3. 身份认同的挣扎：在两种文化间游走

许多华人女性管理者在西方企业中面临另一个挑战，即如何在融入西方管理风格与保持自身文化特色之间找到平衡。她们一方面需要适应西方的决策模式，另一方面又不愿失去自身的文化根基。身份认同的冲突常常让她们困惑，既想保留自己的文化认同，又希望获得同事的尊重。这种内心挣扎影响了她们的领导方式，让她们有时显得过于谨慎，不敢果断决策。

4. 压力下的谨慎：创新与果敢的挑战

面对双重"天花板"，华人女性管理者常感受到巨大的压力。她们担心每一个决策都会被外界放大解读，因而选择更加保守、不冒险的策略。虽然这种谨慎可以避免一些错误，但从长远来看，会限制她们的领导潜力。领导力的核心在于创新和突破，过度保守只会让她们的领导风格趋于平淡，难以在关键时刻展现应有的果敢和决策力。

5. 缺乏榜样：没有可追随的前路

榜样的力量在职业发展中至关重要。然而，全球企业中华人女性高层领导者寥寥无几，导致她们难以找到可以学习和仰望的前辈。榜样的缺乏，增加了她们的孤独感，也让她们在职业选择时更加迷茫。没有导师的指导，面对挑战时她们只能自己摸索前行，这无形中加剧了她们的心理压力。

"天花板"与"悬崖"：机会还是陷阱

除了双重"天花板"，华人女性管理者还常被推向"玻璃悬崖"。这个概念由英国埃克塞特大学的心理学教授米歇尔·瑞安（Michelle Ryan）和亚历克斯·哈斯兰（Alex Haslam）于 2005 年提出，指女性和少数族裔在公司面临危机或失败时，常被提拔至高层领导岗位。她们虽然获得了机会，但这些机会往往伴随高风险，随时可能"跌下悬崖"。

1. 一种"风险替代品"

被推向"玻璃悬崖"的华人女性管理者，不仅要应对公司内部的复杂局面，还要承受来自文化和性别的多重压力。她们的晋升，往往并不是因为被高度重视，而是作为"风险替代品"出现在危机时刻，这让她们的领导力展现更具挑战性。

2. 内外压力的挑战：突破困局

"竹子天花板"让华人女性管理者面临文化认同的挑战，"玻璃天花板"和"玻璃悬崖"则带来了性别和领导力的双重考验。外界的期望与内心的自我怀疑交织，使得她们更加谨慎。然而，这些压力没有压垮她们，反而促使她们发展出独特的领导力——敏锐的文化感知力和快速应变能力，使她们在复杂环境中游刃有余。

3. 果敢与压力的平衡：危机中的决策力

面对"玻璃悬崖"，华人女性管理者必须更加果敢。她们需要在危机中迅速做出高风险的决策。双重"天花板"的存在让她们小心翼翼，但站在"悬崖"边上的她们必须果断行动。她们明白，一旦决策失误，外界可能会加倍质疑她们的能力。这种压力也激发了她们的韧性和灵活性，使她们在逆境中找到前进的路径。

4. 文化敏感性：危机中的突破口

尽管挑战重重，华人女性管理者凭借独特的文化背景，在跨文化团队管理中展现了优势。她们能够迅速理解不同文化的需求，推动包容性的团队文化。这种多元视角让她们在全球市场中灵活应对危机，找到突破困局的有效路径。

5. 果敢与韧性：危机中的脱颖而出

尽管"玻璃悬崖"带来巨大风险，华人女性管理者常在这种高压环境中展现出果敢与韧性。她们以独特的文化视角做出果断决策，带领团队走出困境。这种坚韧不仅赢得了组织的尊重，也帮助她们逐步打破双重"天花板"，展现出强大的领导力。

果敢作为一种关键品质，不仅是突破双重"天花板"和应对"玻璃悬崖"的重要途径，更是推动个人与组织共同成长的有力工具。这种品质能够帮助华人女性管理者在复杂多变的职场环境中直面挑战，打破职场上的隐性壁垒。更为重要的是，果敢不仅可以为职业发展铺平道路，还可以为构建更具影响力和多样化的领导风格奠定基础。

果敢对女性管理者的积极影响

女性在职场中常常面临社会刻板印象的压力，果敢的决断力和表达能力在面对复杂情境、不确定性和压力时尤为重要。这种能力不仅可以帮助女性管理者迅速做出决策并承担相应后果，还直接关系到团队的方向、效率和士气。对于女性管理者来说，果敢决策是领导力的重要组成部分，尤其在管理领域，她们常常需要付出额外的努力来证明自己的能力和权威。展示果敢决策不仅可以帮助她们赢得团队成员的尊重和信任，也有助于打破职场中的性别刻板印象。

以下是果敢沟通和决策对女性管理者产生积极影响的几种方式：

1. 建立信誉和影响力

果敢的沟通方式能够帮助女性管理者建立信誉，并赢得同事、下属和上级的尊重。通过自信且清晰地表达自己的想法和观点，女性管理者能够提升自己的专业声誉，确保她们的意见在决策过程中被认真对待。果敢沟通不仅使她们的观点更具说服力，还能够增强她们在团队中的影响力，让她们在决策时更为果断。

美国杜克大学的罗塞特（Rosette）和托斯特（Tost）教授2010年在研究中发现，当女性高管表现出果敢与柔性并存的特质时，她们的领导力被认为比同等职级的男性更为有效。果敢与柔性的平衡不仅帮助女性在高压环境中表现出色，还提升了她们的管理效力，使她们在团队中赢得更多尊重，推动团队更加高效地合作与沟通。

2. 设定期望和界限

果断的沟通使女性管理者能够为团队成员、同事和利益相关者设定明确的期望和界限。通过定义职责和分配任务，女性管理者能够有效管理团队并创造一个积极且高效的工作环境。这种果敢沟通也表现在她们如何应对冲突和谈判上：果敢的女性管理者可以直接且建设性地处理冲突，寻求双赢的解决方案，从而在团队内促进合作。

通过果断决策，女性管理者得以提升她们在资源、机会和公平待遇谈判中的能力，确保团队的长远利益最大化。

3. 克服性别刻板印象，激励和赋能他人

果敢的沟通帮助女性管理者挑战和克服职场中的性别刻板印象和偏见。通过坚定地表达自己的想法和能力，女性管理者能够打破障碍，并为其他女性树立榜样。她们通过果敢的领导风格，不仅可以提升团队的整体表现，还能激励更多女性追求领导岗位。

英国伦敦城市大学严泰一团队的研究表明，当女性管理者果敢发声时，她们的女性下属更容易受到激励并表现出更强的发言意愿。相反，当男性管理者发声时，女性下属的意愿相对较弱。研究还指出，当女性看到同性管理者果敢表达时，她们会发展出更强的自我效能感，从而在团队中更多发言。因此，女性管理者的果敢发声不仅为自己争取了影响力，还为其他女性领导者和团队成员树立了积极的榜样，进一步推动职场中的性别平等。

4. 职业晋升和成长

果敢的沟通不仅在日常管理和团队建设中发挥关键作用，还对女性管理者的职业发展产生积极影响。通过自信地展示自己的技能、成就和抱负，女性管理者能够赢得晋升机会和领导力提升的机会。有效的自信沟通能够让她们在面对挑战时展现出卓越的领导力，帮助她们不断成长，并在职业生涯中取得更大的成功。

然而，值得注意的是，社会期望和性别偏见使得女性在采用自信沟通风格时可能会面临一些独特的挑战。通过建立支持性网络，女性管理者可以克服这些挑战，并在领导角色中茁壮成长。果敢的沟通不仅帮助她们展示自己的领导力，还能够推动组织内部的性别平等。

通过利用果敢的沟通和决策能力，女性管理者不仅能够带来积极的变革，还能够挑战现状，推动一个更加包容和多样性的工作环境。她们通过果敢沟通，提升了自身的领导力，同时也为其他女性管理者提供了重要的激励和支持。最终，果敢沟通不仅是女性管理者自我成长和职业发展的关键，还为实现职场中的性别平等铺平了道路。

领导实践中如何提升果敢力

果敢力的提升是一段需要不断实践和反思的旅程。如果你是一名女性管理者，或者正处于职场成长阶段，无论是否曾因为没有足够的自信而错失表达的机会，果敢力都可以通过有意识的练习而提高。接下来，通过假设情境与真实案例，我们来探讨如何提高果敢力，让它成为你领导风格的一部分。

了解阻碍果敢的根源

在职业生涯中，你是否曾经历过这样的时刻：虽然有明确的想法，但在面对资深同事或上级时，因为担心引发冲突或被质疑你选择沉默，事后会感到遗憾，觉得错失了展示自己观点的机会。这种情况多源于对自我价值的怀疑，或害怕被反对与评判。要改变这种情况，首先需要深度反思自己在哪些情境下容易退缩，并找出这些行为背后的心理原因。

当面临重要项目、职业晋升或调职的机会时，我们第一时间可能会怀疑自己是否能胜任。这种质疑并不罕见，尤其对于许多女性来说，内心的恐惧和社会的刻板印象经常会限制我们追求更高的职业目标。就像前文提到的 IBM 前 CEO 弗吉尼亚·罗曼提在被提拔为高管时，第一反应也是质疑自己是否能够胜任。她的丈夫曾提醒她："如果是一个男性，他会怀疑自己吗？"这个问题直击核心：女性在机会面前，往往会因为内心的不安和对自我能力的怀疑而裹足不前。

为了打破这种限制，我们需要主动分析并面对自我质疑的根源，可以通过以下几种策略来克服这些障碍，使自己变得更加果敢。

1. 识别常见的退缩情境

首先，回顾自己在职业生涯中的表现，识别哪些情况下你倾向于保持沉默或退缩，是在面对权威人士时，还是在团队讨论中提出与众不同的观点时？意识到这些情境，是走出退缩模式的第一步。

2. 深挖内心的心理阻碍

自我质疑背后的心理原因往往与害怕失败、害怕冲突或害怕被评判有关。通过反思这些心理障碍，你可以更清晰地理解它们的来源，并开始挑战这些根深蒂固的想法。

3. 建立自信的行动步骤

一旦识别出退缩的情境和心理阻碍，可以通过逐步采取果敢的行动来打破这种模式。下次在会议中，当你有明确的想法时，试着在感到不安的情况下发言。你会发现，果敢发声不仅不会导致你担心的负面结果，反而能提升你的自信。

4. 记住：被质疑不等于你不好

被质疑是正常的，甚至可以帮助你更好地准备和思考，关键在于不要让这些质疑阻止你行动。学会利用质疑来提升你的准备工作，而不是用它给自己设限。

5. 寻找支持网络

找到一群能够支持你、鼓励你发声的同事、朋友或导师，可以帮助你更轻松地突破自我质疑。他们可以在关键时刻提醒你，相信自己的能力，勇敢面对挑战。

6. 打破社会刻板印象

女性在职业场合中常常受到社会刻板印象的束缚，认为自己必须更加谨慎、温和。然而，真正的果敢并不是侵略性，而是能够坚定表达自己观点，同时尊重他人。通过这种方式，你可以在保持专业性和维系人际关系的同时，提升个人影响力。

正如罗曼提的例子所展示的，女性在面对职业机会时，往往容易被内心的恐惧和质疑束缚。但事实上，每一次退缩都是对自我发展的限制，果敢的表达和行动则能打开更多的机会。我们必须学会挑战这些内心的限制，抓住每一次发声的机会，突破社会刻板印象的影响，展现自己的能力和潜力。

在每一次重要的决策和机会面前，学会果敢地面对质疑和恐惧，不仅能够帮助你克服自我怀疑，还能为你的职业发展铺平道路。正如那句经典的话所说的："成功的领导者不是从不质疑自己，而是能够在质疑中前行。"

坚定地表达自己，避免被打断

你是否遇到过这样的情境：在会议中，当你正在阐述一个重要的观点时，一位急性子的同事突然打断了你。通常，我们的反应可能是保持沉默，等待对方说完再继续发言。然而，这样的回应不仅可能让你的观点失去关注，也会让你的存在感减弱。下次你可以试试保持冷静和自信，继续用坚定但不激烈的语气说："稍等一下，我还有几点想要阐述。"通过这种方式，你不仅可以成功捍卫自己的发言权，还可以展示自己的果敢和决断力。

果敢的沟通不仅仅是为了发言权，更是为了表达出自己观点的完整性和重要性。被打断时，不立即退让，而是果敢地维护自己的发言，能够让你在团队中更有存在感和影响力。平静而坚定地回应被打断，不仅不会制造冲突，反而会传递出你对自己观点的信心和对团队讨论的尊重。这种果敢的举动会让你的同事更愿意倾听，也更尊重你的意见。

脸书前首席运营官谢丽尔·桑德伯格在她的著作《向前一步》中提到，女性在会议中被打断的频率远高于男性。她指出，女性在这种情况下往往选择沉默，而不敢果敢地要求继续发言，这使得她们的声音在会议中逐渐被忽视。因此，学会果敢地表达自己的意见，是打破这一现象的关键。桑德伯格提倡，女性应该学会在职场中果敢发声，不要因为礼貌或顾忌他人的感受而让自己的意见被忽略。

要培养这种果敢的沟通方式，可以参考以下策略。

1. 坚定立场，保持冷静

被打断时，首先不要急躁或表现出不安。用冷静且坚定的语气，表明自己还未说完，并请求对方稍等。这种方式能够有效维护自己的发言权，而不会引发不必要的冲突。

2. 提前准备，增强自信

在会议发言前充分准备好自己的观点，清晰了解自己想要表达的内容和逻辑。这样，当被打断时，你能够更自信地继续阐述，而不会因为不安而失去思路。

3. 明确表达需求

果敢的沟通不是强势打断别人，而是能够清晰明确地传达你的需求。例如可以说"稍等一下，我的观点还没表达完"，这种直接的表达方式既有礼貌又有效果。

4. 尊重他人的发言

果敢的表达不是一味坚持自己的话语权，也要学会在对方发言结束后进行回应。这种互相尊重的沟通方式，能够让会议讨论更加顺畅，也能让你的意见更容易被接受。

5. 逐步练习果敢表达

每一次会议发言都是练习果敢的机会。即使在小的讨论中，也要练习如何在被打断时优雅而坚定地表达自己的想法。随着经验的积累，你会发现自己越来越自信，能够在关键时刻果敢地发声。

桑德伯格的经历提醒我们，果敢表达是每个职场人士，尤其是女性，需要在会议和沟通中不断磨炼的技能。通过果敢而有礼貌的方式捍卫自己的发言权，你不仅能够增强团队对你的重视，还能够树立更强大的领导形象。每一次果敢的发声，都是你在职场中进一步巩固影响力的机会。

避免过多道歉，直接表达需求

很多人习惯用道歉作为缓冲，比如说"抱歉，我觉得可以再调整一下"。然而，频繁道歉会削弱你的权威感，使你的意见显得不那么坚定。果敢的管理者知道，传递明确的反馈比过多的歉意更有助于推动改进和提升团队的表现。下次可以试试这样表达："这部分可以进一步优化，我建议调整一下。"这样的直接表达不仅传达了你的建议，还展示了你对项目质量的责任感和自信心。通过更加果敢、明确的语言，你的意见会更加有力地传递给团队，促进团队更快地进行改进。

果敢的沟通意味着表达清晰、坚定，避免在不必要的情况下道歉。这并不代表你忽视了他人的感受，而是以更具建设性的方式提出意见，帮助团队理解并落实改进。过多道歉可能传递出你对自己建议的不确定，甚至会让团队成员感到你对自己的判断不自信。因此，在反馈中，明确提出改进意见，而不是过度谦让，能够提升团队对你的信任感和执行力。

通用汽车的首位女性 CEO 玛丽·巴拉（Mary Barra）就是果敢领导风格的典范。她在领导公司时以直接、果断的沟通风格著称，面对复杂的问题或需要做出艰难的决策时，她从不以过多的歉意为前提，而是果敢地提出自己的意见，推动公司走出困境。巴拉的领导风格反映出一种高效、坚决的态度，这不仅帮助她在危机中成功带领通用汽车前行，也树立了她在企业界的威望。

果敢的沟通方式可以通过以下几种策略来培养。

1. 避免不必要的道歉

当你提出建议或反馈时，不需要为意见本身道歉。你是在为项目提供有价值的改进方向，应该自信地表达出来。

2. 清晰明确地提出改进意见

果敢的沟通应该是清晰、直接的。在指出问题时，提供具体的建议，让团队能够立即理解并采取行动。

3. 保持尊重但不妥协

果敢并不意味着忽视他人意见，而是能够在尊重团队的基础上，坚定地提出自己的看法，帮助项目朝着更好的方向发展。

4. 相信自己的专业判断

果敢的背后是对自己能力的信任。通过不断积累经验，提升专业能力，你会对自己的判断更加自信，从而在沟通中更加果断。

5. 在关键时刻展示决策力

果敢不仅体现在日常沟通中，还体现在面对重大决策时的表现。当团队遇到挑战或困惑时，作为管理者，你需要果断作出决策，给予团队明确的方向感。

玛丽·巴拉的成功案例告诉我们，果敢的沟通方式能够让管理者在复杂的职场环境中取得更大的成功。通过直接、有力的表达，管理者不仅能够赢得团队的信任，还能推动团队更高效地完成目标。每一次果敢的反馈和决策，都是提升个人影响力和权威感的机会。在领导旅程中，果敢的沟通，可以让团队更加信服你的判断和决策，从而实现更高效的合作和发展。

强化非语言沟通：通过肢体语言传递自信

研究表明，权威性和果敢不仅体现在言语中，非语言沟通同样重要。心理学家艾米·卡迪（Amy Cuddy）通过"权威姿势"的研究发现，自信的肢体语言不仅影响他人对你的看法，还能反过来增强你自身的信心。这种权威姿势指的是那些让身体尽量舒展、占据更多空间的姿态，比如站立时双肩放松、手臂自然摆动或展开，这些姿势传递了力量和掌控感。

当你在重要会议上发言时，语言表达和肢体语言的配合非常关键。你可以通过自信的肢体语言提升自己的影响力，增强自己在团队中的权威感。站直身体、保持目光接触，并且使用适度的手势来强化你的观点，不仅能让你的言辞更加有力，还能传递出一种从容和果敢的态度。这些非语言表达能够帮助你塑造更加自信的形象，使团队成员对你的意见更加信服。

当你在会议中发言时，可以通过以下几种肢体语言展示自信和果敢。

1. 站姿与坐姿

站立时保持身体挺直，肩膀放松，重心稳固，能够让你看起来更加自信。如果坐着，身体前倾可以表示你对话题的关注，同时放松的姿态则表现出你的自信与从容。

2. 目光接触

保持与听众的目光接触是建立信任和沟通的重要手段。自信的目光接触可以传达你对自己观点的坚定，同时也能增强与团队的联系。

3. 手势运用

恰当的手势可以帮助你强化表达，增加发言的说服力。例如，打开手掌、自然的手部动作能够传递出开放与诚意，而适度的手势能有效帮助你强调要点。

4. 面部表情

自信的微笑或坚定的表情能够传达出你对自己所说内容的信心。保持积极的面部表情不仅能吸引听众的注意，还能让你显得更加果敢和可信。

5. 声音的控制

除了肢体语言，语音语调也很重要。清晰、稳定、适度的音量可以帮助你传递出果敢和权威的感觉。避免过于紧张或压低声音，这会削弱你话语的影响力。

卡迪的研究还表明，权威的肢体语言不仅能影响他人的感知，也能通过生理反馈机制增强自信。当你采取这些自信的姿势时，你的大脑会逐渐适应这种状态，让你变得更加果敢。通过调整肢体语言展示权威性和果敢，是提升自信心的有效途径。

在日常的工作和会议中，逐步培养这些肢体语言习惯，能够帮助你在关键时刻更好地展示自信和领导力。通过这些小小的调整，你不仅能提升个人的表达效果，还能让团队对你的决策和观点更加信服，从而在职场中取得更大的影响力和成功。

克服自我怀疑：建立长期的决策信心

克服自我怀疑、增强果敢是一个逐步积累自信和勇气的过程。在一次女性大会上，著名时尚设计师黛安·冯芙丝汀宝（Diane

von Fürstenberg）分享了她的建议："先装得很自信，直到把事情做了为止。"这句话生动地描绘了她如何面对自我怀疑，并通过假装自信来克服挑战。她的观点提醒我们，有时候即使没有十足的信心，也可以通过行动来突破自己的内心限制。

类似的，脸书前谢丽尔·桑德伯格提到，她时常感到自己像个"冒牌货"，总觉得自己没有真正"配得上"她所取得的成功。这种"冒名顶替综合征"影响了她的整个大学生涯，并且这种感觉甚至持续到了她职业生涯的巅峰。她在巴纳德学院毕业典礼的致辞中坦诚道："一直以来，我经常——而不是偶尔——有这种感受；绝大多数时候我觉得自己并没有那么成功。"

桑德伯格和冯芙丝汀宝的经历揭示了一个重要的真相：即使是那些看起来非常成功的女性管理者，也会感到不自信和自我怀疑。不过，她们都通过行动来应对这些情绪，选择在面对不确定时仍然前行。

要克服自我怀疑，变得更加果敢，可以尝试以下几个步骤。

1. 接受自我怀疑是正常的

每个人，甚至是成功人士，都有过自我怀疑的时刻。接受这种感觉，明白它是成长过程的一部分。

2. 采取行动，假装自信

像冯芙丝汀宝建议的那样，即使不确定也要采取行动。通过行动，逐步积累经验和信心。

3. 关注你的成就

列出你已经取得的成果，提醒自己你已经拥有了应对挑战的能力。这些事实有助于缓解内心的不确定感。

4. 寻求支持

和信任的朋友、导师或同事交流你的感受，得到他们的鼓励和反馈，能够帮助你重新审视自己的能力。

5. 培养正念和自我同情

通过冥想或其他正念练习，学会与自己的内心对话，接纳自己的情绪而不被它们控制，同时学会对自己多一些理解与宽容。

增强果敢的过程并非一蹴而就，而是通过不断行动、反思和调整来实现。最重要的是，要相信自己在行动中的成长，并拥抱这一过程中所有的不确定与挑战。

果敢地拒绝：保护你的专注力

学会果断地拒绝，是每一位管理者必须掌握的核心技能。拒绝并不意味着逃避责任，相反，它代表着一种深思熟虑后的决策，确保你能专注于那些最具战略意义的工作。面对新的项目请求，如果你自己的工作负荷已经达到极限，果断拒绝也是为了防止分散精力，避免降低整体的工作效率。

果敢不仅仅是一种个人管理技巧，更是一种领导能力的体现。管理者需要对自己的时间和精力资源有清晰的认知，懂得设定边界，这样才能在高效完成当前任务的同时，避免因为承担过多而导致工作质量下降。通过果断拒绝那些不符合核心目标的请求，管理者可以将资源聚焦在真正能够推动组织前进的关键事项上。

果敢拒绝的背后是清晰的优先级意识，它帮助管理者将注意力集中在最重要的工作上，确保团队的时间和精力得到最有效的利用。

梅琳达·盖茨曾在一次采访中分享了她的领导经验。她提到，果敢地拒绝那些与核心目标不符的请求，是她保持高效工作的关键之一。通过拒绝那些与她的使命和目标不一致的事情，她能够专注于推动对盖茨基金会影响最大的项目。盖茨基金会的许多重要项目都是她通过果断取舍后的成果，展现了她在管理个人时间和精力上的卓越能力。

在领导过程中，拒绝是一种策略，而不是简单的防御机制。果敢的管理者懂得什么时候说"不"，从而确保自己和团队始终走在正确的道路上。这不仅有助于个人的效率提升，更能为团队和组织带来更大的成功。要做到这一点，管理者必须有勇气直面可能的内疚感和不安，理解拒绝是为了达成更大的成就，而不是逃避责任。

要培养果敢的拒绝能力，可以尝试以下几个步骤。

1.清晰定义优先事项

首先，你需要对自己的核心目标和任务有明确的认知，这样在面对新的请求时，才能快速判断它是否与当前优先事项一致。

2.学会礼貌而坚定地拒绝

果断并不意味着态度生硬。你可以通过礼貌但坚定的方式拒绝，并解释当前的工作重心。这不仅可以展现你的职业性，还能够为未来的合作建立更好的信任。

3. 建立健康的工作边界

设定清晰的工作边界，保护你的时间和精力，确保你能够集中精力完成最重要的工作。懂得保护自己的工作节奏，也是管理者高效工作的关键。

4. 反思每一次拒绝的结果

在拒绝后，观察你是否因此获得了更多的时间和空间来专注于真正重要的事情。这样的反馈机制可以帮助你更自信地运用这个技能。

学会果敢地拒绝，是一个不断练习和自我反思的过程。最终，这种能力不仅能帮助你成为一个更有效率的管理者，还能让你在繁忙的工作中，保持对核心目标的专注与承诺。

提升沟通技巧，果敢推动决策

果敢不仅仅体现在坚持己见的能力上，更体现在如何具有建设性地推动决策和达成团队共识上。在团队讨论中，果敢的沟通不仅是单方面表达自己的立场，也是通过倾听和理解他人的观点，再结合自身的见解，找到一个平衡点。果敢的管理者懂得总结他人的意见，并在此基础上清晰地表达自己立场背后的理由，这种方法能够有效促进团队决策，同时增进成员之间的尊重和信任。

在沟通中，果敢不是一味强硬，而是懂得用理性和同理心去化解分歧。通过积极倾听对方的观点，展现出你对他人意见的尊重，并在此基础上解释自己坚持的理由，不仅能让你的立场更加有说服力，也能增强团队成员对你的信任。这种果敢的沟通方式，在团队中能够促成更为高效的决策流程，并鼓励每个成员积极贡献自己的意见，而不会担心被忽视或误解。

网飞（Netflix）的首席人才官帕蒂·麦考德（Patty McCord）就通过这种果敢的沟通风格，推动了网飞的"自由与责任"文化。这种文化强调了每个员工都有高度的自由去进行工作，但同时也承担相应的责任。麦考德果敢而有效的沟通方式不仅帮助公司在关键决策时更为高效，也鼓励员工自我管理和自主决策，极大提升了整体工作效率和团队的创新能力。

在实际操作中，建设性推动决策的果敢沟通可以体现在以下几个方面。

1. 总结对方观点，展示尊重

在坚持己见之前，先主动总结和反馈对方的意见，确保他们的观点被正确理解。这样不仅能让对方感到被尊重，也为进一步的沟通奠定了基础。

2. 清晰表达立场，给出理由

在总结他人意见的基础上，果敢的沟通者会清楚地表达自己为何持有不同立场。通过解释自己的观点，并用事实和数据提供支持，可以让团队成员更容易理解你坚持的原因。

3. 强调共同目标

果敢的沟通并不是为了赢得个人的胜利，而是为了达成团队的共同目标。通过指出团队的共同利益和目标，可以有效减少个人立场上的冲突，推动决策的顺利进行。

4. 鼓励开放讨论

果敢的沟通不是独断专行，而是鼓励更多人的参与。一个果敢的管理者会主动鼓励团队成员发表不同意见，并欢迎建设性的讨论。通过这种方式，决策过程不仅更加民主，也更能集思广益，确保最终的方案更加全面和有效。

5. 平衡自由与责任

和网飞的文化一样，果敢的沟通还体现在如何帮助团队成员理解自由和责任的平衡。给予员工充分的自主权，同时要求他们承担相应的责任，这种双向的信任和沟通会提升团队的自我管理意识和工作效率。

通过果敢而有建设性的沟通，管理者不仅能够推动高效的决策流程，还能够在团队中建立起更深的信任和尊重。这种沟通方式不仅提升了工作效率，更为团队的长期合作打下了坚实的基础。在这个过程中，果敢的管理者不仅要坚持自己的立场，更要懂得如何通过沟通将团队引向共同的成功。

从错误中学习，果敢面对失败

你是否曾因为害怕失败而犹豫不决？其实，每一个成功的管理者都不可避免地经历过失败。果敢的管理者明白，失败是通向成功的必经之路，他们会从失败中吸取教训，并在下一次决策中做得更好。勇敢面对失败，不仅需要面对外部挑战的勇气，更需要直面自我和内心不安的决断力。失败本身并不可怕，真正可怕的是拒绝从中学习和成长。

失败往往是对当前决策与环境不适应的反馈，没有人会愉快地经历失败和错误，能够直面错误并从中学习是一种宝贵的领导品质。果敢的管理者在面对失败时，会放下自尊和面子，优先考虑诚实与进步。这种勇敢是值得钦佩的，因为它显示出管理者愿意承认自己的不足，并将集体利益放在个人自尊之前。我们常认为管理者的职责是解决问题，但实际上，能够识别问题、承认错误才是所有解决方案的第一步。

阿里巴巴董事局主席蔡崇信的故事正是对这一点的生动诠释。在一次访谈中，蔡崇信反思了阿里巴巴在市场竞争中的失误，尤其是在淘天集团的用户体验方面。他坦率承认，公司曾忽视了用户的核心需求，未能为阿里平台的客户提供最优质的购物体验。这种反思引发了阿里巴巴的一系列重大重组和战略调整，重新聚焦用户体验，以确保在激烈的市场竞争中重新获得领先地位。

蔡崇信的故事突显了承认错误并从中学习的领导勇气。他没有回避公司的失误，而是果敢地面对问题，承担责任，并通过果断的行动纠正错误。这种态度不仅避免了公司的进一步滑坡，还为企业注入了新的活力和信心。通过勇敢面对问题并采取有效措施，阿里巴巴不仅在短期内纠正了错误，还为长期的发展奠定了更加坚实的基础。

这种领导风格为所有管理者提供了宝贵的经验。真正的管理者不惧怕失败，而是能够从错误中汲取经验教训，并迅速采取行动来修正错误。正如蔡崇信所说，"错误是成长的一部分"，重要的是如何从中学习并迅速调整策略。这种果敢的领导态度，是企业长远成功的关键。

此外，面对失败时，果敢的管理者往往具备以下几个特质：

1. 快速反应和调整

果敢的管理者不仅承认错误，还能迅速采取行动纠正错误。这种行动力可以避免企业陷入长期困境，并为未来的发展提供新的方向。

2. 承担责任而非推诿

优秀的管理者不会在错误发生后寻找借口或推卸责任，而是果敢地承认错误，并带领团队一起反思和改进。

3. 重视团队建设和成长

果敢的管理者懂得从错误中培养团队的成长意识。通过鼓励团队成员勇敢面对失败，管理者不仅能够提高团队整体的抗压能力，还能塑造一种积极的学习文化。

4. 将失败视为创新的催化剂

果敢的管理者通常会将失败视为创新的起点。正是在这些困难时刻，他们会鼓励团队跳出固有思维，探索新的方法和解决方案，从而推动创新和变革。

在面对失败时，管理者果敢的态度、勇于承认错误的担当，以及迅速采取有效措施的能力，都是推动企业持续前进的重要动力。通过果敢的决策方式，管理者不仅可以带领团队度过危机，还能在不确定的环境中开创更加成功的未来。

抓住每一次练习果敢的机会

人的果敢品质并非与生俱来，而是通过无数次小决策慢慢培养出来的品质。你可以从日常会议中的小决策开始练习，比如在遇到任务分配或简单项目调整时，及时果断地做出决定。每次的果断决定，不仅可以帮你锻炼自己的决策力，还可以帮你不断强化自信和经验，从而为应对更复杂的问题打下基础。最终，当真正面对复杂且高风险的决策时，你会更加从容、果断。

苹果公司前零售主管安吉拉·阿伦茨（Angela Ahrendts）就是果敢决策的典范。作为前博柏利（Burberry）的 CEO 和苹果公司的重要高管，她始终坚持果敢的决策风格。无论是日常的团队安排，还是企业的战略规划，阿伦茨都主张果敢的决策是推动业务发展的关键。她相信，管理者不仅要果断地作出决策，还要对决策结果承担责任，这样才能让团队感受到清晰的方向感和强有力的领导力。

果敢力的提升是一段不断自我发现与实践的旅程。它不仅意味着迅速做出决定，更是一种自信和自我认知的展示。在逐渐习惯果断表达和果敢发声的过程中，你不仅可以提升自己的职业能力，也会为团队树立榜样。

要培养果敢的领导风格，可以尝试以下策略。

1. 从小决策开始练习

在日常工作中，不要回避小的决策机会。无论是对项目的方向选择，还是对团队的工作安排，果断地给出明确的指示，帮助自己逐步建立决策的信心和果敢的态度。

2. 总结每次决策的经验

每次做出决策后，反思其结果和过程。无论决策是否成功，从中吸取经验教训，帮助你在未来的决策中更加果敢和有效。

3. 平衡风险与收益

果敢并不意味着冲动行事，而是要在有限的时间内快速权衡风险与收益，迅速做出最优决策。在练习果敢时，要学会在不确定性中保持冷静，以确保决策的稳健性。

4. 培养自信心

果敢的根基是自信。通过不断提高自己的专业能力，增加对行业和团队的了解，你会对自己的判断更有信心。随着经验的累积，你的决策会更加果断和精准。

5. 为团队树立榜样

作为管理者，你的果敢会影响整个团队的工作风格。当团队看到你能够迅速有效地做出决定，他们会更加信任你的领导，并从中学习如何果断行事。

安吉拉·阿伦茨和其他成功女性企业家的经验告诉我们，果敢不仅仅是职业成功的关键，还能为团队提供明确的方向感和动力。果敢让你在复杂的职场环境中游刃有余，同时也让你在个人发展上更加坚定。通过持续的实践与反思，你可以不断提升果敢的决策能力，引领团队迈向更高的成就。

工具：评估你的果敢力水平

小测试：你的果敢指数有多高？

说明： 这个测试可以帮助你了解自己的果敢程度，每个问题的答案没有对错。你可以根据平时的行为和感觉，选择最符合自己的选项。

1. 当你与同事或团队成员意见不合时，你通常会：

A. 默默接受对方的意见，避免冲突。

B. 有时会表达不同意见，但不愿冒犯他人。

C. 直接表达自己的观点，确保声音被听到。

2. 在领导会议上，你的发言风格更像是：

A. 更多聆听，除非被要求发言才会说。

B. 只有在话题涉及我负责的工作时才会发言。

C. 主动发言，积极提出新的建议或反对意见。

3. 当某人插队或侵犯你的权益时，你的反应是：

A. 没有回应，觉得没必要为了小事争执。

B. 轻声提醒对方，让对方意识到问题。

C. 立刻明确指出不当行为，并要求纠正。

4. 当你需要拒绝别人额外的工作请求时，你会：

A. 很难拒绝，通常会接受请求。

B. 会以礼貌的方式表达担忧，但有时还是会接受。

C. 坚决拒绝，并清楚表达自己当前的工作负荷。

5. 你如何处理团队成员的低绩效问题？

A. 尽量避免提及，怕伤害对方感情。

B. 通过暗示或柔和的方式提醒对方。

C. 直接指出问题，并讨论改进措施。

6. 当有人打断你发言时，你会：

A. 安静下来，让对方说完。

B. 停顿片刻后继续自己的发言，试图让对方注意到。

C. 立即制止对方，确保自己有机会完成表达。

结果分析：

选择 A 得 1 分，选择 B 得 2 分，选择 C 得 3 分，加总得到总分。

● 1~6 分：温和型沟通者

你倾向于避免冲突，保持和谐的环境。虽然这是优点，但有时也可能让你在关键时刻失去发声的机会。可以尝试练习更多自信表达，确保自己的需求和观点被听到。

● 7~12 分：平衡型沟通者

你在果敢和体贴之间保持了良好的平衡。你能够表达自己的观点，同时也顾及他人的感受。但偶尔你可能会犹豫，特别是在处理更具挑战性的对话时。

● 13~18 分：果敢型沟通者

你果断且自信，善于清晰地表达自己的立场。在领导角色中，这种果敢有助于做出有效决策并解决问题。要注意在坚定立场的同时，保持对他人的尊重和同理心。

更多的工具：评估和提高你的果敢程度

以上的测试只是一个预热，要想系统地了解自己的果敢程度，还有很多评估方法，每种工具都能为个人和组织提供不同的视角，帮助你更深入地了解决策风格。以下是一些常用的方法，以及如何在实际工作场景中应用它们，以让评估过程变得更加直观和贴近管理者的实际需求。

1. 360 度反馈

360 度反馈是一种全面评估工具，通过收集来自上级、同级、下属甚至客户的意见，帮助管理者全方位了解自己在团队中的表现。特别是关于决策时的果断性和坚定性，这种工具提供了不同视角的反馈，让管理者看到自己在各个层级中的影响力。

应用情境：

你可能有过这样的经历：上级认可你的决策力，但团队成员却觉得你有时过于强势或忽略了他们的意见。通过 360 度反馈，你能了解到这些不同层级的反馈，从而平衡自己在不同场景下的领导风格。如果发现团队成员在某些项目中觉得被忽视，你可以在接下来的决策中更加注重倾听，从而提高团队的合作和凝聚力。

优点：

● 全方位视角，帮助管理者更好地平衡不同决策风格。

- 反馈具体，易于识别改进领域。

- 提供匿名反馈，促进诚实意见表达。

2. 行为面试

行为面试是通过探讨你在特定情境中的实际表现，评估你的决策能力和果敢程度。回顾过去的案例，例如处理冲突或做出重大决策的过程，可以清晰地展示你的领导风格。通常的问题可能是："当你需要在两种不同意见中做选择时，你是如何处理的?"

应用情境:

想象一下，在你管理的团队中，曾经因为时间紧迫而需要快速做出决策。当时，团队成员意见不统一，但你必须在短时间内决定项目的优先级。行为面试时，你可以回顾当时的情境，展示你如何果敢地做出选择，同时解释你如何在事后跟进团队反馈，确保每个人都感觉到自己的意见得到了尊重。

优点:

- 提供具体的情境依据，评估管理者在实际工作中的反应。

- 帮助识别个人的核心领导风格。

- 评估过程直接且具有针对性。

3. 领导力评估问卷

领导力评估问卷是一种标准化的工具，可以帮助你系统地分析自己在决策中的果敢程度和领导效能。经过严谨科学认证的领导力效能评估工具，通过让你回答一系列问题，来衡量你在工作中是否展现出坚定的决策风格。这个评估工具，可以由你的下属、顾客、上级等不同角度的人来评判，让结果更为全面和真实。

应用情境：

假设你刚刚完成了一个复杂的项目，通过评估问卷，你发现自己在"勇于行动"这一项得分较低。尽管你在激励团队方面表现优秀，但面对紧急决策时，往往会花太多时间进行讨论。这一反馈让你意识到，可以在未来的项目中练习更加果断地做出决策，并通过后续沟通来解决潜在的顾虑。

优点：

- 提供标准化测评，便于识别领导风格的优劣。
- 定量分析，帮助管理者明确提升方向。
- 涵盖多种领导维度，全面评估个人表现。

4. 模拟情境测试

模拟情境测试通过设置虚拟的管理情境，考察你在面对压力和时间紧迫时的果敢程度。通过这些模拟，你需要迅速分析问题并做出决策，评估工具会根据你的反应能力、决策的有效性和应对压力的表现来打分。

应用情境：

想象你在一个模拟的危机情境中，必须决定如何在有限的预算内优先分配资源。这不仅考验你的果敢程度，还涉及如何在压力下保持冷静。测试结束后，系统会反馈你的决策是否合理，以及你在紧急情况下的表现。这种模拟能够帮助你了解自己在高压情境中的领导风格，并找到改进的机会。

优点：

- 贴近实际工作场景，评估管理者在压力下的反应。

- 真实情境模拟，帮助识别管理者的决策风格。

- 提供即时反馈，便于管理者调整和改进。

5. 人格测试

人格测试，如大五人格测试，可以通过分析你的性格特质，揭示你在果敢程度和情绪稳定性上的表现。果断性通常与外向性和自信相关，情绪稳定性则反映你在决策过程中能否保持冷静和理性。

应用情境：

在测试中，你可能发现自己在"外向性"上得分较低，说明你在做决策时偏向于谨慎和深思熟虑，而不是快速决断。你在"情绪稳定性"上得分较高，意味着你在面对压力时能够保持冷静。这些测试结果可以帮助你更好地理解自己在决策中的优势和挑战，从而有针对性地进行调整。

优点：

- 帮助管理者了解自己的性格特质对决策的影响。

- 提供情绪管理与决策果断性的相关性分析。

- 长期适用，能够为长期行为调整提供依据。

6. 决策风格问卷

决策风格问卷是一种专注于分析管理者在决策过程中的风格的工具。通过评估你在不同情境中的决策偏好，揭示你是更倾向于果断快速决策，还是在某些情况下容易犹豫或依赖他人意见。

应用情境：

通过决策风格问卷，你发现自己在面对团队决策时，往往倾向于过度讨论，依赖团队的共识。然而在个人决策时，你的果断性则更为突出。这个结果让你意识到，未来在团队合作中，或许可以更主动地推动决策进程，并通过合理分工来减少决策的拖延。

优点：

- 针对具体情境下的决策偏好进行分析，提供更细致的反馈。
- 帮助管理者认识到自身在不同情境下的决策风格差异。
- 可根据反馈进行个性化改进。

7. 情境判断测试

情境判断测试通过提供特定的工作情境，要求你在复杂情境中做出决策。这些情境往往涉及紧急决策、资源分配、冲突解决等问题，通过考察你的反应，来评估你的果断性、判断力和决策效率。

应用情境：

在一次情境判断测试中，你被要求在资源有限的情况下，决定如何分配人员来应对突发的市场变化。你快速权衡了各项因素，做出最优决策，并在之后的反馈中得知你的判断力和果断性得到了认可。这种测试能够帮助你发现自己在复杂决策中的强项和弱点，并引导你在实际工作中做出更高效的决策。

优点：

● 真实场景模拟，评估实际决策表现。

● 针对复杂问题进行多维度分析，帮助管理者提升综合决策能力。

● 结果直接反映个人在工作情境中的表现，应用性强。

通过这些工具，你可以系统地评估自己的决策风格和领导能力，帮助你在实际工作中更自信和果敢。无论是从多角度反馈中了解自己的行为风格，还是通过情境模拟锻炼在压力下的决策能力，这些评估工具都能为你的领导力发展提供明确方向，让你在工作中更具影响力。

小结

在现代商业世界中，果敢对于女性管理者来说，既是通往成功的重要领导力特质，也是在性别偏见和传统期待中脱颖而出的关键力量。果敢不仅是一种迅速做出决策的能力，更是自信与自洽的体现，是女性管理者在复杂局面中表现出的坚定与魄力。然而，果敢的表达并不总是被平等对待——正如海瑟的故事揭示的那样，女性在展现果敢时，常常面临与男性不同的评价标准。这种性别差异提醒我们，女性管理者不仅需要果敢地决策，还必须拥有应对质疑与偏见的坚韧心态。

通过对果敢程度的测评可以从多角度揭示它如何体现在领

导力中。通过 360 度反馈、行为面试、模拟测试等工具，女性管理者可以清晰地了解自己在决策中的表现，并从中发现提升的空间。无论是通过自我反思还是团队反馈，果敢的表现往往伴随着灵活的应对和对团队意见的尊重。

果敢品质的培养，并非一蹴而就，它是一个持续练习和成长的过程。果敢不仅要求快速反应，还需要在行动中体现出开放与适应的心态。就像安娜·温图尔的故事展示的那样，果敢并不是一成不变的坚持，而是基于变化和新信息不断调整的灵活性。这种平衡让果敢的决策成为一种智慧，而非单纯的速度。

在管理实践中，我们看到许多女性管理者凭借果敢和坚毅，带领团队克服了重重挑战。但更重要的是，果敢的女性管理者不仅仅是团队的领袖，也是榜样。她们教会我们，果敢不是在高压下急于求成，而是用心选择、坚定前行。当面对质疑时，她们依旧相信自己的决策，并勇敢承担后果；当站在人生的十字路口，她们坚定地走向自己的方向。

在职业生涯的一次对话中，我遇到了一位来自非洲的年轻女性管理者，她在当地运营着一家公益组织。她的眼神中闪烁着自信，也带着些许不安。我问她："你面临的最大的挑战是什么？"她回答道："我知道我能做出好的决策，我的团队也相信我，但有时社会环境告诉我，一个女人不该这么'果敢'。"她停顿了一下，继续说道："但我决定，无论他们怎么看待我，我都会坚持下去。这不是为我自己，而是为了所有那些相信我能带来改变的人。"

她的故事让我深有感触，果敢不仅仅是个人的特质，它是一种对使命的承诺，甚至是超越自我、推动社会前进的力量。女性管理者通过果敢的领导，不仅为自己的职业生涯奠定了成功的基石，也在为更多的女性打开一扇通向未来的门。

正如这位来自非洲的女性领导者所展示的，果敢是力量的象征，但这种力量并不需要用冷硬的态度去表达。它可以温柔而坚定，可以充满理解与同理心。果敢是一种信念——对自己的信念，对他人的信任，对未来的相信。

无论是在商业决策中还是在人生的重大选择中，果敢作为女性管理者不可或缺的品质，将指引她们走向更广阔的天地。果敢不只是在关键时刻迅速做出决定，更是一种对自我价值的确认，是一种内心的强大，是一种不论前路如何都勇敢向前的姿态。正是这些果敢的女性管理者，正在书写未来的篇章，带领她们的团队与世界，迈向更加光明的未来。

第四章

利他之心：
以大爱引领团队共赢

（Altruism）

意 愿	行 为	结 果
什么是利他之心？ 为什么利他之心 对于女性管理者 很重要？	女性管理者如何 有效地利他？	如何评估你的 利他倾向和 能力？

"在面试、招聘和晋升时，我们寻找的是具备公仆型领导力的人——无论他们将担任何种职位或头衔，他们都必须怀有服务他人的意愿。"

——科琳·C. 巴雷特（Colleen C. Barrett），西南航空前董事长

"利他之心，是经商的原点"。

——稻盛和夫

《哈佛商业评论》曾经登载过一个发生在多伦多大学前商学院院长和一位顶尖的生物专家之间的故事。这位专家刚刚获得了一个国际会议的重要奖项，写信告诉了院长。由于刚做了心脏手术，医生建议他不要长途旅行，但为了给学院争取荣誉，他愿意亲自出席领奖。专家请求院长批准他乘坐商务舱，以更舒适的方式完成这次旅程。

　　院长的回复只有一个词："同意。"

　　这个院长的决策是错的吗？当然不是。他批准了这个合理的请求，却遗漏了关键的一步：几分钟内就可以完成的一封简短而温暖的邮件。比如："感谢你为学院赢得如此重要的荣誉，恭喜你获得这一殊荣！我为你感到骄傲，也希望你心脏手术后恢复顺利。在这样的情况下，你仍愿意为学院争光，这让我非常感动。"这种温暖的话语，能够让人感到被重视，并充满归属感。

　　可惜院长并没有这么做。那以后，这位专家还会继续愿意为这个学院努力吗？恐怕不会。很多管理者认为，批准请求就等于帮助了他人，事情处理完了便是结束。其实不然，温暖的话语、发自内心的鼓舞，往往是激发他人斗志的强大工具。正如古话所说："良言一句三冬暖，恶语伤人六月寒。"

在许多文化中，尤其是在东亚地区和一些欧洲国家，管理者往往戴着保守、含蓄的面具。特别是男性管理者，权威形象似乎让他们不常表达温暖的情感。而女性管理者在这方面往往更为细腻，温暖的话语也更容易带来共鸣。

我曾与一些大型企业的科技骨干和管理层交流，问他们离职的原因是什么。令人惊讶的是，很多人提到高层管理者的冷漠。他们感受不到自己被重视或被关怀，看不到管理者的利他动机。对于那些有选择的"明星员工"来说，管理者的冷漠往往是他们离职导致的最重要的因素。

一个经典的例子是 Zoom 创始人袁征。他在与客户互动时发现了视频会议的巨大市场潜力，随即向公司汇报，却没有得到任何回应。这种冷漠让袁征萌生了自己创业的想法，最终创立了 Zoom，成为行业领导者。

那么，对于管理者来说，什么是利他？利他不仅仅是行为上的帮助，更是你希望通过言语和行动，积极影响他人的工作与生活。沃顿商学院的亚当·格兰特（Adam Grant）研究发现，利他动机高的管理者，其团队成员更愿意付出努力，忠诚度也更高，团队绩效更加好。而我的研究也表明，拥有利他动机的团队在工作中成员更愿意互相帮助，离职率也更低。

管理者展现利他动机，并通过温暖的话语和行动来激励团队士气，才是真正释放员工潜力的关键。女性管理者由于敏锐的情感洞察和更为细腻的表达，往往在这方面表现得更为出色。百事可乐前 CEO 英德拉·努伊便是其中的杰出代表。

努伊是百事可乐历史上最具影响力的领导者之一。她不仅凭借商业智慧带领公司迈向全球市场的顶峰，还通过温暖和富有情感的领导力赢得了员工的忠诚和尊敬。作为女性领导者，努伊展现了强烈的利他精神，并以细腻的情感关怀，深深影响了她的团队。

有一次，努伊回到印度探望年迈的母亲。母亲告诉她，有许多访客希望见到她。虽然努伊有些不解，但她还是准时回到了家中。她看见访客们陆续进门，简单问候她之后，径直走向了客厅，去见她的母亲。让努伊感到惊讶的是，访客们并不是专程来见她，而是去表达对她母亲的钦佩："您真了不起，培养出了这么优秀的女儿，她是我们大家的骄傲！"

这次经历深深触动了努伊。她才意识到，自己取得的成就不仅仅是个人努力的结果，背后还有父母的无私支持与付出。由此她想到，在百事可乐的高管团队中，每一个优秀员工的背后，都有着同样默默奉献的父母。

因此，努伊决定做一件特别的事情：她亲自给每一位高管的父母写信，感谢他们为百事可乐培养了如此杰出的员工。努伊深知，这些高管的父母大多年迈，他们可能从未得到过这种来自公司领导层的公开认可。这些感谢信不仅是对员工个人的肯定，更是对他们家庭的感恩。

努伊最终给400多位高管的父母写了信。这些信件并不仅仅是形式化的感谢，它们打开了通往员工心灵的一扇窗。很多高管在收到信后，心情激动，倍感温暖。他们的父母也为子女的成就感到无比自豪。有些高管甚至表示，这是他们职业生涯中最感动的时刻，也是自己父母一生中最光彩的时刻。

其中一位高管的父亲在收到努伊的信后，感动得热泪盈眶。他感慨道："我儿子在公司工作了这么多年，这是我第一次感受到公司如此关心和尊重他。"这位高管也在公司会议上分享了这一切，表示这封信不仅让他的父母感到无比自豪，也让他更加坚定了留在百事可乐继续奋斗的决心。

通过这样一个看似简单的举动，努伊不仅赢得了员工的尊重，更让员工的家人深感认同。她的这一行为极大地增强了员工的归属感和忠诚度。努伊不仅关注员工的工作表现，还关心他们作为一个"完整的人"的幸福感。她的这些信件在人性关怀的层面打破了传统商业管理中的冷漠，真正展现了利他领导的力量。

利他领导力的力量就在于此，它不仅能激发员工的工作热情，还能让他们在内心深处感受到被尊重和关怀。努伊用她的领导力证明了，一封感谢信，一个真诚的关怀，能够为公司创造更大的凝聚力和归属感。

盖洛普（Gallup）的全球调查结果也表明，员工最在意的并非薪酬或奖金，而是是否被尊重、被重视。正是这种被认可和关怀的感觉，能够激发员工最大的潜力，推动团队和公司不断向前。

利他与人性：多重动机驱动的平衡之道

沃顿商学院的心理学家亚当·格兰特（Adam Grant）在他的著作《沃顿商学院最受欢迎的成功课》中提出了三种人际交往类型："给予者"（Givers）、"索取者"（Takers）和"平衡者"（Matchers）。他指出，大多数人属于"平衡者"，遵循"你对我好，我对你好"的互惠原则。而处于两端的极少数人则分别是"毫无保留的利他主义者"和"纯粹的利己主义者"。这表明我们的本性中既有"天使"般的善良，也有"魔鬼"般的自我保护意识。在日常生活和职场中，帮助他人并不意味着完全牺牲自己。相反，适度的利他不仅能成就他人，也能给自身带来成长和回报，实现一种"双赢"的局面。

《大学》中有一句话是"格物致知，知之至，诚之至，心之至"，强调了深刻理解事物真相的重要性。真正的利他不仅是表面的助人行为，还需要对他人有深刻的理解和同理心。管理者如果能够具备这种智慧，在帮助他人时也能通过双赢的方式实现自我成长。例如，管理者在帮助下属完成项目时，不仅提升了团队的整体绩效，也增强了自身的领导力和协作能力。这种带有战略性的利他行为，使得管理者可以长久地保持对团队的支持，同时保护自身的精力和健康。

格兰特的研究进一步指出，那些在职场中最成功的"给予者"（Giver）往往在利他与自我保护之间找到了平衡。这种适度的"匹配"方式不仅让管理者能长期维持利他的行为，还增强了其内在的成长动力。这种"双赢"利他策略也是利他动机可持续发展的关键：在关注他人需求的同时也兼顾自身，这样的利他行为不仅对团队和组织有益，也对管理者本人更具持久的正面影响。

心理学家C. 丹尼尔·巴特森（C. Daniel Batson）的研究为我们揭示了人类利他行为背后丰富的多重动机，包括道德动机、集体主义动机、自我认知动机、内在同情动机、文化期望动机和自我利益相关动机。这些动机往往交织在一起，推动个体在不同场合下做出帮助他人的选择。

1. 道德动机

个体基于自身的道德准则或伦理信仰，感到"应该"帮助他人。例如，某些人会因为觉得这是"正确的事"而主动提供援助，即使可能给自己带来不便。

2. 集体主义动机

基于群体或社区的责任感，个体为了集体利益而利他。这一动机在强调集体利益高于个人的文化中尤为常见，个体更倾向于帮助家庭、团队或社区成员，以促进群体的和谐和发展。

3. 自我认知与自尊动机

帮助他人可以让人们感到自己是善良、有价值的，这种正面的自我形象增强了他们的自尊感。许多志愿者就是通过利他行为来强化自己的善良形象和收获内心满足。

4. 内在同情动机

基于对他人痛苦的共情，个体自发地想要帮助他人，通常是因为真心关心他人的福祉而不是为了获得外部回报。

5. 文化期望动机

社会或文化对利他行为的认可也会激励个体去帮助他人。在某些文化中，帮助他人被视为高尚的行为，个体可能因遵循文化规范或迎合社会期望而表现出利他。

6. 自我利益相关动机

表面上的利他行为可能是为了获得某种回报，比如社会认可或内在愉悦。例如，一些企业家在做慈善时希望得到公众的赞誉或提升品牌声誉，而非纯粹出于同情心。

理解这些复杂的利他动机有助于女性管理者在利他过程中找到适当的平衡。适当的边界和自我关爱不仅可以保护她们的精力，也会让利他行为在团队中更具可持续性。前文提到的百事可乐前CEO 努伊在利他领导风格中表现出清晰的边界感。她在关心团队的同时，懂得分配任务、合理授权，让团队成员承担更多的责任，促进团队成长的同时也避免自己过度付出。

总之，理解利他的多重动机，让女性管理者能够在支持团队、促进性别平等的过程中，既关心他人又保护自己，在利他中实现自我成长，从而在职场中长久地发挥积极的影响力。

女性管理者的利他天赋

在管理学的研究中，越来越多的证据表明，女性管理者拥有独特的利他天赋，这种天赋源于她们的性别特质，也成为她们在领导力方面的优势。根据社会角色理论，女性往往更为敏感、关注他人，更乐于帮助他人，这种特质让她们在管理岗位上展现出不同于男性的利他动因，为团队带来温暖和支持的力量。在许多职场文化中，"Girls help girls"现象广为人知，即女性管理者在职场中往往更倾向于提携其他女性。然而，这种利他天赋并不仅仅局限于帮助女性同事，而是表现为更广泛的同理心和助人动机，无论对方的性别或职位，她们都乐于在工作中提供支持和鼓励。

女性管理者通常具有更高的情感敏感度，这种敏感度让她们更能体察他人的需求和感受。她们往往能够通过细微的观察发现员工的情绪变化和工作中的困难，从而及时提供支持。相比更为直接和任务导向的管理风格，女性管理者通过这种情感连接建立起团队的信任感和归属感，让员工感到被关心和理解。她们关注的不只是任务完成，而是团队的整体健康和个体成长，这也让女性管理者在激励员工方面表现突出。通过细腻的关心和真诚的关注，女性管理者让员工在心理上获得支持，进而提升团队的整体凝聚力。

在职场中，女性管理者往往积极提携和支持其他员工，为他们提供成长机会和资源支持。这种无私的帮助不仅增强了团队的凝聚力，也能让团队成员获得自信和成就感。她们的帮助不仅限于资源的共享，还体现在细腻的人际支持上。例如，当她们意识到员工面临工作与生活平衡的挑战时，会主动提供指导和建议。这种真诚的支持让职场中的每位成员都感受到关怀，也有助于营造包容的工作氛围。

女性管理者在帮助他人、成就团队方面通常有着高度的热情，她们超越了个人的成就感，致力于让团队每一位成员都能取得进步。通过这种"共赢"策略，女性管理者在帮助他人成功的同时，也让组织整体获益。这种利他特质不仅能激发团队的士气，还带动了整体的合作氛围。她们通过自身的力量，打造出一个相互支持的职场环境，拉近了团队成员之间的关系，也进一步推动了组织的多元化和包容性发展。

在今天竞争激烈的职场环境中，冷漠情绪容易滋生，但女性管理者的利他天赋为团队带来了抗衡冷漠的力量。研究表明，员工如果能感受到管理层的关怀和支持，便会更有动力，工作更投入。而女性管理者通过细致的利他关怀，从情感上拉近了员工与组织之间的距离，让他们有更强的归属感。

女性管理者的利他天赋不仅是一种个性特质，也在管理实践中展现了显著的优势。她们不仅关注女性同事的成长，还对团队中每一位成员表现出关怀和支持。通过这种同理心和助人动机，女性管理者在成就他人中打造了充满温暖和包容的职场环境，让每一位员工都能感受到关怀和重视，从而在团队中茁壮成长。女性对于他人的成功会表现得更为热情，更为温暖，更为敏感，也更为仔细，这种特质可以打动所有人。

利他动机对于女性管理者的益处

在职场上，利他心不仅是一种善意，更是女性管理者的一种独特优势，尤其在建立信任、增强团队凝聚力以及营造积极的工作氛围方面更是如此。女性管理者往往因为利他而赢得团队的高度认可。当团队成员倍感压力时，女性管理者总能关注到他们的情绪波动，给予适时的支持与鼓励。这种关心不仅仅是"雪中送炭"，更是建立团队信任与情感纽带的关键。

利他行为让团队成员产生强烈的归属感和忠诚度。员工们在这样的环境中感到自己被视为真正的人，而不仅是完成任务的"工具"。研究表明，在充满关怀的团队中，员工更愿意长期为团队付出，离职率显著降低，彼此合作更加顺畅。正是在这种利他的氛围中，工作不再是一项孤立的任务，而是集体努力的成果，每个人都从中收获意义与温暖。

而在团队协作中，利他心更让女性管理者成为推动协作文化的天然领袖。她们鼓励团队成员彼此帮助，共同成长，逐渐形成互助互爱的"大家庭"氛围。试想一下，一个项目会议，不再是成员们各自为战、相互竞争，而是主动分享见解与资源，彼此支持，在这种文化之下，团队整体表现更为出色，每个成员都可以在彼此协作中实现自己的成长。

不仅如此，利他还让女性管理者在跨部门合作中口碑极佳。她们通过细致的关怀和真诚的支持，赢得其他部门同事的信任和支持，形成稳固的合作关系。这种影响力并非通过权威建立，而是通过信任与理解的纽带，使得她们在组织内外赢得高度的认可。

有趣的是，利他心也让女性管理者更愿意为集体利益尤其是性别平等议题站出来发声。根据密歇根大学的研究，当女性管理者感受到来自组织的支持时，更倾向于提出和推动性别平等的倡议。她们不仅能以身作则，还能通过自身的利他行为，为其他女性树立榜样，鼓励更多女性在职场中争取机会、展现自我价值。由此形成的利他文化，也逐渐减少了性别偏见，为组织的包容性和多元化做出了积极贡献。

不过，利他并不意味着完全无私的付出。女性管理者在关怀他人时，也需要适当照顾自身需求，避免因过度奉献而感到精疲力竭。那些成功的女性管理者深谙在利他与自我保护间取得平衡的重要性。她们知道，帮助他人并不意味着忽视自己，适度休息让精力恢复同样是长期维持利他动机的关键。例如，一些女性管理者会在帮助他人的同时确保自己的身心健康，以便在未来更好地投入到团队支持中去。这种平衡让她们在助人过程中也获得了成长，既保证了自己的精力，也提升了领导力。

利他心让女性管理者在团队中拥有影响力，她们通过关怀与支持建立信任、增强凝聚力、营造温暖的工作氛围，同时也积极推动性别平等议题。在帮助他人成长的过程中，她们也实现了自我成长。这种利他与自我成就的双赢，不仅让她们的领导更加有力，也让整个组织从中受益，收获持久的温暖和动力。

如何做到利他

利他不等于老好人

"老好人"背后常常隐藏着一种深深的"累"。特别是女性，生活和工作中往往更容易成为"老好人"。她们常常被期待去关心、理解、迁就别人，甚至将自己的需求放在最后，总是承担着情绪稳定剂的角色，难以拒绝别人的请求。

这其实和社会对女性的传统期待不无关系。许多女性在成长过程中就被教育要温柔、懂事、照顾别人。成年后，社会对女性的要求常常延续了这种顺从的形象：在家里，她们是家人间的和事佬；在工作中，她们则要照顾他人情绪，不轻易与人发生冲突。甚至当女性有自己的立场或需求时，往往会被质疑："你怎么这样自私？"在这样的文化影响下，女性往往觉得自己必须成为一个"老好人"，似乎只有这样才能被接受和认可。

那么，"老好人"有什么典型特征呢？首先是难以拒绝别人。

即使内心不情愿，女性"老好人"们还是会答应他人的请求，她们害怕拒绝会让对方不高兴，也不希望被他人误解为"冷漠"或"不友好"。其次是避免冲突。当有不同意见时，女性往往选择妥协，即便自己不满意，也希望事情能在表面上维持和平。她们深知，一旦表达不同意见，可能就会打破这种和谐形象。

这种"讨好"的模式导致很多女性"老好人"最终不仅没有获得真正的尊重，反而因为过度迁就和妥协，变得越来越疲惫，甚至逐渐失去自我。她们一再让步、迎合，希望得到更多的认可和接纳，在这个过程中却忽视了自己的需求和感受。更糟的是，她们的"好"会被认为是理所应当，久而久之，身边的人甚至会习惯甚至忽视她们的付出。

现实中，"老好人"与"利他"经常被混为一谈，但实际上，两者的动机和行为方式是有区别的。真正的利他出于真心，是因为想要帮助别人，而不是因为害怕冲突或寻求认可。利他者通常懂得保持界限，知道自己能承受多少。"老好人"则难以做到拒绝，他们总是无条件地去满足别人，即使为此感到疲惫也不敢表露出来。

如果你发现自己常常扮演"老好人"的角色，不妨停下来问问自己：这真的是我想做的吗？我是否有权利表达自己的需求？其实，女性不必为了迎合他人而一再牺牲自己，真正的关心和付出，只有在尊重自己的前提下，才能带来持久的幸福。

当利他主义遇上精致利己主义

在职场中，我们常常会遇到两类人：一类是乐于奉献，毫无保留地帮助他人的"给予者"，而另一类则是牢牢掌握资源和机会、以自我利益为核心的"精致利己主义者"。

"精致利己主义者"的概念来自北京大学的教授钱理群，他指出，这些人"高智商、世俗、老到，善于表演，懂得配合，更善于利用体制达到自己的目的"。与外显的自私的行为相比，精致利己主义者往往会披上"精致"的外衣，表面上看似顺应集体利益，实则暗中牟取私利。这种方式尤其会对职场和团队造成极大的负面影响。

当一个管理者是精致利己主义者时，劣币往往会驱逐良币。他们可能会巧妙地占用他人的劳动成果，甚至贬低或无视下属的成就，导致团队成员的工作动机和士气下降。这种行为在管理学中被称为"辱虐行为"（abusive supervision），其影响不仅限于个体，还会引发团队工作效率低下、员工报复行为增加、领导关系紧张、同事关系恶化以及员工心理健康受损等一系列问题。根据俄亥俄州立大学商学院的本杰明·J. 泰珀（Benjamin J. Tepper）教授的研究估算，辱虐型管理每年给美国企业带来的经济损失约为240亿美元。短期来看，精致利己主义者可能因为操控资源和权力而获得回报，但从长远来看，他们对整个组织的损害是深远而持久的。

一个团队要想真正取得成功，需要的是一种协同合作、互帮互助的文化，而不是精致利己主义。亚当·格兰特与谢法利·V. 帕蒂尔（Shefali V. Patil）2012 年发表在《管理学会评论》（*Academy of Management Review*）上的文章指出，一个利他主义的管理者可以通过细小的举动来逐渐改变团队文化。利他主义者主要通过两个路径引领团队形成一种更具互助精神的文化：其一是通过小小的成功案例和行为榜样来激励团队，展示互助带来的积极结果；其二是通过言语上的鼓励与质疑，将利他行为推广到整个团队，帮助大家重新思考合作的意义。这种质疑有时会让自私的团队成员意识到自己的行为对集体的负面影响，逐步改变他们的思维方式。当然，这种影响的效果也依赖于若干因素：如果利他者本身处于管理层位置，改变团队文化会相对容易；如果团队成员普遍较为开放且具备高宜人性，文化的改变也会更为显著。此外，这种变化还需要较长的时间才能真正生效。

同时，利他主义者在帮助他人时，也要学会保护自己。善良和利他并不意味着可以被无休止地利用，特别是在一个充满精致利己主义的团队中。如果利他行为和努力被当成理所当然，甚至被剽窃或践踏，利他主义者有必要设立底线，守护自己的付出。我在课堂上常会举一个情景案例：如果你在会议中汇报一项成就，你的同事却公然抢走你的功劳，你会如何应对？有趣的是，超过一半的同学都表示遇到过类似的情况。无论是在中国的课堂还是在美国的课堂，我询问学生们会如何应对，很多人都选择不发声。问到他们的感受，几乎所有人都表示愤怒、不甘，但又因顾及面子和团队未来的合作而选择沉默。令人遗憾的是，很多人甚至因屡屡遇到此类事件，心理上受到极大创伤，选择辞职。

在这样的环境下，我们可以考虑以适当的方式维护自身利益。正如亚当·格兰特所言，重新思考是一种智慧，是一种保持灵活和批判性思维的能力。"你无法阻止风雨的来临，但你可以选择撑伞前行。"当面对精致利己主义者时，我们不能因为善良而一味退让，而应以理性和自信的态度站稳立场，适时发声。

利他不等于无私奉献

很多人会认为，利他等同于无私奉献，尤其对女性管理者而言，利他精神仿佛成了默认的责任。然而，利他并不意味着必须将自己"掏空"去成全他人。女性管理者完全可以在帮助他人、提升团队的同时，保护好自己的精力和健康，找到一种"平衡的利他"。以下是几种在利他中保持自我边界的方法，可以帮助女性管理者在付出的同时保护自己。

1. 设定清晰的边界

要避免因为过度利他而精疲力竭，女性管理者可以设定明确的边界，让团队成员清楚管理者的支持是有节奏、有结构的。比如，可以在每周固定一个时间专门用来与团队进行沟通，而非频繁、无计划地介入团队成员的工作。这样不仅可以保护自己的精力，也让团队明白他们应独立解决问题。百事可乐前 CEO 努伊在管理中会将一些具体任务委托他人，自己则专注于更具战略性的事务，从而在帮助团队的同时维持精力与效率的平衡。

2.学会委托任务

利他并不意味着自己必须亲力亲为。合理分配任务，让团队成员也参与到帮助他人和解决问题的过程中，不仅可以减轻管理者的负担，也会让团队成员在挑战中获得成长。努伊在百事可乐时常用这种方式，分配责任让团队更独立，而她则集中精力在重要决策上，既推动了团队的成长，也避免了自己因过度付出而心力交瘁。

3.关注自我需求与健康

女性管理者在利他的过程中，尤其要关注自己的情绪和健康。定期的自我反思、适当休息、通过运动或冥想保持身心平衡，不仅有助于长期保持积极的状态，也会让自己在帮助他人时更高效。

4.学会说"不"

很多女性管理者因利他精神常被频繁求助，但有时说"不"才是对自己和团队的最好保护。当请求超出自己能力或影响到核心工作时，礼貌果断地拒绝，既能保护自己的精力，也会让团队成员有更多独立成长的机会。努伊在管理中会筛选那些最具长期影响的事务，集中精力处理，而不是在琐事中耗费时间，这样既提升了效率，也帮助团队成员学会承担更多责任。

5.注重长期战略，而非短期帮助

利他的女性管理者在支持团队时，不仅关注眼前，更会通过赋能、提供培训等方式实现团队的可持续成长。这种"授人以渔"

的策略，既可以提升团队的整体能力，也可以让她们自己从频繁的干预中抽身。努伊的管理风格就很好地体现了这一点，她注重通过长期的支持和资源投入，让团队具备自我成长的能力。

通过设定边界、合理委托、关注自我需求等方式，女性管理者能够在展现利他精神的同时，避免因过度付出而导致的疲惫。这种平衡不仅提升了团队的效能，也确保了她们长期保持健康和高效的领导力，实现利他与自我成就的双赢。

利他的多样性：不仅限于鼓励和表扬

"利他"不仅仅是简单的鼓励和表扬。对于女性管理者而言，利他精神更像是她们在日常工作中展现领导力、增强团队凝聚力的重要方式。她们通过公平、同理心和团队合作，将利他精神融入团队建设，推动合作文化的形成，甚至带来积极的组织变革。以下是女性管理者运用利他精神的几种方式。

1. 以公平为基础的合作氛围

很多女性管理者非常注重公平，尤其在资源分配和决策中，她们倾向于确保每位团队成员都能感受到被平等对待。正如戴维·德·克雷默（David De Cremer）和丹·范·克尼彭贝格（Daan van Knippenberg）的研究指出的那样，具有利他特质的领导，尤其是在展现公平和关怀时，更能有效促进团队合作。对于女性管理者来说，这种公平与关怀结合的利他方式，不仅帮助她们在团队中建立了信任，还为每位成员提供了心理安全感。团队中的每个人都知道，自己的努力会得到公平的认可，也更愿意积极参与合作。

2. 促进团队协作

女性管理者的利他精神往往体现在推动团队协作上。她们通过鼓励成员互相帮助、共享资源，营造出一种支持性氛围。詹妮弗·B.贝尔（Jennifer B. Bear）和安妮塔·W.伍利（Anita W. Woolley）在 2011 年的研究发现，女性领导的利他行为通常能带来更高的团队合作水平，提升整体的团队表现。我曾遇到过一位金融行业的女性高管李琳（化名），她对团队中的公平非常注重。她发现，一些成员对她的决策心存疑虑，特别是在资源配置和奖金分配上。李琳意识到，作为女性管理者，她被期待展现出公平和同理心，这些特质可以帮助她在团队中建立信任。于是，她开始在决策中更加透明，带领团队一起讨论分配标准。她的引导不仅让项目顺利完成，也让大家在协作中增强了默契。她营造的这种协作氛围，成了团队一种持续的工作方式，提升了长远的效率。

3. 以社会责任为导向的利他精神

朱莉·斯威特（Julie Sweet）作为埃森哲（Accenture）的 CEO，充分展示了利他主义在企业层面的力量。她始终认为企业的成功不仅来自业绩，更来自对社会的贡献。她倡导"负责任的业务增长"理念，强调企业在追求商业创新的同时，也要为社会发展作出贡献。2019 年接受采访时，斯威特说："我们的使命是确保技术和创新不仅能带来商业利益，也能帮助解决社会最紧迫的问题。"

她的这种社会责任导向的利他领导方式，帮助埃森哲在新冠疫情等危机中为社会带来了积极影响。研究也显示，女性管理者在危机时刻往往更具同理心，例如在新冠疫情期间，美国的女性州长展现了更多的关怀，使民众更积极配合防疫措施，进而降低了感染率和死亡率。

4. 面对团队成员的高期待

女性管理者的利他精神往往让她们在团队中成为情绪支柱，但这也会带来额外的情感负担。布拉克·奥克（Burak Oc）和迈克尔·R. 巴什舒尔（Michael R. Bashshur）在2013年的研究表明，员工往往对女性管理者的利他行为有额外期待，这让女性管理者承担了更多情感上的责任。我有一位学生张敏（化名），她在管理团队时发现，许多团队成员不仅在工作上需要她的支持，甚至生活中的小事也会向她倾诉。面对这一情况，张敏决定设立明确的界限，优先安排自己的核心工作。她向团队传达了"支持是有边界的"的信息，这样不仅保存了自己的精力，也培养了团队成员的独立性。团队成员逐渐理解，她的利他是有限度的，也开始在情感上自我调节。

5. 建立长期关系，关注成员成长

对于女性管理者而言，利他不仅限于当下的小帮助，更在于长期的关系建立与发展支持。她们往往注重团队成员的成长，通过提供培训和资源，赋予员工自主提升的机会。这样的长期利他不仅可以增加团队的凝聚力，也让团队成员在工作中获得更多成

就感。例如，一些女性高管会定期与员工沟通，了解他们的职业目标和发展需求，并积极提供资源支持。在这样的支持下，团队成员不仅得到了成长，还会对团队有更深的归属感。

6.通过同理心改善团队氛围

女性管理者的同理心往往让她们在团队中成为情感支持的核心。当团队成员情绪低落或遇到困难时，她们会敏锐地察觉，并主动提供情感支持和鼓励。正如一位科技行业的女性高管所做的，她在公司内推行了一个叫"情感开放日"的活动，每周一次让团队成员在轻松的氛围中分享自己遇到的困难和压力。这种由利他精神驱动的举措不仅让团队关系更加紧密，还提升了成员的工作满意度和幸福感。

总之，女性管理者的利他不仅仅是鼓励和表扬，而是通过公平、同理心、长期支持等多种方式为团队带来凝聚力和信任。女性管理者可以在不同环境中灵活运用利他。通过合理的边界设定和平衡策略，女性管理者既保护了自己，又增强了团队的凝聚力，实现了"利他与自我成就"的双赢。这种平衡不仅让她们的领导更具影响力，也让整个组织在利他文化的氛围中受益匪浅。

女性管理者如何有效地利他

在"以大爱引领团队"的主题下，女性管理者的利他动机成为她们支持和激励团队的核心动力。女性管理者不仅通过专业能力和情感支持来带领团队，更凭借深厚的利他之心，以关怀和大爱引导团队实现更高的目标。这种利他动机在多方面塑造了女性管理者的独特领导风格，使得她们不仅注重个人成就，更关注团队的整体发展和成员的幸福感。

1. 利他驱动的同理心对他人的支持

女性管理者的利他动机让她们能够以真正的同理心去理解团队成员的需求，主动关注他们的福祉。这不仅是一种领导策略，更是一种内心的驱动力。例如，女性管理者在团队成员面对压力时，不仅提供建设性的建议，更会用关心和温暖来缓解成员的情绪。这种出于利他之心的支持，使得团队成员感到被珍视，从而激发更高的工作投入度。

2. 用利他精神建立开放沟通

女性管理者凭借利他动机，更倾向于打造一种开放的沟通氛围，使团队成员能够放心表达自己的想法和挑战。利他让女性管理者超越关注个人权威，而是真正关注团队成员的成长和感受。在这种氛围下，成员知道自己不会因为表达真实想法而受到负面评价，这种安全感来源于管理者的无私关怀，有助于团队凝聚力的提升。

3. 倡导包容与多元，以利他促进团队合作

女性管理者的利他之心使她们更加注重包容性文化的建设，鼓励团队中的每个人都能够互相支持。她们认为，利他不仅在于自己的行动，更体现在鼓励成员之间的互助行为。詹妮弗·B.贝尔和安妮塔·W.伍利2011年的研究也表明，女性领导的利他行为通常带来更高的团队合作水平。女性管理者通过关怀和支持，营

造出一个多元包容的团队环境，让每位成员感受到大爱的包围，这种温暖的氛围激发了成员的创造力和团队精神。

4. 推动长期发展的利他决策

女性管理者通常将利他精神融入长期发展支持中。她们不仅关注团队成员的当下表现，更以大爱之心支持每位成员的成长与发展。利他让她们在制定决策时，不仅考虑业绩和目标，更注重团队成员的个人成长。比如，一些女性管理者会为团队提供培训和发展机会，这不仅能帮助团队成员提升技能，还让他们感到管理者的无私支持。这样，利他精神可以得到长期维系，团队也更加团结。

5. 危机中的利他式引领

利他让女性管理者在关键时刻展现出更具同理心的领导风格。女性管理者在团队面临挑战时，通过无私的支持和细致的关怀，帮助团队成员走出低谷。这样的利他之心不仅稳定了团队的士气，还让团队成员感受到她们对集体的深切责任感。

6. 利他精神引导团队成员互助合作

女性管理者的利他动机不仅表现在个人关怀上，她们还注重培养团队成员间的互助行为。她们以大爱之心鼓励成员之间的支持和协作，而不是过度的竞争。这种利他精神不仅让团队内部关系更加紧密，也培养了一个以帮助他人为荣的团队文化。正如朱莉·斯威特在埃森哲所倡导的"负责任的业务增长"理念一样，女性管理者在推动团队成长时，往往强调合作与共赢的价值观。

7. 利他榜样的力量

女性管理者通过实际行动展示利他精神，成为团队中的榜样。她们的言行举止不断向团队传递出"关心他人，成就集体"的价值观。当团队成员看到管理者在实际行动中如何关爱他人，他们更愿意效仿这种无私奉献的态度。这样的榜样作用，不仅让团队成员彼此支持，也让整个团队的凝聚力进一步增强，逐渐形成一种以大爱为驱动的文化氛围。

总之，女性管理者的利他之心是一种强大的推动力，使她们能够以大爱引领团队，不仅注重成员的个人成长，更关注集体的共同成功。她们通过同理心、包容性和实际行动，不断将利他精神融入日常管理中。无论是面对危机还是日常沟通，女性管理者的利他之心不仅让团队充满温暖和支持，也在长期中培养出有高度凝聚力和责任感的团队文化。

工具：评估你的利他倾向和能力

对利他倾向的测试包括自我测试（量表评估）、情景模拟测试和其他评估方法。

自我测试

在"以大爱引领团队"这一主题下，利他之心不仅仅是一种个人善意的流露，而是女性管理者带领团队、激发成员潜力的重要驱动力。为了帮助女性管理者更好地理解自己在利他动机上的倾向和表现，以下是一个综合的评估工具，包括利他动机测试、情景模拟、行为观察等多种方式，可以帮助女性管理者系统地了解和强化自己的利他领导力。

首先，通过一组简单的题目来评估你自己对利他行为的基础倾向。请根据自己的真实想法对以下几项打分（1 分代表非常不同意，5 分代表非常同意）：

1. 帮助他人是我优先考虑的事情。

2. 当看到他人遇到困难时，我会主动提供帮助。

3. 即使帮助他人需要付出一定的代价，我也愿意这么做。

4. 我常常考虑如何为周围的人创造更好的环境。

5. 我在工作中会主动寻找能够支持团队或同事的机会。

评分解释：

● 5~15 分：你可能需要更多的动机和机会去展示利他行为，尝试关注身边的需求，并找机会主动提供支持。

● 16~25 分：你有一定的利他倾向，但可能需要更有意识地在日常生活和工作中表达这种倾向。

● 26~30 分：你拥有很强的利他动机，并且在日常生活和工作中表现出色，是团队中值得依赖的支持者。

除此之外，我们还可以采用一些标准化的利他动机量表，如 C. 丹尼尔·巴特森（C. Daniel Batson）的"同情利他假设量表"或罗伯特·A. 埃蒙斯（Robert A. Emmons）和谢尔顿（C. M. Shelton）

的"利他动机量表"。这些量表包含多个维度，能够评估个体在不同情境下的利他倾向。女性管理者可以根据问卷中的情境问题进行自我评估，以反映真实的利他动机。

示例题目：

●"当我的同事在工作上遇到困难时，我会主动提供帮助，即使这会增加我的工作负担。"

●"我帮助他人是因为我觉得这是应该做的，而不是为了获得回报。"

通过分析量表得分，女性管理者可以了解自己的利他动机强度及动机来源（如道德动机、同情动机、自我认知动机等）。

情景模拟测试

除了自我测试，真实情景中的选择也可以反映出利他动机的深度。以下是几个情景模拟示例，帮助女性管理者评估自己在面对团队挑战时的利他动机与实际反应。

情景1：团队成员面临个人困难

情景描述：

小王是你的团队成员之一，正在负责一个关键项目，但由于家庭突发状况无法按时完成任务。作为管理者，你知道如果不及时调整，项目将会受到影响。

问题：

● 你会如何处理这种情况？是否会主动为小王提供支持？支持的形式是怎样的？

● 你会考虑承担小王的部分任务或重新分配资源，以帮助他度过难关吗？

利他行为检测：

● 你是否愿意为处于困境中的员工提供额外支持？

● 如何在确保实现团队目标的同时，体现对个体需求的关怀？

情景 2：资源分配中的权衡

情景描述：

你所在的团队获得了额外的资源，可以用于员工培训或项目开发，但资源有限，无法同时满足所有需求。团队成员 A 提出用于个人职业发展，而成员 B 建议用于提升团队整体表现。

问题：

● 你会如何决定？是支持 A 的培训需求还是优先项目发展？

● 如何向 A 和 B 解释你的决策，以确保他们理解并接受？

利他行为检测：

● 在有限资源下，如何平衡个体与团队的需求，体现对团队成员成长的关怀？

情景 3：处理团队冲突

情景描述：

小李和小张在项目上产生分歧和争执，导致团队气氛紧张，合作效率下降。

问题：

● 你是否会花时间与每位成员沟通，以深入了解他们的需求和意见？

● 你是否会考虑牺牲个人时间来帮助他们重建合作关系？

利他行为检测：

● 你是否愿意投入额外精力来调解冲突？

● 如何确保团队和谐的同时展现对个体需求的尊重？

情景 4：团队成员工作表现下降

情景描述：

团队成员小刘，以往工作效率很高，最近表现明显变差，任务推进延误，质量也下降了。通过沟通，你了解到他最近生活压力较大，工作和个人生活难以平衡。

模拟问题：

● 你会如何帮助小刘应对当前的挑战？你会为他调整工作量，还是建议他短期内请假？

● 你是否愿意投入时间与他讨论如何改进现状，甚至提供一些非工作上的支持？

● 你会如何确保整个团队在不牺牲整体目标的情况下，帮助小刘渡过难关？

利他行为检测：

● 你是否愿意提供情感支持，帮助员工平衡工作和生活？

- 在帮助员工的同时，如何保持团队的整体绩效？

情景5：新团队成员的融入

情景描述：

你刚刚招募了一名新员工小陈，他能力很强，但由于对新环境不熟悉，工作效率暂时落后于其他团队成员，对此其他同事也有一些抱怨。你意识到，如果不帮助他快速融入，可能会影响团队的合作氛围。

模拟问题：

- 你会采取哪些措施帮助小陈尽快适应团队？

- 你是否愿意在自己的工作时间外，单独指导小陈，或者找其他团队成员作为他的导师？

- 如何向团队其他成员解释，减少他们的抵触情绪？

利他行为检测：

- 你是否愿意投入额外时间帮助新成员适应？

- 如何在支持新成员的同时，维护团队和谐？

通过这些具体情景，女性管理者可以反思自己在面对实际工作挑战时的利他动机和行为表现，以及他人是否感受到自己利他的领导风格。此外，这些情景也能帮助评估管理者的利他行为是否带来了预期的效果，例如提升团队士气、促进团队合作等。

其他评估方法

除了情景模拟和自我测试，以下几种方法也可以帮助女性管理者更全面地了解自己的利他动机。

1.同事与下属反馈

利他动机往往会体现在管理者的行为和人际互动中。通过收集同事或下属的反馈，可以从他人视角了解管理者的利他行为。例如，设计匿名问卷，询问团队成员是否感受到管理者的关心和帮助，以及管理者在团队中表现出的支持和利他行为频率。

反馈问题示例：

- "你是否经常感受到这位管理者在工作中给予的帮助和关心？"
- "在你遇到困难时，这位管理者是否会主动提供支持？"

通过对这些反馈的汇总，可以判断女性管理者在团队中是否展现了较强的利他动机，以及团队成员对其利他行为的感知程度。

2.行为观察法

通过对实际行为的观察，记录女性管理者在真实职场环境中的利他行为，可以由专业人员或上级对管理者的日常工作进行观察，尤其是女性管理者在冲突或压力情境下的反应。记录她们在团队中的互动频率、帮助行为的出现次数，以及她们在资源分配中的公平性和支持性。此方法更为客观，能够真实地反映出管理者的利他行为。

通过深入的访谈，可以更细致地了解管理者的利他动机来源及其对利他行为的态度。访谈可以包含一些开放性问题，让管理者谈论自己的价值观、对帮助他人的看法，以及如何平衡帮助他人和自我需求。这种方法不仅能探究利他动机的深层次原因，还可以挖掘管理者如何看待利他与领导力之间的关系。

访谈问题示例：

- "在工作中，你认为帮助他人对你的领导角色有何意义？"
- "你如何看待利他行为与团队管理的关系？"
- "当你面对团队成员的求助时，你如何决定是否提供帮助？"

通过对以上方法的综合运用，女性管理者可以全面测试自己利他动机，了解利他行为动因、行为模式以及在实际职场中的利他表现。这些数据也能够为组织在选拔、培养女性管理者时提供参考，帮助组织更好地理解和发挥女性管理者的利他优势。

小结

女性管理者的利他之心，不仅是一种个人的美德，更是推动团队合作、建立信任、实现长远发展的核心力量。正如梁启超先生所言，大我是群体，小我是个体。在日益复杂的职场环境中，以大爱引领团队，不仅能够激发员工的潜力，更能为组织带来一种超越短期利益的共赢模式。利他动机使得女性管理者在面对每一个挑战时，都可以从更广阔的视角出发，不仅关注团队的整体目标，也关注每一位成员的成长需求。

以大爱引领团队，不是简单的"无私奉献"，而是将他人需求与组织使命紧密结合，通过建立公平、包容、支持性的文化，为每个人提供成长的土壤。这种大爱之心让团队不仅在成功时共享成就，更能在困难时彼此支撑，真正形成了共同发展的纽带。女性管理者以大爱为基石，在团队中激发出的不仅是短暂的合作，更是持久的信任和持续的动力。

未来，随着更多女性管理者带着利他之心投身领导岗位，我们可以期待看到更多充满人性关怀和凝聚力的团队文化。以大爱引领团队，成就个人、成就团队，最终成就一种健康、可持续的工作环境，让组织和个人在彼此支持中共赢发展。

第五章

坚韧不拔：
女性管理者的逆境成长力
（Resilience）

意 愿	行 为	结 果
女性的坚韧为何是优势？坚韧的真谛是什么？	女性管理者如何有效地发挥坚韧的优势？	如何评估与培养韧性？

"尽管这个世界充满了苦难，但也充满了战胜苦难的勇气。"

——海伦·凯勒

"成功的花，人们只惊羡她现时的明！然而当初她的芽儿，浸透了奋斗的泪泉，洒遍了牺牲的血雨。"

——冰心

已经过去的新冠疫情像一面镜子，映射出人类在面对不确定性和危机时的脆弱与韧性。在这场前所未有的考验中，女性管理者展现出的逆境成长力尤为引人注目，成为一道不可忽视的光芒。

　　想象一位女性企业高管，我们暂且称她为李玲。在疫情初期，她不仅要应对公司业务的剧烈转型，还要平衡孩子因学校停课而在家学习的混乱局面。作为一家快速发展的公司的运营总监，她每天从清晨到深夜参与无数的视频会议，负责协调一个百人的团队；作为两个孩子的母亲，她要督促孩子完成作业，还需要为年迈的父母操办生活所需。某一天深夜，她坐在电脑前，面对未完成的报告，却发现屏幕上的文字已经变得模糊。

　　这样的情景并非个例。《推进女性在商界的未来：毕马威女性领导力峰会报告》显示，近三分之二的女性高管在疫情期间的管理职责意外扩大，同时，她们在家庭中的责任也显著加重。面对这双重压力，她们被迫寻找突破口，而韧性正是帮助她们突围的关键。

研究显示，这种韧性不仅体现在职场，还延续到家庭生活中。2022 年 11 月，女性商数（FQ）与思科合作的一项跨越 10 个国家的研究表明，60% 的女性表示她们在个人生活中感到具有韧性，而在职业生活中，这一比例更高，达到 65%。这种交织的韧性如同一副隐形的铠甲，保护着她们在压力中前行。

韧性并非与生俱来，而是在一次次挑战中锻炼形成的。研究表明，年龄和职业地位的提升有助于增强女性的韧性。思科首席人事官弗朗辛·卡索达斯指出："当你在职业生涯中不断前行，承担更多责任并晋升至更高职位时，你会意识到，这是一条你自己选择的道路。这种觉醒和经验的积累让你更加自信，也更加坚韧。"

韧性是女性管理者在逆境中不可或缺的品质，它不仅是帮助她们"生存"的工具，更是引领她们走向"繁荣"的关键。如果企业和社会能够给予女性更多支持——比如灵活的工作安排、包容和理解的职场文化——韧性将不再只是被动的应对策略，而是会成为推动女性和组织共同成长的核心力量。

李玲的故事远未结束，她的成长已经深刻影响了团队和家庭。逆境虽不可避免，但韧性让她化压力为成长动力。对无数像李玲这样的女性管理者来说，这不仅是个人的胜利，更是引领变革的篇章。这场故事未完待续，而女性管理者的光芒才刚刚开始闪耀。

荆棘与泥泞：女性管理者的生存课程

如果有人告诉你，管理是一条充满挑战的道路，你可能会点头同意。但如果有人说，女性管理者面对的荆棘和泥泞要更密集、更深重，你是否会停下来思考，为什么会这样？这不仅是性别问题，更是关于成见、机会和结构性障碍的深层探讨。

创业失败在商业世界中并不罕见，几乎每一位创业者都经历过或接近失败的边缘。IE 商学院的拉奇达·胡斯托（Rachida Justo）和合作者的研究，挑战了关于女性创业者失败率更高的普遍观点。这项研究指出，这样的结论通常基于女性创业者领导的企业退出率较高这一现象。然而，退出是否真的等同于失败？答案是否定的。越来越多的研究表明，失败和退出是两个本质上截然不同的概念。许多女性选择退出企业，不是因为她们失败了，而是因为她们主动做出了基于个人目标和价值的选择。

如果你是一位女性创业者，是否也认为客户满意度和社会影响远比金钱更能让你感到成功？研究显示，女性更倾向于将这些非财务因素视为创业成功的标志。当企业发展到一个过于专注于利润的阶段时，一些女性会选择在此时退出。她们将这种退出视为"成功退出"，而不是失败。举例来说，一位女性高管在公司上市后发现，企业开始只关注每股收益和盈利目标，而忽视了员工福祉和长远规划。她最终选择离开，因为这时的企业已经不再符合她的初衷。这样的选择，你会认为是她的失败，还是更尊敬她对价值的坚持？

数据进一步支持了这一观点。在对 219 名西班牙创业者的研究中，女性因个人原因退出的比例比男性高出 15%，而因实际失败退出的比例比男性低 13%。不仅如此，根据福布斯 2018 年 6 月的报道，女性创业者的企业增长率在过去 20 年中达到了 141%，远超平均水平的 44%。稍加思考，或许我们会发现，在这些数字背后，是无数女性通过韧性、智慧和深思熟虑的决策，不断挑战传统观念，创造属于自己的奇迹。

但这并不意味着女性创业和管理的道路变得容易，美国参议院小企业与创业委员会列出的障碍，包括难以进入由男性主导的社交网络、缺乏导师支持、获取资金的困难等，这些依然每天都在无声地阻碍着无数女性的步伐。她们却在这样的环境中一次次突破，用实际行动向世界证明，性别从来不是成功的障碍。

尽管面临诸多障碍，女性创业者正在用实际行动证明她们的韧性和能力，与男性创业者在竞争中并肩前行。

女性的坚韧：天生的还是磨炼的优势？

在职场和管理的征途中，女性展现出的坚韧常令人赞叹。这种韧性既源于天性，也是在生活和工作的磨砺中磨炼而成。以下四个层面展现了女性坚韧的深刻来源与实际表现。

生理上的耐力：坚韧的天然基础

从生物学角度看，女性在忍耐力和承压能力上具有独特优势。研究表明，女性对疼痛的忍受力普遍高于男性。这种优势在许多方面得到体现，例如，女性每月经历的周期性痛楚并没有影响她们在工作和生活中的正常表现；生育过程中的剧烈疼痛更是对身体极限的挑战，女性不仅能够承受，还能迅速从中恢复。这种对身体极限的承受力为她们的心理韧性奠定了基础，让她们在面对职场高压时，能够展现出更强的稳定性与持续力。

女性生理上的耐力并不仅限于忍受疼痛，许多女性在运动、科研和极限环境中都展示了卓越的体力和毅力。例如，女性马拉松选手的完赛率在许多长距离比赛中高于男性，这表明女性不仅在体力上有更好的耐力储备，还在心理上表现出更强的专注与坚持。这种基础韧性为女性在职场上承受长期高压打下了生理和心理的双重基础。

社会与文化压力：在挑战中成长

女性韧性更大的来源，是长期在社会和文化压力下培养出的适应力。在现代社会中，女性常常同时扮演多重角色，既是职场上的决策者，又是家庭中的支柱。她们需要在事业与家庭之间找到微妙的平衡，这种平衡并非易事，却恰恰成为她们成长的助推器。

林徽因是这种成长的典范。她选择建筑学这一传统上被认为是男性领域的学科，在宾夕法尼亚大学，她用实力和才华完成了建筑学的全部课程，尽管当时女性无法被授予学位，但她并未因此放弃自己的追求。回国后，她在男性主导的建筑行业中，用自己的知识与实践，开创了中国现代建筑的篇章。几十年后，宾夕法尼亚大学为她补发了学位证书。这不仅是一份迟来的认可，更是对女性面对社会和文化限制依然能坚持初心的致敬。

社会的期望和文化的束缚，尽管带来了压力，却也激发了女性更大的潜能。正是在这种挑战中，女性学会了在挫折中成长，并在困境中发掘自己的力量。

不断证明自我：在逆境中开辟前路

在男性主导的行业中，女性常常需要付出更多努力，才能证明自己的能力。这种"证明自我"的强烈需求，不仅源于外界的质疑，也来源于女性自身对成就和价值的追求。奥普拉·温弗瑞的故事就诠释了这一点。

奥普拉出生在一个贫困的非裔家庭，她的成长过程充满了种族歧视和外貌偏见的阴影。然而，她用自己的韧性一步步打破了这些限制。在白人主导的媒体行业中，她从小主播做起，凭借独特的主持风格和强大的内心力量，成为全球知名的电视节目主持人。奥普拉用自己的成功证明，女性的韧性不仅能够应对外界的挫折，更能为自己赢得尊重与掌声。

在职场中，许多女性并非因为想要超越男性而努力，而是因为她们希望自己能够不辜负梦想。她们的韧性来源于对目标的执着，来自面对偏见与不公的坚定信念。

逆境中成就韧性：学习和成长的力量

女性的坚韧还体现在她们对学习与成长的热忱上。她们能够在逆境中挖掘潜能，寻找机会，将挑战转化为前进的动力。

周群飞的经历正是这一点的绝佳例证。她出生于湖南一个普通农村家庭，年少辍学，在玻璃加工厂打工时，手指经常被玻璃割伤，但她没有因为艰辛的环境放弃，而是通过自学技术，在工作中不断总结经验。最终，她创立了蓝思科技，从手表玻璃起步，逐步成为全球智能设备玻璃领域的领军企业。周群飞的成功，不仅是商业上的成就，更是对女性在技术领域坚韧表现的肯定。

学习和成长的韧性并非简单的应对手段，而是一种持续的内在驱动力。正如 J.K. 罗琳，她在人生的最低谷完成了《哈利·波特》的初稿，即使遭遇 12 次拒绝，仍然没有放弃。最终，这本书成为全球级文化现象，改变了她的命运。这种在挫折中坚持学习和成长的能力，是女性韧性最核心的体现。

女性的坚韧，是先天与后天磨炼的结合。她们用这种力量迎接荆棘，穿越泥泞，与男性同行，并肩前行，用行动证明：真正的成功，是在一次次挫折后重新站起来，坚定地迈向未来。

坚韧的真谛：共担重载而非独自承受

坚韧从来不应是孤军奋战的孤独，真正的坚韧，是在支持的环境中释放力量，是在集体的协作中找到突破口。女性在职场中展现的坚韧令人钦佩，但这不仅仅是个人的选择，更需要组织和社会的共同支持，才能转化为推动变革的动力。

脸书前首席运营官谢莉尔·桑德伯格的一次经历，证明了这一点的重要性。她曾经和一位年轻的女性管理者聊起职业发展。对方向她坦言："我找不到导师。"这让桑德伯格颇感意外。多次的交流和建议、关键时刻的支持，她一直以为自己已经尽力帮助这位女性成长。然而，当她试探着问对方："你觉得我做得还不够吗？"那位年轻女性的回答却让她瞬间明白了问题所在，原来那位女性管理者的意思是，像真正的导师那样的……高管，男性高管。

桑德伯格感到有些失落，也有些困惑。她一直以为女性之间的支持能够被对方认可，这位年轻女性管理者的回答却揭示了深刻的性别偏见——甚至是女性自己对导师角色的固有观念。她后来在反思中写道："如果我们彼此都不认同彼此的能力，又怎么能指望外界为我们打开机会的大门呢？"从那以后，她更加注重强调女性之间的相互支持，并呼吁打破这些无形的障碍。

类似又截然不同的故事情节也发生在中国企业中。我的一位来自制造行业的高管学生分享了她在担任公司副总裁时的经历。她的工作不仅涉及几百人的团队管理，还需要应对家中两个孩子的教育。在最困难的时期，她常常凌晨 2 点还在看生产报告，清晨又得起床送孩子上学。她坦言："那段时间，我真的快撑不住了。"然而，她并没有放弃，因为她得到了来自公司的实际支持。企业 CEO 公开表达对她的信任，为她安排了一位有经验的女性导师，帮助她处理复杂的团队关系和管理挑战。公司还允许她每周有一天在家办公，以便更好地平衡家庭责任。最终，她不仅带领团队走出了困境，还显著提升了生产效率。她在总结自己的经历时说："让我挺过来的，不只是自己的坚持，还有组织给予的理解和支持。"

毕马威（KPMG）的研究显示，许多女性高管在家庭和职场的双重责任下压力倍增。为了缓解这种状况，毕马威采取了一系列实际措施，比如"不开摄像头的星期五"，允许员工从长期视频会议中解脱出来；"周三下午不开会"，为员工创造安静处理工作的时间；提供额外的后备看护服务，帮助员工解决家庭的后顾之忧。一位女性高管感慨道："这些小小的改变让我感觉，工作不再只是负担，而是一个能够让我成长和被认可的地方。"

坚韧从来都不是独自承受重载，而是通过团队和组织的力量共担挑战。桑德伯格的导师故事，我的中国高管学生的真实经历，以及毕马威的实践案例，都告诉我们，当女性的坚韧被理解、被支持时，她们不仅能够在困境中生存下来，还能创造出令人惊艳的成绩。

当重新定义韧性时，我们不仅需要看到女性个体的努力，更需要关注那些系统性的问题：性别偏见、资源分配不公、缺乏灵活的工作环境等。这些障碍不是女性个人的责任，而是组织和社会需要解决的根本性问题。当这些问题被重视并逐步解决时，坚韧将不再是女性的生存工具，而是会成为她们实现职业突破和个人成长的助推器。

坚韧的真谛，不是独自面对风暴，而是在支持的网络中找到力量，在共担重载的协作中释放潜能。对于那些在职场上负重前行的女性来说，这种环境才是真正的改变之道。只有当组织和社会齐心协力，女性的坚韧才能真正成为推动变革、改变未来的力量。

坚韧也需要柔软

坚韧一直被认为是女性在职场和生活中成功的重要品质。然而，坚韧并不意味着一味刚强和无懈可击。真正的坚韧不是无视脆弱，而是敢于承认自己的局限，用柔软的力量去化解矛盾、重塑自我。坚强与脆弱并不对立，而是相互依存，共同构筑了女性在困境中前行的能力。

一位女性创业者曾这样形容自己："我是一个在台上坚不可摧的人，在台下却经常觉得不堪重负。"她是一家初创科技公司的CEO，每天面临无数决策和挑战。在公司刚刚启动时，为了争取投资，她几乎不眠不休地工作，每天要接待多个潜在投资人，还要处理团队内部的分歧。她的坚韧让公司走过了最初的艰难阶段，但那种从不示弱的态度，也让她的压力日积月累。

有一天，她的一位资深员工向她表达了担忧："你总是想让我们看到一个完美的领导者，但这让我们觉得你很难接近，也不敢分享自己的问题。"那一刻，她意识到，自己对团队的支持不仅仅是提供答案，更需要展现真实的自我。她开始在团队会议中坦承自己的感受："有些时候，我也会感到疲惫和迷茫。感谢你们一直支持我。"她的坦率让团队成员感到意外，但随后，他们开始更加主动地参与讨论，提出建设性的意见。她发现，当她允许自己柔软下来，团队的协作反而更加高效。

康奈尔大学社会学家菲利斯·莫恩（Phyllis Moen）和她的团队进行了一项长达 30 年的研究，追踪纽约上东区 427 位妻子和母亲的生活轨迹。她们发现，当女性能够将不同角色自然融合在一起时，她们不仅生活得更愉快，也显著更为长寿。这种融合让女性从身份割裂的内耗中解放出来，变得更加真实和自如。很多女性管理者因为隐形歧视或想证明自己的能力，选择回避谈论自己的性别或家庭角色，这是完全可以理解的。例如，哈佛大学的前女校长盖伊曾坦言，她不习惯别人关注她的性别或肤色，因为她希望自己被评价的是学术成就而非其他。从社会学的角度来看，自然地拥抱多重角色，反而能够让人更加自如地应对挑战，并找到平衡。

在柔软中展现坚韧的另一层含义，便是允许自己接受多元身份的共存。坚韧不是一种刚性的外壳，而是一种弹性的力量。女性管理者需要的不只是展现出坚强的一面，更是让不同的角色融为一体，让真实成为自我最有力的支持。

柔软中也蕴含着改变的力量。当女性敢于接纳自己的脆弱，往往能建立更真实的联系，激发团队更高的信任感和协作力。正如那位女性创业者发现的，当她不再刻意掩饰自己的脆弱，她与团队的关系反而更加紧密。

心理学家布琳·布朗曾说过："脆弱不是软弱，它是勇气的最高体现。"女性在职场中展现的脆弱，并不意味着能力不足，而是建立信任的重要途径。坚韧需要力量，但力量并不总是外在的强硬，有时，它隐藏在真诚和柔软之中。

我的一位学生，在中国一家大型快消企业担任高管，她的经历也道出了柔软背后的力量。她在一次重大项目中负责协调多个部门，但由于目标设定过高，团队的士气逐渐低落。她最初尝试用更强硬的方式推动进度，但效果并不理想，团队成员甚至出现了明显的抵触情绪。在一次内部会议上，她停下了讲解，坦率地对团队说："这段时间，我们所有人都很疲惫，我自己也感到压力很大。或许我们需要一场坦诚的对话，调整目标，找到更可行的办法。"这个转变让会议气氛一下子放松下来，团队成员开始主动分享真实的困难，并一同探讨解决方案。项目最终如期完成，而她也收获了团队更深的信任。

柔软并不是坚韧的对立面，而是坚韧的另一种表达方式。当女性在职场中敢于承认自己的脆弱时，她们不仅释放了内在的压力，也为他人创造了一个更加开放和真实的环境。领导力的本质，不仅在于强大，更在于赋能。在展示脆弱时，女性管理者释放了团队潜在的能量，形成了一种相互支持的工作文化。

坚韧与柔软的结合，也有助于女性更好地保护自己的心理健康。很多女性在追求完美时，会不自觉地忽视自己的需求，长时间的高压工作容易导致疲惫和倦怠。而当她们允许自己停下来，承认自己的困境时，才能找到调整的机会，为自己重新积蓄力量。

柔软并不是弱点，而是一种智慧。坚韧的真正力量，不在于无视脆弱，而在于能够接纳它，并从中找到新的方向。那些在职场上既能坚定向前，又懂得展现柔软的女性，往往能赢得更多的支持和信任。正是这种平衡，让她们在面对风雨时，不仅能够挺立，更能以温柔的力量迎接更加广阔的未来。

村上春树在《海边的卡夫卡》中写道："我们领教了世界是何等凶顽，同时又得知世界可以变得温存和美好。"一个人，只有经历世间冷暖、感受生活百态之后，才能深刻体会这句话的含义。温柔，是一种力量，它既强大而坚不可摧，又柔和而能够融化你我。温柔，是一个人在生活中坦然安定或披荆斩棘时最好的情商。

坚韧不是与自己对抗

坚韧不仅仅是面对外部挑战时的坚持与勇气，更是内心的平和与自我接纳。许多人误以为坚韧意味着不断与自己的恐惧、疑虑和不安作斗争，然而，真正的坚韧源于与自己和解，理解并接纳自己的弱点与不足，从而找到内在的力量。

想象一下，当你在工作中遇到挫折，项目未能如期完成，或者在团队合作中遇到困难时，内心难免会涌现出自我怀疑，感受到压力。如果你选择与自己和解，允许自己感受这些负面情绪，而不是压抑或否认，便能更快地恢复并找到改进的方法。这样的自我接纳不仅减少了内心的冲突，还增强了你应对未来挑战的能力。

在我的课堂上，曾经有一位中国科技公司的女性高管分享了她的经历，让我深刻体会到与自己和解的重要性。作为一家高科技企业的项目总监，她不仅需要领导一个大部分由男性组成的研发团队，还要在一个技术主导、竞争激烈的环境中不断证明自己的能力。在一个以技术为核心的团队里，女性常常面临被低估和忽视的挑战，她必须比男性同事付出更多的努力才能获得同样的认可。

在一次关键的软件开发项目中，团队遇到了严重的技术瓶颈，进度严重滞后。作为项目负责人，她感到巨大的压力和责任，连续几周的高强度工作让她身心俱疲。项目的失败不仅影响了公司的业绩，还让她对自己的能力产生了深深的怀疑。她开始质疑自己是否真的适合这个角色，内心的焦虑和不安日益加重。

面对这样的困境，她决定采取行动，选择与自己和解，而不是继续与内心的恐惧和压力对抗。她首先参加了公司的心理辅导项目，通过专业的心理咨询，她逐渐认识到，过度的自我要求和在男性主导的团队中所承受的额外压力是她正在经受的困扰的根源。在心理辅导师的引导下，她进行了深刻的自我反思，重新审视自己的价值观和生活目标。她明白，真正的坚韧不只是无所畏惧地面对挑战，更是能够在高压环境中找到内心的平静与平衡。

接下来，她制订了更合理的时间管理计划。她学会了如何高效地分配工作时间，确保在完成工作的同时，也能有足够的时间陪伴家人。她设定了明确的界限，避免将工作压力带入家庭生活。例如，她决定每天晚上9点以后不再处理工作邮件，周末则完全与工作脱钩，专注于家庭和个人休息。这些改变让她能够更好地平衡工作与生活，减少了内心的压力和焦虑。

她逐渐学会了在高压环境中保持内心的平静。她开始进行正念练习，以减轻压力，提升心理韧性。她发现，这些自我关怀的习惯不仅提升了她的工作效率，还让她在面对挑战时更加从容自信。她学会了在团队中更有效地沟通，赢得了同事们的尊重和支持，项目也在她的领导下重新步入正轨，最终成功完成。

这位女性高管不仅成功突破了职业瓶颈，还显著提升了整体的工作满意度和生活质量。她的团队在她的带领下，业绩蒸蒸日上，生产效率大幅提升。同时，她也重新找回了与家人的亲密关系，生活变得更加充实和幸福。

她的经历告诉我们，坚韧不是与自己对抗，而是通过自我和解，找到内在的力量，实现职业与生活的双重突破。当我们学会接纳自我、进行自我反思、构建积极的自我对话并寻求外部支持时，才能真正展现出内在的坚韧，迎接生活和工作的各种挑战。这种内在的坚韧不仅帮助女性管理者在职场中脱颖而出，还促进了个人的成长与发展，营造了更加公平和包容的工作环境。通过与自己和解，女性管理者能够在复杂多变的职场环境中保持内心的平和与力量，实现真正的职业突破和个人幸福。

与自己和解的过程还包括深刻的自我反思。这不仅是对过去的检视，更是对自我价值和目标的重新定义。通过反思，你可以识别出自身的优势和需要改进的地方，从而制订更有效的职业发展计划。

积极的自我对话也是与自己和解的重要部分。坚韧的人懂得如何与自己进行积极的对话，而不是陷入自我批评和负面思维中。面对压力时，可以通过积极的自我肯定，如"我有能力应对这个挑战"来增强自信，而不是告诉自己"我做不到"或"我不够好"。这种积极的自我对话有助于提升心理韧性，增强应对复杂局面的能力。

寻求支持也是与自己和解的重要环节。建立自我关怀机制，如定期进行心理健康检查、参加冥想或瑜伽课程，都是促进女性与自我和解的重要途径。此外，建立一个支持性的社交网络，与同事、朋友或导师分享感受和困惑，也能帮助你在自我和解的过程中获得外部支持，增强坚韧的力量。

总的来说，与自己和解，是坚韧的内在基础。通过接纳自我、进行自我反思、构建积极的自我对话以及寻求支持，女性管理者能够在复杂多变的职场环境中保持内心的平和与力量。这种内在的坚韧，不仅帮助她们克服外部的挑战，还促进了个人的成长与发展。坚韧的真谛，不是与自己对抗，而是通过自我和解，找到内在的力量，实现职业与生活的双重突破。

培养逆商和坚韧：面对困难的个人和组织策略

在男性主导的行业中，女性管理者常常面临诸多障碍，包括社会排斥、边缘化、歧视、骚扰以及其他形式的社会封闭。这些挑战不仅限制了她们的职业发展，还对她们的心理健康和工作满意度造成深远影响。在这样的环境下，女性管理者展现出的韧性和逆商成为她们突破困境、创造价值的重要力量。然而，个体韧性只有在性别包容策略和组织支持的基础上，才能发挥更大的作用，帮助女性在职场上获得长足发展。

就个体角度而言，韧性不仅是一种内在的力量，也是一种明智的战略选择。在某些情况下，韧性表现为坚持和不屈服，而在另一些场合，则体现为灵活应变的能力。例如，一位年轻的女性工程师在面对一次复杂的技术难题时，主动打破部门的传统壁垒，跨部门寻求支持。尽管一开始这一行为引发了质疑，但她通过清晰的沟通和数据支持赢得了管理层的信任，最终迅速解决了问题。这不仅提升了她的声誉，还为团队确立了新的协作模式。这样的案例正体现了逆商的核心——在逆境中灵活调整策略，找到突破的路径。

逆境商数（Adversity Quotient, AQ）用于衡量一个人在面对困难和压力时的应对能力。每个人都会经历挑战，但能够在挑战中坚持下来并从中学习的人，更能在未来应对类似的情境。研究显示，女性在以男性为主导的工作环境中，通过自己的韧性，能够更好地平衡工作与家庭责任。然而，传统韧性的叙述往往强调理性主义和"英雄式"的独自克服危机，这种过于男性化的韧性实践忽视了情感支持和社会结构性问题（如性别不平等）在培养韧性中的作用。

除了个人的努力，性别包容策略在消除结构性障碍方面发挥着至关重要的作用。一些企业已经认识到，仅靠个人坚韧并不足以改变根深蒂固的性别偏见。例如，一家国际公司为女性中层管理者启动了职业发展项目，内容包括高级别的导师支持和跨部门轮岗机会。这些举措不仅拓宽了女性员工的职业视野，还增强了她们在团队中的领导力。一位参与者表示："这让我看到了自己的潜力，也让我更有信心去承担更大的责任。"

坚韧还表现为如何从失败中快速调整策略。一个典型的例子是，一位女性创业者在她的初创企业失败后迅速转型。她的品牌原本主打绿色环保，但由于市场推广不佳，导致资金链断裂。在反思失败的教训后，她调整了商业模式，从实体零售转向线上社区化运营，并与志同道合的企业合作，重新打开了市场。不仅如此，她还建立了一个支持环保创业的网络平台，进一步扩大了事业的影响力。这种在挫折中快速反弹的能力，正是逆商的最佳体现。

韧性并非孤军奋战的结果，情感支持和信任网络是维系韧性的关键。一位女性团队领导者在带领团队经历裁员时，选择了坦诚沟通，并建立了匿名反馈机制。她不仅回应了团队成员的担忧，还向公司争取到额外资源，帮助被裁员工顺利过渡。这一行动赢得了团队的尊重，稳定了士气，并为公司赢得了良好的声誉。

美国性别学者唐娜·布里奇斯（Donna Bridges）及其同事提出的"性别包容韧性"（RGI）模型，为企业提供了新的视角，强调个人韧性和组织策略的结合。通过制定公平的晋升政策、设定性别多样性目标，并营造归属感强的文化氛围，企业可以显著增强女性员工的韧性。这种多层次的支持不仅让女性管理者在面对挑战时更加自信，也为组织注入了创新力和竞争力。

女性管理者的韧性不仅仅是个人成长的象征，更是推动组织和社会变革的重要力量。将个人的韧性与组织的支持相结合，她们更能够在危机中发现机遇，将挑战转化为突破的契机。这不仅仅是对困境的克服，更是用智慧和勇气重新定义未来工作格局的过程。

时代的女性：用智慧和坚韧将困境化为机遇

在不同的时代背景下，女性管理者都在用智慧和坚韧将困境化为机遇。无论是百年前的传奇人物董竹君，还是当下职场中的千禧一代（1981—1996年出生）与Z世代（1997—2012年出生），她们都在自己的时代书写着从危机中崛起的故事。

回顾近代商业历史，上海锦江饭店创始人董竹君的故事，为"危机中转机"提供了最生动的注解。她出身贫苦，最后成为近代最成功的女性管理者之一，凭借智慧与坚韧她创造了属于自己的辉煌。

董竹君出生在上海一个贫寒的家庭，12岁时为替父还债，被送到书寓卖唱。她才艺出众，成为最受欢迎的女校书，却不甘心任人摆布。3年卖唱期满时，老板试图强留她早已计划逃脱。革命青年夏之时愿为她赎身，但她提出了三个条件：明媒正娶、资助她去日本留学、家务由夏之时全权负责。这种大胆而清醒的决策赢得了夏之时的敬佩，她趁夜从书寓逃出，人生第一次迎来转机。

留学日本期间，董竹君拼命学习日语、家政和现代管理知识。回国后，她面对丈夫沉迷赌博、家暴以及家族偏见，毅然带着四个女儿离婚，开始独立创业。她先开纱管厂，后因战火失去一切，又创办锦江川菜馆。从一家小餐馆起步，她通过敏锐的商业眼光和人脉，将其发展为闻名中外的锦江饭店。

董竹君的一生，是一部化险为夷的传奇。她从卖唱的女孩，变成日本留学生，再到独立创业的女企业家，每一步都走得不易，却充满智慧。她用自己的方式，在每一个危机中找到转机，活出了属于自己的辉煌人生。这个故事告诉我们，面对最坏的处境，只要有智慧和勇气，就能为自己创造出新的可能。

在时代的变迁中，千禧一代和 Z 世代的出现为职场注入了全新的活力与视角。他们的成长背景塑造了截然不同的世界观，也改变了企业运作的方式。千禧一代是见证全球化和互联网兴起的一代，他们适应了快速变化的技术与经济环境，但也经历了经济大衰退带来的不安定感。他们往往寻求平衡的生活，注重工作带来的个人意义。而 Z 世代则是在智能手机、社交媒体和技术无缝衔接的环境中成长起来的。他们是数字原住民，从未见过没有网络的世界。这一代人不只是连接科技的纽带，更是推动价值观革命的先锋。

根据德勤的研究，这两代人有一个共同的特点——价值观驱动。他们希望工作不仅是谋生的手段，更是实现自我价值、为社会带来积极影响的途径。尤其是 Z 世代，他们对职场的期待与过去截然不同。薪酬和职位固然重要，但工作是否符合他们的道德标准、是否能够推动社会进步，更是决定他们职业选择的关键因素。德勤的《全球 2021 年千禧一代和 Z 世代调查报告》显示，近一半的 Z 世代表示，他们在选择雇主时，公司的价值观和道德规范是重要考量。这种关注在 Z 世代的女性管理者中表现得尤为突出，她们不仅希望突破职场的性别障碍，更希望通过自己的工作为社会带来积极改变。

新冠疫情期间，这种价值观驱动为 Z 世代女性提供了化危为机的机会，一位来自上海的女性高管分享了她的故事。在疫情初期，她所在的公司因业务大幅下滑陷入困境。面对这一局面，她果断推动团队启动社区支持项目，为附近居民提供物资配送服务。这一项目不仅提升了公司的社会声誉，还意外吸引了大量新客户，为公司开辟了新的增长点。她说："这个项目不仅让我们挽回了业务，更让团队感受到自己的工作有意义。"

与千禧一代相比，Z世代女性对工作灵活性的需求更为迫切。疫情催生了远程办公和混合工作的趋势，Z世代对此不仅快速适应，还积极利用其优势。一位来自广州的女性，在一家科技公司工作担任项目经理，同时也是两个孩子的母亲。她充分利用公司提供的远程办公政策，在照顾家庭的同时高效完成多个跨国项目。她分享道："灵活性让我可以兼顾事业与家庭，这让我成为更好的母亲，也让我在工作中更加专注。"

尽管灵活性带来了更多自由，Z世代女性仍须面对零工经济和职业不确定性的挑战。然而，她们擅长在不稳定中寻找机会。一位年轻创业者在疫情期间失去了她的第一家咖啡馆，但她并未气馁，而是迅速转型，通过社交媒体开设在线咖啡课程。这些课程不仅吸引了大批学员，还为她打开了新的商业合作机会。她坦言："失败让我学会接受不确定性，而这种接受让我发现了新的可能性。"

此外，心理健康与全人发展是Z世代女性管理者关注的另一个重点。德勤的研究表明，这一代人对企业在心理健康方面的支持有着较高期待。她们希望自己的工作环境能够兼顾情感与身心的需求。一位来自成都的女性团队领导分享了她的管理策略。她定期为团队安排心理健康讲座，并通过匿名问卷了解团队成员的真实想法。更特别的是，她在年度计划中设置了"非工作目标"，例如组织公益活动或户外徒步，以帮助团队找到工作以外的意义。这种方式不仅提高了团队士气，还增强了凝聚力。

从这些故事中可以看出，Z世代女性管理者不仅适应职场变化，更通过创新与价值观引领变革。她们关注工作与生活的平衡，擅长将危机转化为机会，同时通过技术和协作推动团队取得成功。这一代女性正在用智慧和坚韧重塑职场文化，成为企业与社会进步的重要推动力。正如一位Z世代女性管理者所言："变化是不可避免的，但如何应对变化是我们能掌控的。"这种对变化的主动拥抱，使她们在不确定的时代中绽放出独特的光芒。

工具：如何评估与培养韧性

在管理职位中，坚韧不仅是一种面对挑战的心理力量，更是领导力的重要组成部分。面对快速变化的商业环境、复杂的团队需求以及突如其来的危机，女性管理者常常需要展现出超凡的应变力和耐力。在讨论了坚韧的重要性之后，现在的关键问题是：如何评估韧性的潜力，并通过具体的方法加以改善，以强化女性管理者在工作中的表现。以下我将从评估工具、培养策略和组织支持三个层面进行探讨，为加强坚韧在管理职位中的作用提供切实可行的路径。

评估坚韧的潜力

1. 心理弹性量表

心理弹性量表（Resilience Scale）通过分析个体在面对压力或逆境时的情绪调节能力、问题解决能力和自我效能感，帮助管理者深入了解自己的心理状态。这一量表被广泛使用，可以帮助女性管理者识别高压情境下自己的优势和短板，从而针对性地改进自己的心理复原能力。

2. 360 度反馈评估

360 度反馈评估，从多维视角提供反馈，包括上级、同事和下属的观察。这种方法能够让女性管理者了解自己在应对压力、团队管理和危机处理中的表现，帮助她们发现自我认知盲点。通过这一工具，管理者能够更好地理解自己在工作中的影响力和改善空间。

3. 自我反思日志

自我反思日志通过记录每日的情绪变化和应对策略，管理者可以识别出重复出现的问题模式，并尝试寻找更有效的解决办法。保持自我反思的习惯是评估和改进韧性的重要方法。所以，自我反思日志不仅可以帮助女性管理者提高自我意识，还能为其未来的决策和行动提供参考。

培养韧性的策略：个人与家庭如何应对

1. 建立支持网络

支持网络是女性管理者在应对复杂职场挑战时的核心资源，

同时也是提升韧性的重要策略。澳大利亚学者乌玛·乔古鲁（Uma Jogulu）和埃斯梅·弗兰肯（Esmé Franken）的研究为这一主题提供了有趣的文化视角。研究发现，澳大利亚女性在拓展人脉时表现得尤为主动且有战略性，她们不仅仅限于职场内部的人脉建立，还将触角延伸至跨行业、跨组织的社交网络。例如，通过跨界合作，她们成功建立了非正式指导伙伴关系，获取了更多职业支持与机会。相比之下，马来西亚女性由于文化和家庭责任的影响，更倾向于在工作场所内建立较保守的网络，遵循传统文化规范。但无论文化背景如何，导师的角色对女性职业发展的重要性被广泛认可。导师不仅提供职业建议，还通过资源引导和优化职场环境，为女性管理者的职业晋升创造了条件。

这些研究表明，支持网络不仅适用于精英女性管理者，也为各层级女性提供了跨越性别障碍的有效途径。这些网络不仅帮助女性管理者在复杂职场环境中获得归属感，还为她们提供了发展机会和信任基础。例如，一项由泽勒斯（Zellers）等学者主导的研究显示，无论是正式的还是非正式的导师关系，都能显著提升女性的职业信心和决策能力，进而增强她们的韧性。

2. 保持灵活性和适应性

灵活性是韧性的关键体现，尤其在快速变化的商业环境中更显重要。调整计划、适应新环境以及接受不同观点，都是增强韧性的有效策略。例如，一位科技公司高管通过灵活调整团队的工作模式，成功应对了突如其来的市场变化，不仅帮助团队渡过了危机，还为自己赢得了更多的职业机会和认可。

我和我的合作者在一项针对中国与韩国 200 对双职工家庭的研究中发现，灵活性在家庭和职业平衡中起着独特的作用。研究显示，当丈夫的工作灵活性较高时，妻子的职业表现和业绩显著提升；而当妻子的工作灵活性较高时，丈夫的工作却几乎不受影响。这一发现提示我们，为男性员工提供更高的工作灵活性，不仅能提升他们对家庭的贡献，还能间接促进其配偶的职业发展。这一研究的结果得到了《财富》《时代》和《福布斯》等主流媒体的报道，进一步凸显了灵活性在家庭和职场双向支持中的潜力。

携程集团的"混合办公"政策为灵活性策略提供了企业层面的实践案例。到 2024 年，这一政策已帮助员工累计节省了 70 万小时的通勤时间，并特别受到"90 后"和"00 后"员工的欢迎。研究显示，混合办公不仅未降低工作效率，还显著提升了员工的幸福感与家庭和谐。梁建章与合作者在《自然》（*Nature*）发表的一项研究进一步验证了混合办公的优势。结果表明，这种模式对女性员工特别有益，使她们能够更好地平衡家庭与职业需求。

3. 持续学习与成长心态

持续学习与反思是构建韧性的重要基础。通过参与专业培训、进修课程或加入学习型社区，女性管理者可以不断更新技能和知识储备。同时，练习积极的自我对话和自我鼓励，也是应对压力和挫折的重要工具。

我们的研究还发现，学习不仅来自外界，更需要从自身经历中反思和总结，尤其是从错误中吸取教训。例如，在一项关于管理者的研究中，我们发现，当管理者反思自身失败时，他们会无意识地调整行为，从而激发团队的学习意愿，并显著提升整体绩效。有意思的是，这种效果对男性和女性管理者同样适用，进一步说明了持续学习对团队韧性和组织成长的普遍价值。

培养韧性的策略：组织如何支持女性管理者

1. 提供培训与发展机会

企业通过领导力培训、职业发展计划和终身学习项目，能够显著提升女性管理者的韧性。IBM 的"女性领导力和发展计划"系统性地支持女性职业发展，而高盛的"10000 Women"项目为全球女性企业家提供商业教育和指导。这些项目不仅为女性赋能，还增强了她们的职场竞争力。

2. 构建包容性文化

企业文化的包容性对女性管理者韧性的培养具有关键作用。通过性别多样性目标、公平晋升政策以及导师计划，企业能够营造出支持女性发展的工作环境。例如，泽勒斯（Zellers）等学者的研究指出，导师在女性职业发展中的重要性不仅在于提供建议，更体现在帮助她们建立职业自信和资源获取能力。

3. 实施灵活工作政策

携程集团的混合办公政策是灵活性支持的典范。数据显示，这一政策在 2 年内为员工累计节省了 70 万小时通勤时间，特别对女性员工和年轻一代吸引力显著。通过允许员工选择远程或混合工作模式，企业不仅帮助女性员工更好地平衡家庭与职业需求，还促进了整体工作满意度和效率的提升。

4. 推动导师制和指导计划

导师制是支持女性职业发展的核心工具之一。通过导师项目，企业能够为女性管理者提供职业建议、资源引导和职场支持环境的优化。这种支持不仅可以帮助女性克服职场挑战，还为她们的职业晋升奠定了基础。

小结

在这个充满挑战与机遇的时代，女性管理者以其独特的韧性和坚韧不拔的精神，正在悄然改变着职场的格局。她们不仅在男性主导的行业中突破重围，更通过自身的努力和智慧，展现出无与伦比的逆境成长力。这种韧性不仅源于个人的内在力量，更得益于组织的支持和社会的包容。

张桂梅老师的故事让我们看到了另一种形式的坚韧。作为云南华坪女子高级中学的创始人，张桂梅老师面对的是贫困与偏见，她用自己的行动为无数贫困女孩带来了希望和机会。她常说："我们要坚信，每一个女孩都值得被尊重，都有追求梦想的权利。"她的坚持与奉献不仅改变了她所服务的社区，也激励着无数女性在各自的领域中勇敢前行。这正是坚韧不拔精神的最佳诠释。女性管理者在职场中的每一次突破，都是她们内心深处对自我价值的坚定信念和对他人福祉的无私关怀的体现。她们在逆境中成长，不仅提升了自身的能力和素质，也为组织注入了更多的创新和活力。

面对社会排斥、边缘化和各种形式的歧视，女性管理者通过评估坚韧的潜力和发掘自我提升的空间，积极运用建立支持网络、保持灵活性等策略，成功将最坏的情况转化为成长的机会。她们通过性别包容培训、创建支持网络、实施灵活的工作安排、促进领导力的多样性以及增强组织适应性，不仅提升了个人的韧性，也推动了整个组织向更加公平和包容的方向发展。

韧性不仅是个人的力量，更是团队和组织的共同努力。在这样的支持体系下，女性管理者能够在复杂多变的职场环境中保持内心的平和与力量，勇敢迎接各种挑战，实现职业与个人生活的双重突破。这不仅有助于她们在职场中脱颖而出，也为整个组织带来了更多的创新和竞争力。

正如张桂梅老师所言："我们每个人都能为改变社会贡献一份力量，只要我们愿意坚持和付出。"这种信念不仅激励着女性管理者在职场中勇敢追梦，也提醒我们，坚韧与奉献是实现个人与社会双重进步的重要基石。通过坚持不懈的努力和持续的支持，女性管理者必将在未来的职场中绽放出更加耀眼的光芒，推动组织和社会走向更加美好的明天。

真心期待更多的女性管理者在逆境中崛起，用她们的坚韧和智慧，书写属于自己的辉煌篇章。她们的成长不仅是个人的胜利，更是整个社会进步的象征。通过坚定信念，勇敢前行，我们将共同创造一个更加公平、包容和充满希望的未来。

第六章

重新思考：
思维转换引领未来

（Rethinking）

意 愿	行 为	结 果
为什么重新审视固有思维对于女性管理者特别重要？	如何培养灵活多变，不被定义的思维方式？	如何测量和评估思维转换的能力？

"我们无法改变自己未曾意识到的事情，而一旦意识到，我们便无法不去改变。"

——谢丽尔·桑德伯格（Sheryl Sandberg），
脸书前首席运营官，《向前一步》作者

当我们走进一个全是女性嘉宾的论坛，讨论的主题是如何赋能女性管理者，这种场景可能再自然不过。可是，出席 AI（人工智能）或其他高科技领域的会议，我们会发现几乎所有发言者都是男性，这种情况也显得理所当然。同样地，在公司高层会议中，总是男性主导发言，也是大家习以为常的现象。在日常生活中，看到带孩子出行的多为母亲或其他女性长辈，我们也会觉得再正常不过。

　　这些看似正常的现象其实揭示了深植于我们生活中的性别刻板印象。我们往往无意识地接受了这些默认的角色划分，然而，它们真的"正常"吗？这些偏见不仅影响我们的观念，也在职场和社会中无形地设下了障碍——尤其是对女性而言。

　　人类历史上，有些女性以果敢的行动打破了这些障碍，激励着后人。1955 年 12 月的一个夜晚，美国阿拉巴马州蒙哥马利市的一辆公交车上，罗莎·帕克斯疲惫地坐下，她刚结束一天的工作，只想静静地回家。然而，一位白人乘客上车，司机径直走到她面前，命令道："站起来，把座位让给这位先生。"周围空气仿佛凝固了，所有目光都集中在她身上。她深吸一口气，坚定地说："不，我不会站起来。"

"你知道自己在干什么吗？"司机压低声音问道。

"我知道。"她冷静地回答。

那一刻，她不仅是在为自己发声，更是在为所有被不公对待的人挺身而出。帕克斯的这一小小举动，点燃了全美范围的抗议运动——蒙哥马利公交车抵制运动。在长达 381 天的坚持下，这场运动最终迫使法院废除了公交车上的种族隔离政策。这一小小的反抗成为美国民权运动的转折点，也向我们证明，个人的力量足以撼动根深蒂固的偏见。

与此同时，在哈佛法学院的教室里，年轻的露丝·巴德·金斯伯格也在面临着性别偏见的挑战。她是班上仅有的 9 名女生之一，而课堂中有将近 500 名男生。当她在课堂上发言时，教授往往忽略她的存在。一次课上，教授问了一个复杂的案例分析，金斯伯格举手，教授瞥了她一眼，转身向其他男生提问。然而，讨论持续了几分钟，没有一位男生能给出正确的答案。最终，教授回头问道："金斯伯格女士，您怎么看？"

金斯伯格站起来，清晰而有力地分析了整个案例，逻辑严谨，分析透彻。发言结束，教室里安静片刻，随即爆发出热烈的掌声。从那一刻起，她不仅为自己赢得了尊重，也为其他女性在法律领域开辟了道路。多年后，金斯伯格成为美国最高法院大法官，一生致力于维护女性的平等权利。她那句响彻法庭的话语至今回响在人们耳边："我所请求的平等，不是特权，而是本应属于我们的权利。"

在 20 世纪初的中国，林徽因也凭借勇气和毅力，为女性在建筑领域开创了一片天地。她本打算进入宾夕法尼亚大学的建筑系深造，然而因为性别原因被拒之门外。面对挫折，她没有轻易放弃，而是选择攻读艺术学位，同时自学建筑课程。夜深人静时，她常常在灯下翻阅厚厚的建筑书籍，笔记本上写满了她的构思和设计。凭借才华和坚持，她最终成为中国第一位女建筑师，参与了中国古建筑的保护和研究。她的职业生涯不仅在建筑领域产生了深远的影响，更推动了女性在这一领域的被认可与参与度。

100 年后的 2024 年，宾夕法尼亚大学为林徽因补发了建筑学院的本科毕业证书。虽然晚了整整 1 个世纪，但她的力量与榜样早已深深植入人们心中，成为鼓舞一代又一代女性的象征。林徽因用实际行动证明，女性完全能够在任何领域实现自己的价值，她的故事打破了社会对女性的固有看法，激励着更多女性去追求自己的梦想。

这些女性的故事不仅展示了她们如何面对并打破性别壁垒，也提醒我们重新思考：什么是"正常"？在现代职场中，我们仍需质疑那些根深蒂固的性别偏见，鼓励女性管理者果敢发声，勇敢追求创新。她们的故事不仅带给我们灵感，也传递了一种力量——一种改变现状的力量。

从性别刻板印象说起：重新思考的重要

管理学研究发现，女性在面对晋升和有挑战性的机会时，往往缺乏自信去主动推荐自己或争取这些机会。而这种挑战性的工作经验正是职业晋升的重要资本之一。卡德（Card）在葡萄牙的一项研究表明，相同岗位条件下，女性的薪酬仅为男性的 90%。女性不仅在高薪企业中的比例更低，即便入职高薪企业，其薪酬也远不及男性。卡德指出："女性在薪酬谈判上应更积极主动，否则在高薪企业的受益较少，这直接导致了性别收入不平等的现象。"

有趣的是，女性往往更倾向为团队而非自身争取利益。鲍尔斯（Bowles）和巴伯可克（Babcock）的研究发现，个人利益的争取对女性帮助不大，为团队发声却更为有效。近年来的研究还揭示了"Girls help girls"现象：当女性为团队争取利益时更易成功，也更能提升团队士气和协作力。这种为集体发声的优势，使得女性在组织中获得了不同于传统性别角色的力量。

百事可乐前 CEO 努伊的一段经历便生动地诠释了这种挑战性别偏见的力量。努伊发现，公司中女性员工的收入比同级别男性低 5%。她多次与财务部门沟通未果。某天，财务负责人不以为然地说："不就是 5% 的差距吗？"努伊停顿了一下，冷静地说："既然 5% 的差距不重要，那如果我们将女性工资调高 5%，你觉得怎么样？"这一反击让财务负责人哑口无言，最终同意将女性员工的薪酬调至与男性持平。努伊的故事揭示出，转换思维角度，甚至通过幽默地反击那些性别偏见，往往能更清晰地指出问题，促成实质性的改变。

另一位女性高管罗莎琳德·布鲁尔（Rosalind Brewer）的经历则进一步说明了女性领导者在性别偏见中的坚持和智慧。作为全球《财富》500 强之一沃尔格林联合博姿公司（Walgreens Boots Alliance）的 CEO，罗莎琳德每天的决策不仅关乎公司的未来，还影响成千上万员工的生活。她回忆起自己在三年级时的一次经历。那天，老师在黑板上讲解一道复杂的数学题，而她敏锐地想到了一种更简便的解法。尽管不确定会不会被鼓励，她还是勇敢地举手说道："老师，我有一个更简单的方法。"老师皱起眉头："罗莎琳德，你又有什么问题吗？"她坚定地站起来，清晰地阐述了自己的解法。那一刻，她意识到，不论环境如何，为自己的想法发声是重要的。这种决断力和表达力伴随着她进入职场。在成为公司 CEO 后，她曾面对质疑平静地说："如果我的决策错了，我愿意承担后果。但正是这种决断力让公司能从困境中复兴。"罗莎琳德的故事展示了女性在职场中，通过重新思考和坚定信念，突破性别界限、引领变革的可能性。

管理学者詹妮·胡伯勒（Jenny Hoobler）及其合作者深刻揭示了一个现象：人们往往倾向于认为，无论其家庭结构如何，女性员工相较于男性员工更易面临家庭与工作的冲突感知，而这种感知往往超越了她们实际所经历的冲突状况。这种对家庭与工作冲突的普遍认知，直接而深刻地影响着女性的晋升机会。

进一步地，斯坦福大学的社会学家雪莉·科雷尔（Shelley Correll）通过研究，无论是基于真实简历的投递反馈，还是在实验模拟的评估场景中，均发现了一个令人深思的现象：已为人母的应聘者相较于非母亲应聘者，常被认为能力欠佳，且所推荐的起始薪资也明显偏低。相比之下，男性候选人作为父亲的身份，不仅不会对其评价产生负面影响，有时甚至还能为其带来某种优势。这无疑表明，无论我们是否自觉，性别偏见——这一隐形的歧视，确实在我们的判断与决策中悄然存在。

鉴于此，培养重新思考的能力在我们的职业生涯与日常生活中显得尤为重要。它不仅是破除偏见、促进公平的关键，更是推动个人成长与社会进步不可或缺的力量。正如组织心理学家亚当·格兰特所说："成功的人保持心理的灵活性，能够迅速反思并调整观点。擅长重新思考的人善于面对错误和失败，并及时更新他们的看法。"重新思考不仅可以帮助我们发现解决旧问题的新方法，也可以引导我们在快速发展的世界中，找到更合适的前行方向。

中国古语有云："静坐常思己过。"在今天这个追求效率和快速发展的时代，我们时常被匆忙的步伐裹挟，很少停下来真正地审视自己。反思本是人生智慧的精髓，但在现代社会的快节奏下，它似乎成了奢侈品。我们的一项研究，发表在国际顶尖期刊《人事心理学》上，尝试探索这种反思的价值。研究设计了四个实地实验，让来自不同领域的管理者在两周内每天进行一篇"反思小作文"，写下自己在管理实践中可能存在的不足之处以及从中学到的教训。

研究结果显示，这种反思练习不仅让管理者变得更加谦逊，还创造了更积极的团队学习氛围，甚至推动了团队的绩效提升。我们收集了数百篇反思小作文，字里行间流露出管理者在日常工作中的细致观察和自我反省。有一位管理者写道："在处理一个紧急情况时，我下意识地介入太多，以至于失去了客观性。团队反馈说，我在未征询他们意见的情况下做出决定，这让他们感到自己不被信任。"通过这次反思，他意识到，作为领导者，有时适当放手、信任团队成员是更好的选择。此外，他也领悟了委派任务的必要性，这不仅提高了团队的效率，更增强了团队成员之间的信任感。

另一位管理者的反思让我印象深刻。我在《哈佛商业评论》的一期播客节目中听到一位大型企业的女性首席运营官也分享了相似的经历，她的同事指出她在会议中无意间翻白眼，令其他人感到不安。她说道："我经常在无意间翻白眼，自己却毫无察觉，直到有人提醒我，团队成员误以为我对他们的意见不满，甚至感到压力增大。"通过这次反思，她意识到自己的肢体语言对团队氛围的巨大影响。她开始更加注意自己的面部表情和身体语言，以确保不会因为无意识的动作而误导团队成员。

还有一位女性管理者的反思道出了团队管理中对冲突的理解。她写道："团队中两位资深成员的冲突逐渐影响到整个团队的士气。

这两人是长期合作的同事，但最近因工作方式上的分歧而摩擦不断。我从中学到，作为领导者，不能仅仅做'老好人'而回避冲突，而是要积极关注成员的互动，及时调解，帮助他们找到解决之道。"这种反思帮助她在冲突管理上有了新的理解，意识到有效干预比被动旁观更能维持团队的协作氛围。

研究发表后，美国俄亥俄州立大学的校刊对此进行了报道。我很快收到了校方的邮件邀请，去为所有学院的系主任和院长们做一场专题分享，讲述反思在管理实践中的作用，以及重新思考如何影响管理者的有效性和团队绩效。这次分享让我深刻体会到，反思不仅可以帮助管理者在复杂的环境中做出更明智的决策，也使得团队氛围更加开放、互信，从而推动整体绩效提升。

马丁路德曾说过："你无法阻止那些担忧的鸟儿飞过你的头顶，但你可以阻止它们在你的头上筑巢。"重新思考的过程正是如此。它不仅让我们从过去的错误中学到经验，也帮助我们更从容地面对未来的不确定性。在当今快节奏的职场中，停下脚步、直面内心的反思，能够让我们在日复一日的工作中找到成长的力量，打破性别界限，迈向更加丰富和成熟的职业生涯。

打破性别偏见，果敢回应

在职场上，女性往往因为人们对性别的刻板印象而被低估或误解，尤其是在领导和技术领域。这些偏见不仅不公平，还会在无形中给女性的职业发展设限。果敢地为自己发声，既是维护自身权益，也是在推动平等的进程。当我们在工作场合听到不当言论时，挺身而出不仅是为自己争取尊严，也是为所有女性创造一个更公平的环境。

设想一下，在一次公司大会上，一位男性同事说出"女性更适合非技术岗位"的观点。此刻，果敢的回应尤为重要。你可以清晰且坚定地回应："性别不应该影响对岗位的评估，能力才是关键标准。"通过这种直接的表态，你不仅是为自己发声，也是在传递一种平等的理念，让所有人明白，成就和贡献应是评判的唯一标准，而非性别。

有一次，我和一位《财富》500强企业的董事长聊到女性管理者在推动性别平等时的挑战，他分享了一个发人深思的故事。在一次董事会上，他力推一位女性候选人担任高级职务。就在大家讨论她的背景时，有人问她当初在公司的管理培训项目里是谁做她的导师。这个项目通常由资深高管带领新人，大家答道她的导师是一位男性。于是，一位男性董事笑着插话道："谁不想做她的导师呢？看看她的样子。"顿时，会议室哄堂大笑。然而，这位董事长意识到笑声中隐藏的偏见，立刻打断说："这不好笑，完全不好笑。她的成就和能力一目了然，丝毫不逊色，甚至超出其他候选人。"他的严正发言让所有人意识到这不是玩笑，而是对女性的不公偏见。在场的人面面相觑，气氛瞬间转变。很多时候，面对这种性别偏见，我们可能会选择一笑而过，但这样的宽容只会让偏见延续，甚至悄然渗透进人们的认知，影响女性在职场中的认同。

研究表明，当女性果敢地回应性别偏见时，往往能获得更多的尊重和认可。这不仅展示了她们的自信和领导力，也能有效打破深植于职场文化中的性别刻板印象。那些果敢发声的女性通常被视为更有能力、更具决策力的领导者，从而提高她们在团队中的影响力。通过这样的行动，女性管理者向职场传递了一个重要信号：性别并不能定义职业能力。

为打破职场中的性别偏见，女性可以尝试以下步骤：

1. 明确立场，及时发声

面对不当言论时，果断指出其中的问题，不仅能纠正误解，还可以为其他女性树立榜样，鼓励她们同样敢于发声。选择合适的时机至关重要，及时回应能阻止偏见蔓延。

2. 结合数据与事实

在表达观点时，引用研究或数据支撑更具说服力。例如，可以引用相关数据证明女性在技术和领导岗位上的出色表现，避免个人化的解读，提升说服力。

3. 寻求同盟

找到志同道合的同事建立支持网络，这种支持不仅来自女性同事，也可以来自认同性别平等的男性同事。通过营造包容的团队氛围，能够更有效地改变企业文化中的性别偏见。

4. 持续学习，增强自信

自信源于扎实的能力。不断提升专业技能和领导力，不仅能让女性在面对偏见时更有底气，也可以通过实际行动来证明自己。

在职场中打破性别刻板印象并不容易，但果敢地发声是推动这一变革的重要一步。正如那句经典格言："如果你不为自己发声，没人会为你发声。"勇敢面对偏见，不仅可以帮助女性获得更多机会和尊重，也能为下一代女性铺平道路，营造更加公平、包容的职场环境。

在现代职场中，许多女性管理者时常被无形的期待束缚，因为外界的标签而被局限在某种"固定的管理风格"中。一些人认为女性适合"温和的领导方式"，另一些人则希望女性担当"稳定协调"的角色。然而，真正优秀的女性管理者不会被这些定义束缚，她们追求的是灵活、不被限定的多维思维，可以游刃有余地在刚柔之间切换。她们在变化的职场环境中带领团队突破，展示了女性管理者的多样性和无限潜力。

不被既有观念束缚：挖掘你的潜能

在挖掘潜力和优势的过程中，女性管理者往往面临着不同的挑战和机遇。在这条路径上，我们不妨参考《企业家精神》中的洞见。张维迎在书中提出了企业家分为三种类型：一些人只是随顾客的需求而动，一些人能够满足顾客的需求，而最顶尖的企业家能够创造需求，从而改变市场。对于女性管理者来说，这种创造性的思维尤其重要，因为它让我们不止步于现有的框架，而是大胆地去挖掘新的可能，寻找新的出路。

这种重新思考和转化潜能的能力，不仅可以帮助女性管理者在职场中找到突破口，也让她们能够在每次挑战中找到成长的机会。王薇薇（Vera Wang）的故事就是一个生动的例子。她在 40 岁时结束了在时尚杂志 *Vogue* 的编辑生涯，跨界进入婚纱设计行业。尽管这不是她起初的职业梦想，但她抓住婚纱市场的空白，开创了一个专注于现代婚纱设计的新领域。王薇薇的成功不仅源自她对美的独特理解，还在于她敢于突破自我，用全新的视角探索未知的可能性。

对于女性管理者而言，职业晋升的道路有时比男性更为漫长。数据显示，世界 500 强企业中的女性 CEO 往往需要比男性多出近 1/3 的时间才能达到最高管理层。许多女性选择在同一家公司长久深耕，通过长时间的积累和对公司文化的深入理解，最终走上领导岗位。比如，《财富》世界 500 强企业的女性 CEO 中超过 70% 都在同一家企业供职超过 10 年，她们通过多年的稳定积累和深厚的组织关系，为自己的晋升奠定了坚实的基础。这些数据揭示了一个重要事实：在一个组织中的深度投入和专注，让女性管理者不仅在专业能力上游刃有余，也能更加自如地发挥领导力。

然而，专注于一个公司或行业并不意味着固守不变。雅虎前 CEO 玛丽莎·梅耶尔（Marissa Mayer）的故事更是一个生动的提醒，尤其是对女性管理者来说。当梅耶尔在 2012 年成为雅虎的 CEO 时，她不仅是硅谷的明星人物，更是第一个在任期内怀孕的

《财富》世界 500 强公司 CEO，社会对她的关注度达到了前所未有的高度。公众对她抱有极高的期待，希望她能在重振雅虎的过程中为女性管理者开创新的典范，展示出在职场中平衡家庭和工作的可能性。

然而，梅耶尔的领导风格却有些出人意料。在就任雅虎 CEO 后，她做出的第一个重大决策就是要求所有远程工作的员工回到办公室，这在当时引发了广泛的争议。虽然她此举的初衷是希望提升团队协作、增强员工凝聚力，她发布这一政策的方式却过于武断——只是一封 HR 发布的备忘录，没有个人解释和对员工情绪的考量。对于那些早已习惯了远程工作的员工来说，这一突如其来的命令显得冷酷且缺乏同理心，尤其是当公司内部很多员工也是有着家庭责任的女性时，她们对梅耶尔的决策感到失望。

梅耶尔选择了逆势而为，在一个本该展示家庭友好和灵活管理的环境中推行严格的集中办公制度，这无疑挑战了当时社会对她作为女性领导者的期望。人们期待她能够理解和倡导家庭与工作的平衡，尤其是她自己正处于一个新手母亲的人生阶段，然而她的决策似乎传达出一种"先工作、再家庭"的态度。虽然作为领导者，她的做法并无绝对对错，但这种武断的执行方式，忽视了人们对她作为女性领导者应具有的柔性和人情化管理的期待。

梅耶尔的例子提醒我们，即便是在相似的公司背景下，过去的经验也不总是适用。女性管理者尤其需要具备灵活的思维和对不同文化的敏锐度，以确保自己在新环境中能够重新评估和调整管理方式。经验和决策的正确性固然重要，方式和沟通的处理也同样关键。梅耶尔的经历说明，处理重大决策时，不仅需要考量策略的合理性，更需重视执行过程中的人情维度。对女性管理者而言，既要保持领导的果断力，又要巧妙地平衡情与理，这样才能在职场中建立真正有影响力的领导地位。

女性管理者在探索自我潜能的过程中，最重要的是具备一种不被既有观念束缚的勇气。这种勇气不仅帮助她们在职业中迎接挑战，更是她们不断向上、不断扩展的内在驱动力。每当遇到瓶颈或困境，停下来思考新的可能，不仅能找到更适合自己的方向，也能够以焕然一新的视角发掘自己未知的力量。真正的潜力在于不被既有经验所禁锢，每一次重新思考都是对未来的积极投资。

反思完美：把弱点变为团队合作的强大动力

许多人，特别是女性，常常存在冒名顶替综合征的情况。它是指：无论一个人成就多大，总觉得这些成绩是侥幸得来，下一刻随时可能被揭穿真面目。这种心态不仅会影响自信心，也常常导致女性管理者在工作中事必躬亲，生怕一放手，就会暴露自己的"缺陷"。这个"坎"不仅影响个人的信心，也阻碍了女性管理者充分利用团队的资源和智慧。研究也显示，女性比男性更容易受这种心态的影响，这不仅与社会对女性管理者的期待和传统观念有关，也与女性内心深处对"完美"的执着有着千丝万缕的关系。

如果女性管理者能在认清这种心态的同时逐步调整自己的视角，就可以将"冒名顶替综合征"带来的阻力转变成助力。它提醒我们，作为管理者，真正的影响力并不来自"我必须完美无缺"，而是在于能否激发他人的潜能，让团队整体更强大。在团队的日常管理中，我们不妨开始思考一个关键问题：管理者的个人弱点，是否正好是团队其他成员的强项？如果是，那么管理者该如何充分运用这些资源，把自己的弱点转化成团队的优势？

宁高宁作为掌舵过四家世界 500 强企业的董事长，曾说过，一个好的领导者最重要的能力有两个，第一是"人感"，要了解人，明白团队中每个人的优点，知道如何合理用人。第二是"感人"，让人们对自己有信任感，并愿意在同一方向上并肩努力。管理者不需要所有事都一马当先、样样精通，而是要清楚知道自己的局限，并找到那些适合的人才去填补空缺。许多管理者，尤其是女性，会觉得寻求帮助可能会被误解为不够强大或不够独立。事实上，识别出团队成员的优势，并鼓励他们在自己擅长的领域发挥作用，恰恰是一种大格局的体现，是一种信任的体现。一个真正懂得用人的管理者，会在需要的时候把舞台让给别人，而不是在所有方面亲力亲为。

这让我想起戴尔创始人迈克尔·戴尔的一句话："永远不要成为房间里最聪明的人。如果你是的话，那么请换一个房间。"对管理者而言，真正的成功并不在于"我无所不能"，而是深谙如何让团队的成员各展所长。当我们能够坦然地接受"有些事情别人能比我做得更好"，这不仅不是失败的标志，反而是走向卓越的关键。管理的精髓不在于亲力亲为，而在于如何运用团队智慧达成共同的目标。换一个角度来看，我们放弃孤军奋战，也许正是让局势柳暗花明豁然开朗的开始。

那么，如何将新的思维转化为具体可行的行动呢？以下四个策略可以为女性管理者提供借鉴。

1. 认识到"优势互补"的力量

作为管理者，不是要让团队中的每一个人都做到面面俱到，而是帮助他们发现和发挥最擅长的领域。管理者要做的，是通过观察和沟通，了解团队成员的长处，并在需要时鼓励他们在这些领域发光发热。这不仅可以减轻管理者的压力，也可以增强团队成员的积极性和责任感。例如，善于分析的成员可以在数据上有所专攻，擅长沟通的成员则适合处理对外关系。彼此支持、相互补位，是团队高效运转的关键所在。

2. 放下对"完美"的执念，转向"互补"思维

冒名顶替综合征往往让女性管理者陷入一种完美主义的困境，总觉得自己必须亲力亲为，事事做到极致。试着放下这一执念，反而能让我们看到其他成员的独特优势。一位好的管理者，不是需要事事精通的执行者，而是懂得识人用人的"设计者"。团队的成功不是靠个人的完美，而是靠集体智慧的共同创造。

3. 大胆给予责任，建立信任

有时，最具挑战的改变在于放手。允许团队成员在一定程度上

独立决策，不仅是对他们的信任，也是对管理者自己的一种解放。放手初期可能会有些不安，但这是管理心态转型的必要步骤。真正的领导力不是单纯的指挥与控制，而是一种建立在信任基础上的协同。赋予团队成员一定的自由与责任，让他们在自己的领域大胆尝试，这会激发出他们的主动性，往往会带来意想不到的积极成果。

4. 建立反馈和反思的机制

一个高效的团队离不开持续的反馈和反思。作为管理者，鼓励团队定期进行反馈，不仅可以帮助管理者识别出自身和团队的优势与不足，还能避免陷入事必躬亲的习惯性循环。同时，反馈让管理者能及时了解成员的真实需求和建议，从而更精准地分配任务、优化团队的合作。通过这种机制，管理者不仅能获得宝贵的外部视角，还能从团队中获得反思与成长的机会。

冒名顶替综合征的存在，不是为了让我们证明自己，而是提醒我们：领导的本质是合作，是带领团队共同成长。在女性管理者的成长道路上，这种对"完美"的需求常常会逐渐让位于一种更大的格局和视野。正如那句古话所说，"不为物累，不惧人议"。女性管理者越是能认识到并坦然接受自己的"缺陷"，越能看到合作带来的潜在力量。通过互相成就、不断突破，我们不再是为了证明自己的强大，而是为了建立一个更强大的团队。

女性管理者不需要因为不完美而焦虑，而是可以带着一种开放和成长的心态，将不足之处化为合作的契机，在团队中找到更合适的人来补全不足。如此一来，女性管理者不仅能在工作中保持平衡与动力，也能在带领他人的同时不断提升自己，从而达到更高层次的领导力与满足感。

当性别偏见遭遇变革

在现代职场中，女性管理者常常面临性别偏见与刻板印象的双重压力，尤其是在推动创新与变革时，更需要以智慧和果敢打破成见。宗馥莉的职业经历便是一个典型。作为娃哈哈集团创始人的女儿，她不仅承载着家族企业的期望，也不得不面对外界对"富二代"继承者能力的质疑。她的故事揭示了女性管理者如何通过果敢的行动和深远的洞察力，化解质疑，为女性领导力正名。

接管企业之初，宗馥莉并未选择墨守父辈的管理模式，而是凭借对市场趋势的敏锐洞察力提出了一系列大胆的变革举措。例如，她推行"岗位绩效为核心的分红模式"，替代了资历分红制度，从根本上提升了企业内部的公平性与活力。她的决策不仅彰显了女性管理者对多方需求的细腻把握，也打破了传统模式下对女性能力的偏见，展示了女性管理者的远见卓识。

女性管理者的独特优势往往在复杂的组织变革中得以凸显。研究表明，女性管理者在决策过程中更倾向于整合多方观点，并展现出较强的情感共鸣和团队协作能力。宗馥莉一方面强化企业的绩效导向，另一方面通过市场布局提升品牌竞争力。这种双向思维不仅巩固了企业的市场地位，也展现了女性在审时度势中的灵活性和创新能力。

与宗馥莉进行的企业变革相似，小红书的品牌转型之路也令人印象深刻。当短视频成为行业趋势时，创始人瞿芳敏锐地意识到这一变化的重要性。尽管转型可能引发用户反感和团队适应上的困难，她仍坚定地推动了这一战略。在此过程中，她通过深入参与用户反馈和团队协作，确保小红书的社区氛围得以延续。瞿芳的做法显示了女性管理者在变革中对情感管理和细节把控的卓越能力，同时也证明了女性在变革中展现出的韧性和创造力。

女性管理者在变革中往往采用"润物细无声"的方式，而不仅仅是策略调整。瞿芳亲自参与线下活动，倾听用户需求，这种注重情感联结的领导风格让她能够在产品更新中精准满足用户需求。研究表明，女性管理者更倾向于通过共情和情感管理提升团队成员的归属感，这种特质显著提高了团队的凝聚力与忠诚度。

女性在管理和变革中的坚韧与智慧不仅体现在商业领域，也在社会变革中展现得淋漓尽致。美国已故最高法院大法官金斯伯格便是这一点的经典案例。她通过代理一个单身男性的案件，成功挑战了性别刻板印象，并为性别平等奠定了重要基础。

案件的主人公查尔斯·莫里茨（Charles Moritz）是一位独自照顾年迈母亲的未婚男性，却因性别因素被拒绝享受照顾者的税务减免。这项法律假定照顾者的角色应由女性或已婚男性承担，忽略了男性也可能承担相同的家庭责任。金斯伯格看到了这个案件的潜在意义：如果法律对男性产生性别歧视，同样也会对女性形成不公。她以此为突破口，通过对法律不公的批判，推动性别平等的深刻讨论。

金斯伯格在辩护中强调，法律的制定不应基于性别，而应围绕实际责任展开。她用精准的逻辑和强有力的证据，揭示了性别偏见对社会整体的伤害。这场胜利不仅为莫里茨争取到应有权益，也为金斯伯格后来推动性别平等奠定了坚实的基础。她的策略让人们意识到，性别平等不仅仅是女性的权利问题，而是全社会的共同责任。

这些女性管理者和领导者的故事，展现了她们在突破性别偏见中的坚韧与智慧。她们深知，领导力不仅仅在于个人能力的彰显，更在于如何整合团队力量，调动情感共鸣，并在复杂环境中做出最优决策。这种平衡多方利益、协调短期与长期目标的能力，使她们在职场和社会中散发出独特的领导魅力。

无论是宗馥莉、瞿芳，还是金斯伯格，她们的经历都揭示了一个深刻的事实：女性管理者不仅可以在性别偏见中脱颖而出，更能通过自身的努力和智慧推动整个组织和社会向更公平、多元的方向发展。她们用实际行动证明，女性管理者的韧性、共情力和变革能力，是构建未来领导力的重要组成部分。

培养灵活多变、不被定义的思维方式

接下来让我们为女性管理者提供一些培养灵活多变思维的策

略和实操建议，助力她们在充满挑战的环境中做到游刃有余。

1. 识别并打破"标签"：不做刻板印象的囚徒

现代职场中，许多女性管理者会在无形中受到"温柔""细腻"等传统标签的影响。为了打破这些束缚，我们可以试想一个情景：一位女性管理者站在紧张的项目启动会上，面临着组员对她能力的质疑。在这样的情境下，重要的是超越"女性管理者应该温柔、体贴"的刻板印象，坚定地表达自己对项目的清晰判断，用冷静、自信的态度带领团队。在实际工作中，逐步改变他人对女性管理者的固有印象是一个长期而有力的过程。多次的关键任务承担会让团队看到一个不拘于标签的管理者形象，从而逐渐形成真实而独特的影响力。

2. 深耕自我觉察，增强情绪韧性

情绪韧性是女性管理者独特的力量。灵活思维不仅仅是一种技巧，更是一种在高压下迅速调整心态的能力。试想一个被多个项目压得喘不过气来的场景——你可能会产生强烈的挫败感或沮丧情绪。这时，女性管理者可以练习情绪觉察，清晰认识到这些感受的来源并适时调整。培养这种情绪的"弹性"，能帮助女性管理者在高压环境中保持情绪稳定，继续前进。自我情绪的敏锐觉察与自我调整也会让团队更感受到女性管理者的成熟与可信赖感。

3. 打开边界，建立跨界学习和思维扩展的习惯

优秀的管理者需要宽阔的视野与多元的知识储备。女性管理者可以通过关注科技、文化、心理等跨界领域来丰富自己的视角，

这不仅会拓宽思维的深度，也能带来许多创新的灵感。她们会成为团队中带动跨界融合的引领者，让团队在不同学科的交汇中激发更多创造力。

4.尝试多元化思维方式：灵活变通的关键

灵活思维的核心在于尝试不同的思维方式。面对复杂问题时，不妨借用逆向思维或发散性思维等方法，打破单一视角。比如，在遇到棘手的团队冲突时，女性管理者可以尝试同理视角，通过团队成员的立场来重新审视冲突的起因。这种多维度的观察力可以让她们在冲突处理中找到和解的关键。同时，鼓励团队从不同角度看待问题，可以帮助塑造开放包容的团队氛围，真正展示灵活型领导风格。

5.拥抱模糊性与不确定性

不确定性常常是管理者的"成长催化剂"。假设在一个产品发布临近的阶段，市场需求发生了变化，女性管理者可以主动引导团队从变化中看到机遇。她们可以带领团队一起应对，探讨多种可能的策略。在不确定的环境下，带领团队前行并保持坚定的信念，能让团队感受到稳定和支持，同时也激励每个人去迎接挑战。

6.授权与合作：激发团队潜能

灵活思维的关键是善于调动团队的力量。设想一个情景，当一个项目需要快速创新时，女性管理者可以大胆放权，鼓励团队成员大胆提出自己的创意。这种授权的方式不仅能减轻管理者自身的压力，还能充分释放团队的创造力，带动团队快速适应和发展。有效的授权展示出管理者对团队的信任，尤其在快速变化的环境中，能帮助团队以最快速度形成合力。

7.终身学习：以"自我成长"带动他人

真正的管理者不仅推动团队的成长，也在不断自我更新。终身学习不仅能帮助女性管理者紧跟变化的步伐，还能展示出其对新知的开放态度。她们可以分享自己的成长故事，鼓励团队一起跨越思维的限制。通过自身的学习习惯，传递"不设限"的信念，团队也会逐步形成学习型文化，在不断更新与进步中增强灵活适应力。

灵活多变、不被定义的思维方式，是女性管理者在变幻职场中制胜的关键。这不仅是一种能力，更是一种思维的自由和多维的表达。通过识别并打破标签、练习情绪韧性、跨界学习、尝试多元化思维方式、拥抱不确定性、注重授权和合作，女性管理者可以更自信地驾驭自己的职场道路。愿每位女性管理者都能在此过程中找到属于自己的独特领导风格，带领团队成就不凡。

工具：如何识别和改善固化的思维习惯？

让我们由一些情景测试开始识别自己的思维习惯。

情景测试 1：应急决策中的灵活性

情景描述：

你带领的团队正在为公司策划一场重要的年度发布会，计划和安排已提前确定。然而，你突然接到通知，会场设备因故障无法正常使用，会议时间也有可能被提前。你会如何应对？以下是三个选项：

A：保持原有方案，认为时间紧急不适合调整，让团队尽量应对。

B：迅速组织团队讨论替代方案，探索其他可能性。

C：在可行的范围内，安排备用方案，比如更换会场或准备线上直播。

测试目的：

这个题目能测试你在应急情况下是否能突破原有计划框架，迅速适应变化。

情景测试 2：面对挑战者的创新应对

情景描述：

你的竞争对手发布了具有创新性的产品，功能和设计方面都有吸引力。你的团队在产品研发上还未达到预期的创新目标。此时，你会如何引导团队应对这次挑战？以下有三种选项：

A：集中精力完成当前产品版本的优化，不考虑其他创新设计。

B：立即开展一次竞争分析，借鉴对方产品优点并结合本公司特色创新。

C：鼓励团队进行内部创意竞赛，提出更多创新点子，以增强整体竞争力。

测试目的：

此情景测试你能否在面对竞争压力时保持创新思维，而非固守既有的产品开发流程。

情景描述：

你在一次头脑风暴会议上发现，团队成员在提建议时普遍倾向于原有的思路，缺少新意。你会如何引导？以下是三种选项：

A：让大家围绕已有方案进行进一步细化，不必提出新创意。

B：引入一些不同领域的案例激发大家的思考，让成员尝试跳出框架。

C：邀请外部专家参与，帮助团队拓展思维视角，并设置奖励鼓励创新。

测试目的：

此题可以测试你在带领团队时是否愿意打破思维定势，鼓励多元化思维和新的尝试。

情景描述：

公司临时削减预算，你的团队的预算被削减了一半，这将直接影响到目前的项目进展。你会如何应对？以下是三种选项：

A：坚持原计划，以现有预算尽可能完成目标。

B：重新审视项目重点，灵活调整部分资源分配，集中资金支持最关键的环节。

C：探索低成本的创新方式，邀请团队共同讨论如何在预算有限的情况下实现目标。

测试目的：

这个情景考察你在资源限制下是否能够灵活调整，集中资源，并引导团队找到创新的低成本解决方案。

情景测试 5：授权与激发潜力

情景描述：

你带领的团队中有一位新加入的成员，在处理某些任务上表现出一定潜力，但缺乏经验。此时，你会如何选择？以下是三种选项：

A：让该成员继续熟悉团队文化，暂时不参与重要项目。

B：为该成员提供导师支持，让其参与小型任务，循序渐进地发展技能。

C：将一项非关键任务交由该成员负责，鼓励其提出新方案并尝试实施。

测试目的：

此情景考察你在管理中是否能够打破固化的"资历优先"思维，为潜力成员提供合适的锻炼机会，以激发团队整体潜能。

情景测试 6：从失败中学习

情景描述：

你领导的项目因缺少市场调研而未达到预期效果，客户负面反馈较多。此时，团队士气低落。你会如何处理？以下是三种选项：

A：强调经验教训，让团队尽快调整，保证下次成功。

B：组织复盘会议，让每个人参与讨论，分析原因并提出改进意见。

C：主动反思并鼓励团队视失败为学习机会，共同总结，分阶段改善方案。

测试目的：

此题帮助判断你是否具有从失败中灵活反思的能力，并能通过改善过程激发团队的成长心态。

情景测试 7：平衡团队与自我角色

情景描述：

作为团队管理者，你发现自己常常习惯于解决所有问题，不愿过多依赖他人。然而，团队成员希望你能给予更多授权。此时，你会如何调整？以下是三种选项：

A：维持现状，继续亲自监督关键工作。

B：设定每周授权目标，逐步让成员分担任务，并随时提供支持。

C：让成员参与重要决策过程，鼓励大家提出独立见解和方案。

测试目的：

这个情景测试你是否能够在日常管理中灵活地调整角色定位，避免固守"全权控制"的思维方式，从而激发团队自我管理的能力。

运用工具打造灵活的思维

对于女性管理者来说，灵活、多元的思维是创新与领导力的基石。以下几个工具和练习，能帮助女性管理者识别并突破固化的思维习惯，思维更加灵活，决策更加高效。

1. 自我觉察清单

例子：

问问自己是否常常有这样的想法："这个任务只有我自己做才能完美完成"或"年轻成员还不足以承担重要职责"。这些观念可能会限制团队成员的发展，甚至是你自己的发展。

练习题目：

列出三个你认为"唯一正确"的想法，并问自己："如果情况改变了，这个想法还成立吗？"例如，"如果有一天我无法管理这个项目，团队中谁可以接手？"这种思考有助于挖掘出潜在的备选方案与团队潜力。

2. 替代性思维练习

例子：

如果你是一位项目经理，习惯性认为"按部就班才最有效"，可能会忽视变化的重要性。问问自己："如果项目临时变动，团队能否立即适应？"这一练习可以帮助你培养应对变数的弹性。

练习题目：

选择一个项目或任务，列出三种不同的解决方案，不论它们是否显得合理。例如，如果要完成一份报告，可以考虑自己独立完成、团队分工协作，或委托外部资源支持，看看哪种方式具有意想不到的优势。

3. 挑战舒适区

例子：

每年设立一个新技能目标，如学习外语、尝试基础编程或绘画。这种体验不仅能拓展知识，还能增强你在不熟悉领域中的信心和适应力。

练习题目：

列出三项你不熟悉的技能或领域，并选择其中之一，设定一个小目标。例如，如果你从未接触过艺术创作，尝试在一周内完成一幅简笔画，记录过程中如何克服"我不擅长"的固有观念。这种练习能让你发现更多潜在的能力和乐趣。

4. 视觉化思维转换工具

例子：

面对复杂问题时，譬如为新产品设计营销策略，不妨画出所有可能的推广方式，从传统广告到社交媒体影响者，用思维导图帮助自己拓宽视角，不局限于惯有的策略。

练习题目：

创建一张以"如何提升团队士气"为主题的思维导图。列出所有可能的方法，并加入一些非典型的点子，比如"每月主题日"或"定期逆向反馈会"。这种方式可以打破惯性思维，为团队营造更加积极、多元的工作氛围。

5. 反馈机制

例子：

作为部门主管，你可以尝试邀请同事匿名反馈你的管理风格，特别是在灵活性和开放性方面，了解是否存在固化思维的迹象。

练习题目：

设计一个匿名反馈表，包含如"哪些方面我可以更开放""你是否觉得我的思维有时较为固定"等问题。这样的反馈能为你提供多角度的视野，帮助识别自我改进的空间。

6. 行为调整

例子：

当你接收到新的观点或意见时，试着花 2 分钟分析对方的立场和意图，问自己："如果我是对方，会如何看待这件事？"这一小习惯能将你的思维从防御状态调整为接纳状态。

练习题目：

设定"3 秒规则"——无论接收到何种新信息，先停顿 3 秒，尝试从"这对我的思维方式有何启发"的角度去分析。这样的小练习可以逐渐提升你对新观点的接受度和开放性。

以上的工具和练习旨在帮助女性管理者拓宽思维边界，塑造更为多元、开放的思考模式。希望通过这些技巧，你可以在管理过程中不断超越自我，灵活应对变化，带领团队在多变的环境中成长。

小结

我们生活在一个瞬息万变的时代，唯有保持思维的灵活和不断重新思考，才能帮助我们找到通向未来的道路。对于女性管理者而言，这种能力显得尤为关键。她们不仅需要直面性别偏见和刻板印象，还要在复杂多变的环境中，带领团队探索新的可能。在每一次挑战背后，重新思考的力量犹如一股隐形的推力，驱动她们在未知的领域中开辟新的前路。

我曾采访过一位科技领域的女性创业者，她的公司专注于 AI 驱动的医疗服务。面对医疗领域中传统思维的束缚，她常常提到一个词："打破"。她形容自己就像站在一个旧有系统前，不断地打破、重构，再打破、再重构。她说："在我们这一行，每当你觉得自己找到最佳解决方案的那一刻，往往就是你应该重新思考的时候。"

她用一个生动的比喻来解释这种重新思考的过程："我总觉得自己在和一堵墙搏斗，有时我会被弹回来，有时能推开一点缝隙，但我知道，只要不断撞击，总会有光透进来。"这种思维上的弹性不仅让她不断在医疗技术领域推陈出新，也让她在遇到挫折时，能更快找到应对之道。她的故事不仅仅是她个人的奋斗史，更是女性管理者在思维转换中不断自我突破的缩影。

"问渠那得清如许，为有源头活水来。"每一次的重新思考，都会给我们枯竭的思维注入一股活水，不断推着我们更靠近前方的光亮。对于每一位女性管理者来说，未来或许充满挑战的迷雾，但正是这份在重新思考中前行的勇气，让我们能够超越过往的边界，引领团队走向更加广阔的天地。

第七章

进取精神：
女性管理者的雄心与梦想
（Enterprising）

意　愿	行　为	结　果
为什么进取精神并勇于实现梦想对女性管理者特别重要？	如何践行创新与进取？	如何测量和评估自身的进取精神？

"不要被自己不了解的事物吓倒。这可能是你最大的优势，并能确保你以不同于他人的方式去做事情。"

——莎拉·布蕾克莉（Sara Blakely），Spanx 创始人

"梦想就像宇宙中的星辰，看似遥不可及，但只要努力，就一定能够触摸得到。"

——王亚平，中国第一位出舱的女航天员、首位进驻

中国空间站的女航天员

我们从小就听大人这么说：男孩要大胆冒险，勇于探索未知，女孩则要乖巧守规矩，稳扎稳打。这种观念从校园蔓延到职场，似乎已成为一种隐形的准则。

而那些真正站上舞台，推动社会与商业创新的女性，往往并非传统观念下的"乖乖女"，而是充满雄心、敢于挑战的冒险家。

性别差异真的会影响女性在创业舞台上的表现吗？哥伦比亚大学达纳·坎泽（Dana Kanze）教授的团队对此进行了深入研究。他们分析了 2010 年至 2016 年在 TechCrunch Disrupt 比赛中的问答互动，揭示了一种广泛存在的隐形偏见。TechCrunch Disrupt 的 Startup Battlefield 是全球初创企业梦寐以求的舞台，曾经诞生过像 Dropbox、Fitbit 和 Mint 这样的明星企业。然而，在这个以创新和梦想为名的竞技场上，性别偏见却悄然存在。

研究发现，男性创业者在问答环节中更常被投资人问到"促进"导向的问题，例如："如果一切顺利，你希望达到什么目标？"

这些问题展现了对增长、扩展和未来潜力的期待。而女性创业者则更多地被问到"预防"导向的问题，例如："你如何防止失败？如何规避风险？"这样的提问模式暗示了对女性能力的不信任，更加强调她们需要证明自己的安全性，而非展示潜力。

这种提问的导向差异直接影响了融资结果。数据显示，被问到"促进"导向问题的创业者，其融资金额显著高于被问到"预防"导向问题的创业者。进一步的实验还表明，每增加一个"预防"导向问题，女性创业者的融资能力都会显著下降。这不仅仅是偏见的体现，更直接影响了女性创业者的自我定位：她们被迫站在"避免失败"的立场，而男性却能够畅谈"争取胜利"的愿景。

更值得警醒的是，这种隐性偏见不仅存在于男性投资人中，女性投资人也会无意识地对男女创业者持不同标准。这表明，单靠增加女性投资人的数量，并不能真正改变融资机会的不平等。这一发现击碎了"行业代表性"的神话——认为只要更多女性进入投资岗位，性别壁垒就会自然消失。现实是，这种深层的文化惯性需要更广泛而深远的变革。

根据麦肯锡的调查，中国在职场性别平等方面取得了显著成就，主要体现在两个方面。首先，中国女性在职场的参与度极高，"撑起了职场的半边天"。麦肯锡的研究发现，中国拥有全球最多的职场女性，占全球女性就业总人数的26%。女性就业率更是位居世界前列，达到44.8%，远高于韩国（42.7%）、新加坡（41.2%）等亚太国家和世界平均水平（39.3%），并与欧美发达国家如美国（46.2%）和瑞典（47.4%）旗鼓相当。其次，在中国的新兴行业中，女性创业者表现尤为突出。特别是在科技创新领域，中国41%的科创企业由女性创始人创立，比美国高出14个百分点，位居全球首位。这些女性创业者通过突破传统行业的性别限制，不仅推动了行业发展，也为职场注入了全新的活力与多样性。

冒险精神和进取心的力量常常成为突破偏见与障碍的关键，高玉玲的职业历程就是一个鲜活的例子。2024年，深耕海信集团长达17年的高玉玲，正式接任海信家电董事长，掌舵一家市值超400亿元的企业。从一名普通职场人到掌控企业未来发展的领导者，高玉玲的职业生涯不仅展现了开拓与冒险的力量，更体现了女性如何以实力和远见在职场中脱颖而出。

高玉玲的职业生涯轨迹与海信的重大转型息息相关。2006年，海信以破釜沉舟的姿态收购了债务累累的科龙电器，这笔交易在当时被认为风险极高。科龙彼时深陷债务危机，市场表现疲软，不少人将其视为"无底洞"。然而，高玉玲和团队不畏挑战，通过调整业务结构、优化资源配置以及培养核心人才，成功让这家濒临破产的企业成为海信的重要品牌和增长动力。

不仅如此，在推动海信全球化的过程中，高玉玲也展现出了卓越的战略眼光和执行能力。从收购东芝电视业务到整合欧洲家电品牌Gorenje，再到并购日本三电等国际知名企业，她在复杂的国际市场环境中始终保持清晰的方向感。这些决策不仅助力海信在全球市场站稳脚跟，也加速了企业向高端技术与智能制造的转型升级。

高玉玲的冒险精神并不仅限于战略层面，更体现在她的日常管理风格和对未来趋势的洞察中。她深信，只有敢于打破常规、迎接未知，才能在竞争激烈的市场中开辟新的增长空间。从带领团队解决棘手的技术难题，到在市场波动中找准突破口，她以坚定的信念和决断力，引领企业走向新的高度。

高玉玲从职场起步到领导千亿企业的非凡经历，为当代女性管理者树立了一个鲜明且鼓舞人心的标杆。她的成功不仅展现了女性在职场中无尽的潜能，也证明了冒险与进取的精神能够为个人和企业带来深远的影响。她的故事提醒我们，勇气和远见，往往是迈向卓越的第一步。

我们可以看到，女性的冒险精神正在重新定义职场和社会规则。无论是弥补家庭收入的迫切需要，还是突破行业界限的创新勇气，女性的领导力和潜力都不容忽视。这告诉我们，真正的领导力不分性别，它源自对未来的无畏想象、对风险的果敢承担，以及对改变世界的坚定信念。

梦想的力量：勇敢坚持，大胆去做

梦想，是推动我们成长和突破的源动力。它为我们带来改变的勇气，也赋予我们面对挑战的韧性。许多女性的创业故事证明，当梦想与行动相结合时，就能够打破限制，创造奇迹。

沃顿商学院的杨甜甜（Tiantian Yang）和她的合作者发现，女性创业的背后往往蕴藏着复杂的动机。长期以来，人们认为，女性选择创业主要是为了平衡工作与家庭的冲突。但这项研究揭示了一个更深层次的原因：母职惩罚。在职场中，许多女性因母亲身份而面临收入下降或发展机会受限的情况，因此她们选择创业来改变现状。尤其是那些在高薪或管理岗位的女性，由于留在传统工作的机会成本较高，创业反而能带来更多的回报。这些女性不仅为自己开辟了新的职业道路，也为其他女性树立了榜样。正如研究所揭示的那样，尽管职场中布满荆棘，但创业为女性提供了一个"柳暗花明又一村"的机会，展示了追逐梦想的可能性。

这种"化挑战为动力"的精神，在婚纱设计师王薇薇的故事中展现得淋漓尽致。王薇薇在进入婚纱行业之前，已经在 *Vogue* 杂志担任了 16 年的资深时尚编辑。虽然在时尚界已有稳定的地位，但她内心始终有一个未曾实现的梦想：创作属于自己的设计作品。王薇薇的创业旅程始于一次个人经历——她在 40 岁结婚时，发现市场上竟没有一款婚纱符合她的期待。她想要一件既有现代风格，又充满个人特色的婚纱，但寻找无果。于是，她决定自己设计婚纱，这一大胆的举动开启了她的创业之路。

刚开始创业时，王薇薇面临着无数挑战。尽管她有时尚行业的经验，但创业与担任编辑完全不同。她需要学习管理、生产和销售，还要面对市场上保守传统的审美偏好。然而，她并未被这些困难打倒。她设计的婚纱大胆地融入了现代剪裁、优雅的细节和个性化的风格，很快赢得了消费者的喜爱。她的品牌不仅为全球无数新娘圆梦，更彻底改变了婚纱行业的设计风潮。王薇薇的创业故事告诉我们，梦想不分年龄，行动永远不嫌晚。她曾说："创业的决定源于对梦想的热爱，而这份热爱最终成为我最大的力量。"

从王薇薇的经历可以看出，梦想的实现并不是一蹴而就的结果，而是一个不断坚持、迎接挑战的过程。她的故事启发我们，当遇到现实的阻力时，不妨试着从另一个角度看问题。正如杨甜甜的研究所显示的，尽管传统职场可能会对女性设置障碍，创业却为她们提供了实现梦想的新舞台。这种转变不仅改变了女性的职业轨迹，也让她们有机会在自己的领域中大放异彩。

历史上许多女性也用她们的行动展现了梦想的力量。玛丽·卡尔金斯（Mary Whiton Calkins）是一个值得铭记的名字。她是第一位当选美国心理学会（APA）主席的女性，在心理学界开创了许多先河。在她所处的时代，女性被排除在正规教育体系之外。尽管如此，玛丽依然对心理学和哲学充满热情，毅然选择进入哈佛大学攻读博士课程。她满足了所有的学术要求并提交了博士论文，但因女性身份被哈佛大学校长拒绝授予学位。哈佛大学建议她接受德克利夫学院（哈佛关联女子学院）的博士证书，但玛丽拒绝了这种妥协，表达了对性别不平等的坚定反抗。

尽管未能获得哈佛博士学位，玛丽的学术成就并未因此受限。她发明了测量学习和记忆的配对联想法，为心理学实验研究奠定了重要基础；她提出的"自我心理学"理论更是深刻影响了学术界。她还以实验数据证明，男女在智力上并没有差异，挑战了性别偏见。尽管哈佛拒绝授予她学位，她仍被选为美国心理学会主席，迈出了女性在学术界历史性的一步。

玛丽·卡尔金斯的故事向我们展示了梦想的力量。她不因性别歧视而退缩，而是以自己的成就和坚持改变了社会对女性能力的偏见。她的胜利不仅是个人的成功，更为后来的女性学者和职业女性树立了榜样，激励她们在各自领域追求卓越。

梦想是一种强大的力量，需要勇气与行动的支撑。无论是王薇薇因寻找婚纱的困境而创业，还是玛丽·卡尔金斯面对学术性别歧视的无畏坚持，她们都用行动证明了梦想的潜力。当你面对梦想时，请不要害怕表达它，也不要害怕寻求他人的帮助。或许，就在你勇敢迈出第一步的那一刻，一个全新的未来正在向你展开。

追梦之路：拥抱无限可能

追梦之路充满挑战，但也可以孕育无限可能。卡特里娜·莱克（Katrina Lake）的故事是一个令人深受启发的例子。作为 Stitch Fix 的创始人和前 CEO，她在职业生涯初期，尽管缺乏丰富的经验，却以独特的真诚和勇气，成功吸引了业内顶尖的人才。沃尔玛的首席运营官和网飞的算法副总裁，先后加入了她的初创公司，为这个服装订购服务平台注入了非凡的实力。莱克成功的秘诀并不复杂——她坦率地承认自己在这些专业领域的局限，同时表达了对这些人才能力的迫切需求。正是这种坦诚，打破了传统企业家"必须全知全能"的刻板印象，让她的团队对她的领导充满信任和敬佩。莱克常说："没有人愿意和一个装作什么都懂的创始人共事。"她的经历证明，在追梦的过程中，真诚与脆弱并不是弱点，而是一种独特的力量，能激发团队潜力，助力实现共同目标。

与此同时，Skin Inc Global 的创始人兼 CEO 萨布丽娜·谭（Sabrina Tan）的故事则为我们展现了另一种追梦的动力——个人信念和使命感的力量。谭自小饱受湿疹困扰，却始终未能找到能够真正缓解这一问题的护肤品。当她的儿子也因湿疹痛苦不堪时，她意识到，这不仅仅是她一家的问题，而是整个行业对消费者真实需求的忽视。她因此决定创办一家定制护肤品公司，旨在为消费者提供个性化的解决方案。她和团队研发的第一款定制精华，结合了 10 种有效成分和 120 种组合，为消费者量身定制，解决了不同肌肤的特定需求。产品一经推出便大获成功，成为市场的宠儿。谭的信念很简单："每天醒来时，我都知道，只要我能为每位客户的特定需求提供定制的护肤方案，我就是在做正确的事。"这种坚定的信念，让她在创业之路上始终保持着无畏的自信和无尽的动力。

在职场和创业的交汇点上，风险和挑战往往是绕不开的议题。保诚国储回教保险的首席风险官安妮塔·梅农（Anita Menon）提出了自己的方法论：通过承担深思熟虑的风险，不断拓展自己的舒适区，逐渐建立起基于行动和成果的自信。她强调，与他人分享想法和领导力观点，尤其是在会议中发言或撰写专业文章，不仅能够提升个人的专业形象，还能为团队注入信心。她相信，带着激情和目标去完成每一件事情，才是获得自信的根本来源。这种从行动中汲取力量的方式，为她的职业生涯注入了源源不断的动力。

追逐梦想不仅是一场个人的冒险，更是一段为自己、团队，甚至为整个社会创造价值的旅程。平安集团联席 CEO 陈心颖的故事正是这种勇气的生动体现。自 2013 年加入平安集团以来，她在企业科技、医疗和智慧城市领域推动了多项突破性发展。她曾直言："大企业的通病就是保守，创新对他们来说是副业。而创新最大的失败是不去尝试。"

通过陈心颖的不懈努力，平安集团在技术领域实现了跨越式进步，并在国际舞台上赢得高度认可。2020 年，她位列《财富》杂志"全球最具影响力的商业女性"第二位，并荣获"新加坡年度杰出海外执行官"的殊荣。

她的努力不仅帮助平安从中国走向世界，还让她在全球商业舞台上脱颖而出，成为具有全球影响力的女性领导者，向世界展示了进取心与创新精神的力量。

追梦之路并非一帆风顺，但每一步都值得我们勇敢前行。无论是初创公司的年轻创始人，还是经验丰富的高管，这些女性的故事向我们展示了拥抱梦想的无限可能。她们用行动证明，追梦不仅关乎实现个人的目标，更在于激励他人，共同创造一个更美好的世界。而现在，轮到你了：你的梦想是什么？你是否准备好，以勇气和真诚，去追逐那个属于自己的未来？

洞察未见之机：直觉如何驱动进取精神与变革

进取精神往往始于对被忽视现象的敏锐洞察，那些被大多数人忽略的细节，往往蕴藏着改变的契机和创新的可能。在商业世界中，真正的突破者并不是盲目追随既有模式的人，而是那些能够洞察市场空白、挑战既有假设并勇敢采取行动的人。追求改变的第一步，是看到别人未注意到的机会，第二步则是敢于信任自己的直觉，在不确定的环境中果断行动。

在复杂多变的商业世界中，直觉被认为是一种难以捉摸但至关重要的能力。管理学者劳拉·黄（Laura Huang）的研究表明，直觉在早期创业融资中发挥着决定性作用。对于许多初创企业而言，能否获得投资者的青睐往往决定了企业的生存。然而，由于创业项目的不确定性，传统的理性分析方法往往难以提供充分依据来支持投资决策。黄的研究揭示，经验丰富的投资者依赖的直觉并非单纯的主观判断，而是一种精细、动态的"直觉化过程"。这种直觉是情感与认知结合而成，为投资者提供了一种独特的视角，可以让他们识别出表面风险较高但具有巨大潜力的项目。

黄通过归纳研究和理论建模，详细阐释了这一直觉化过程的机制。她发现，投资者的风险态度在很大程度上决定了他们在复杂环境下的策略选择。这种态度使他们能够重新定义风险，将其视为机遇，而非障碍。通过这种方式，投资者不仅克服了对未知的恐惧，还能够主动塑造投资逻辑，从而推动融资决策的达成。这一发现为我们提供了一个新的视角，帮助我们更加深刻地理解直觉在创业融资中的复杂作用。

在与乔恩·皮尔斯（Jone Pearce）的联合研究中，黄进一步探讨了天使投资人在极端不确定性条件下的决策模式。研究发现，天使投资人通常采取高风险高回报的投资策略，他们更倾向于依赖直觉，而非传统的财务分析。这种依赖并非盲目，而是源于长期积累的行业经验和敏锐的市场洞察力。更值得注意的是，研究表明，天使投资人对创业者的直觉评估能够较准确地预测 4 年后创业项目的成功。换句话说，那些敢于依赖直觉的投资者，往往能在长期回报上占据优势。

值得注意的是，性别在直觉决策中的表现也存在显著差异。澳大利亚学者露丝·斯莱德克（Ruth Sladek）的研究指出，女性在决策时更倾向于依赖直觉，男性则更依赖理性分析。这种差异不仅影响个体的决策方式，也反映了女性在商业世界中的潜在优势。例如，女性在捕捉市场需求的细微变化、理解人际关系和预测社会趋势方面，往往展现出更高的敏锐度。这种能力使她们在创业和管理中能够更快识别机会，并采取行动加以利用。

直觉并非一种天赋，而是一种可以通过经验和实践不断培养的能力。经验丰富的投资者之所以能够依赖直觉，是因为他们在长期实践中培养了对复杂信息的敏感性。他们不仅关注数据和数字，更能够透过现象看本质，捕捉隐藏的风险与机遇。黄的研究表明，直觉与理性分析并非对立，而是互补的。最有效的领导者和投资者，往往是能够在理性分析的基础上，结合直觉进行决策的人。

培养敏锐的洞察力是提升直觉能力的重要途径，可以从多个方面入手。首先，提高观察能力是关键。细致地观察周围环境、市场动态和人际互动，能够帮助我们识别潜在的机会。例如，注意团队成员的情绪变化，或者捕捉行业趋势中的微小波动，这些看似微不足道的细节，往往是变革的起点。其次，增强思考能力能够深化洞察力。通过广泛的阅读、学习和实践，我们可以拓展思维的深度和广度，使自己在面对复杂问题时具备更加全面的分析能力。

此外，倾听他人的观点和反馈，是塑造良好直觉的重要方式。真正优秀的领导者，往往能够吸收来自不同角度的信息，形成更全面的决策框架。团队成员的多样化见解能够提供独特的市场视角，而领导者需要在此基础上做出精准判断。直觉的培养也离不开实践，在关键时刻，信任自己的判断，勇敢决策，才能抓住稍纵即逝的机遇。

好奇心是激发直觉和洞察力的根本动力。保持对未知事物的探索欲望，使我们能够不断学习和尝试，从而拓宽视野。例如，女性在商业决策中更倾向于依赖直觉，可能正是因为她们更强的好奇心和对市场需求的敏锐感知。这种能力使她们能够更早发现隐藏的趋势，为成功奠定基础。

无论我们是在创业还是领导一个团队，敏锐的洞察力和直觉都是助力突破限制、发现机遇的关键工具。它们并非天生具备，而是可以通过持续实践和深度思考培养。从现在开始，留意那些被忽视的细节，倾听不同的声音，深刻思考事物背后的逻辑，并敢于相信自己的直觉。或许，真正的突破与变革，就隐藏在那些被忽略的角落，等待被发现并释放其真正的潜力。

梦想之美更在于追求的过程

梦想，像一颗深埋心中的种子，只要我们珍视它，并为之付出努力，就能让它破土而出，绽放属于自己的光芒。斯坦福大学心理学家卡罗尔·德维克（Carol Dweck）在《终身成长》一书中提出了"固定型思维"和"成长型思维"的概念。固定型思维的人认为一切已成定局，个人的能力和背景无法改变；而成长型思维则赋予人们面对挑战的勇气，坚信通过努力，能力和智慧可以不断提升。成长型思维教会我们，在挫折面前，不放弃、不妥协，而是站起来，继续前行。

梦想的追逐需要的不仅是成长型思维，还有一种开放的心态——智力谦逊（Intellectual Humility）。智力谦逊让我们学会接受不同的观点，敢于承认自己的不足，拥有拥抱变化的勇气。它帮助我们在面对未知时保持开放，不固守已有的经验和观念。珍视自己的梦想，与这种思维方式息息相关，因为它让我们在追梦过程中，既能坚定信念，也能从不同的角度发现成长的机会。

心理学家卡罗尔·吉利根（Carol Gilligan），作为哈佛大学第一位女性心理学博士，她的研究颠覆了传统的道德发展理论。她发现，男性倾向于从公平和正义的角度理解道德，而女性则更多关注关怀与责任。她用数据和理论推翻了权威学者科尔伯格（Kohlberg）"女性道德发展晚于男性"的观点，向世界展示了女性视角的独特价值。她指出，女性对关系的重视并非软弱，而是一种韧性和博爱的体现。吉利根曾说："最悲哀的不是社会的不平等，而是女性内心深处接受了这些不平等，失去了自信和勇气。"她的研究帮助无数女性重新认识到，关怀与共情不仅是力量，更是通往成功的基石。

在中国心理学界，也有一位女性以她的坚持和信念践行了"因梦想而美"的精神。被誉为"中国现代心理测量之母"的张厚粲，是晚清名臣张之洞的孙女。她的一生充满了坎坷与坚持。1948年，她从辅仁大学心理学系毕业并留校任教，后来被迫离开讲台长达十余年。然而，她始终没有放弃对心理学的热爱。张厚粲51岁时，中国心理学终于迎来复兴，她重返讲台，为中国心理学的重建付出了巨大努力。

即使年过九旬，她依然奋斗在科研一线。一次课堂上，挂着拐杖的她对学生说："你们看，我的性格是挂着拐杖的性格吗？过十天就好了。相信我，我能站的，我喜欢站。"她用行动告诉学生，年龄和身体的局限无法阻挡梦想的力量。回顾一生，她坚定地说："如果我能还原到 18 岁重新选择，我依然会选择心理学。"正是这种对梦想的坚持，让她的生命充满了意义。

这两位女性的故事让我们看到，梦想的美不仅在于实现目标的结果，更在于追逐梦想的过程。在这个过程中，我们可以学会如何面对挑战，如何与自己的不完美和平共处，如何在一次次失败中积累经验、重塑自我。

吉利根曾说："相信自己的感受，发出自己的声音。"张厚粲则用她的一生证明了，真正珍视并追求梦想的人，不仅能让自己的生命充满光彩，也能为他人点燃希望。梦想让我们变得更加坚韧、自信，也让我们的生命更加丰盈美丽。

因梦想而美，这种美来源于内心的坚持和对生命的热爱。每一个努力克服挫折、坚持初心的人，都在向世界传递一种信念：梦想不仅是我们的追求，更是生命的力量源泉。无论道路多么曲折，梦想始终为我们指引方向，在我们的心中留下不灭的光辉。

现实与梦想：学会平衡梦想与现实

现实与梦想的平衡，是人生的重要命题。在面对全球新冠疫情对就业的冲击时，许多女性管理者展示了如何在现实的困境中保持乐观，并以行动为梦想开辟新的可能性。她们的故事不仅是对现实挑战的回应，更是对梦想力量的生动诠释。

2021 年，国际劳动组织的一份报告指出，疫情期间女性就业率大幅下降，而经济复苏中的性别差距也在加剧。面对这一问题，首旅如家副总经理兼执行资深副总裁张淑娟率先呼吁，旅游业应通过增加女性就业岗位和改善孕期福利，为女性重返职场提供支持。她的倡导不仅关注短期恢复，更着眼于长期的行业平等发展。与此同时，乌镇旅游股份有限公司副总裁姚洁则强调，旅游业作为女性从业者集中的行业，有责任保障女性的权益，包括生育权利和实现同工同酬。她指出，只有让女性感受到行业的包容性和尊重，才能激发她们的潜力。

锦江酒店（中国区）执行副总裁王伟则从女性的独特优势出发，探讨了她们在旅游行业中的创新和韧性。女性对旅行体验的敏锐洞察，使她们能够更加精准地把握客户需求，为行业注入创意与活力。随着乡村旅游的兴起，这一趋势更进一步地扩展到农村地区。携程度假农庄和首旅如家等企业通过在乡村地区招聘女性员工，不仅推动了地方经济发展，也为许多女性创造了新的职业机会。她们的努力表明，梦想的实现需要脚踏实地的行动，同时也需要对现实的深刻理解。

这一切的努力让我们看到，现实与梦想并非对立，而是相辅相成的。在这些女性管理者的行动中，既有对困境的冷静分析，也有对未来的积极想象。携程集团 CEO 孙洁发起的"旅行木兰计划"，便是这种平衡的典范。这项计划由 10 位女性高管联合发起，旨在为女性提供更多的就业机会、更完善的福利保障和更广阔的晋升空间。她们通过自己的领导力，推动行业为性别平等树立了标杆。

类似的领导力故事也出现在科技领域。顾娉娉，这位拼多多背后的关键人物，用低调而高效的风格，将现实中的挑战转化为实现梦想的动力。在黄峥退居二线后，她以坚定的领导力推动公司保持高速增长。2023 年第二季度，拼多多的营收同比增长66.3%，大幅超出市场预期。她的领导风格既务实又富有远见，既传承了公司的文化，又注入了自己的思考。

顾娉娉的成功，不仅证明了女性在高科技行业中展现卓越领导力的可能性，也告诉我们，真正的梦想需要在现实的土壤中生根发芽。她用事实说明，无论行业如何复杂，性别多样性如何受到挑战，只要平衡好梦想与现实，女性同样能够创造出色的成就。

梦想的实现，既需要对现实的深刻洞察，也需要对未来的热情和信心。当我们能够在现实中找到行动的支点，在梦想中找到前行的动力，就能在这个复杂的世界中创造出属于自己的独特轨迹。

勇敢尝试：创新与进取精神的多元实践

梦想的实现也离不开进取心和创新精神，它们并非专属于创业者的标签。事实上，每一位管理者，无论其职位或角色，都可以通过在公司内部发起新项目、探索创新方向，将这些品质融入日常工作中。进取心不是只存在于创业领域的特权，而是每个职场人实现职业发展、推动组织变革的重要工具。这种精神不仅可以给团队注入活力，也能够彰显女性在职场中的独特价值。

无论是创业还是企业内部推动创新，女性往往需要克服更大的障碍，其中最显著的挑战是"创新和冒险"。相比男性，许多女性从小被教育要谨慎行事，缺乏面对冒险的训练。但创新本质上就是冒险的艺术，需要突破现状的勇气和迎接不确定性的信心。

张楠的故事便是这种精神的真实写照。作为字节跳动的元老级人物，张楠在 2016 年带领团队从 0 到 1 推出了抖音和火山等现象级产品，并将抖音打造为全球最成功的短视频平台之一。在抖音逐渐接近增长天花板后，张楠转而将精力倾注于剪映，尤其是其 AI 辅助创作方向。她亲自带队推动 AI 生成图片和视频的技术突破，并领导剪映的海外版 CapCut 在 2024 年 8 月突破月活跃用户 3 亿的里程碑。张楠的转型不仅为字节跳动开辟了新增长曲线，也体现了她不惧挑战、持续进取的精神。

她的故事让我们看到，创新和进取的实践绝不仅仅属于创业者。在公司内部，女性管理者同样可以通过推动新项目和改革，影响企业文化和战略方向。这种精神不是由外部环境定义的，而是内在动力的展现。无论是通过优化流程、提出全新的服务理念，还是改变团队协作模式，勇敢迈出第一步的决心和行动力将成为改变的起点。

女性在展现进取精神的同时，也可以为其他人树立榜样，证明创新与变革的力量不分性别，只需敢于尝试。

培养不畏惧挑战的勇气

培养面对挑战不畏惧的勇气，是每一位管理者和职场人都必须面对的重要课题。在这个快速变化的时代，勇气并非天生，而是一种可以通过实践与自我突破逐步培养的能力。尤其对于女性管理者和高层管理者来说，进取心和面对挑战时的勇气更是关键。

首先，是要拥有进取心，这不仅是推动个人和组织发展的核心力量，也是面对不确定性时保持动力的关键所在。进取心为创新提供了动力，使管理者能够在变化中主动求新。一个充满进取心的管理者不会被困在问题中被动等待解决，而是主动探索可能的路径，推动组织向前发展。

其次，面对挑战需要一种果敢的行动力。勇气并不是毫无畏惧，而是在恐惧中仍然选择前进。对于女性管理者来说，这尤其重要。她们常常需要打破性别偏见和传统的角色期望，进而在组织中创造新的标准。展示自己的战略思维与创新能力，不仅有助于建立职业地位，也能成为激励其他女性的重要榜样。

在培养面对挑战时的勇气时，主动学习和持续成长是不可或缺的。进取心驱使管理者不断提升自己的技能和知识，尤其是在应对复杂问题时，持续的学习能够为他们提供更全面的工具和资源。数据分析师的职业发展便是一个典型的例子。他们通过深入理解数据、与行业趋势接轨以及通过数据可视化探索潜在问题，不断增强解决复杂问题的能力。这种敏感度与解决能力，同样适用于所有面对挑战的职业人。

面对挑战，还需要勇于拥抱失败。勇气的另一层含义是承认不可能所有努力都能带来成功。管理者需要明白，每一次失败都是学习的机会，是迈向未来更大成就的重要台阶。只有从容接受失败，才能在下一次挑战中更有信心和智慧。

此外，信任和影响力是勇气的延展表现。进取心强的管理者通过实际行动不断积累信任和声誉，这不仅让团队更加信赖他们，也使他们能够更有效地在决策中发声和引导。这样的管理者不仅能够面对挑战，还能激励团队一起跨越难关，凝聚共同努力的力量。

最后，培养面对挑战的勇气需要坚定的信念，以及忍受孤独和不被理解的心理韧性。创新很多时候是孤独的。李飞飞的故事是创新与冒险精神的典范。作为全球 AI 领域的先锋，她以极大的勇气与毅力，追求未知，改变了世界，却也深刻体会到开创者的孤独感。

在李飞飞最重要的研究成果之一——ImageNet 诞生时，她意识到这个项目将彻底改变计算机视觉和 AI 的未来。ImageNet 不仅为 AI 发展奠定了坚实的基础，还推动了深度学习的崛起。然而，在那个时候，世界上只有极少数的研究者能够真正理解她的工作的重要性。她坦言："我知道世界将因此改变，但在当时，只有几个人能明白这意味着什么。"

那个时候，AI 还远不及今天这么热门。许多人对 AI 的未来持怀疑态度，更少有人愿意投入时间和资源开发像 ImageNet 这样庞大的项目。李飞飞曾形容自己是一位在前方独自探路的行者。在组建团队、获取资金和推动研究的过程中，她面临无数困难，既要与资源匮乏抗争，也要应对来自学术和业界的冷眼与质疑。

然而，正是这种孤独孕育了伟大的创造力。李飞飞相信创新的本质是孤独的——因为追求未知事物的人，总是走在他人未曾踏足的领域中。正是这种孤独感，激励她去探索那些未解之谜，也赋予了她不断前行的动力。

如今，AI 已经成为全球最具影响力的技术领域之一，而李飞飞的工作则被视为 AI 发展的里程碑。尽管她的孤独感在当时无人能够理解，但她的坚持与信念不仅改变了技术的格局，也为后来者铺平了道路。

李飞飞的故事告诉我们，真正的创新者不仅需要超群的才华，还需要面对孤独和质疑的勇气。孤独并不可怕，它是通往伟大目标的必经之路。那些走在最前沿的人，常常在世界尚未理解其意义时，独自点亮指向未来的灯塔。正是这种孤独，赋予他们开辟新领域、推动人类进步的力量。

总而言之，无论是女性还是男性管理者，面对挑战的勇气不仅是个人职业发展的加速器，更是推动组织成长与社会进步的核心动力。真正的勇气不是毫无畏惧，而是在困难面前依然选择相信未来，相信自己的潜力，并以实际行动书写更美好的明天。或许，下一个迎难而上、创造奇迹的人，就是你。

工具：评估你的梦想能力和进取精神

面对复杂多变的职场环境，女性管理者如何衡量自己实现梦想的能力和展现进取精神的水平？评估不仅是一面镜子，帮助女性管理者发现自身的强项和不足，更是其通向成长与提升的起点。通过有意识的评估和反思，女性管理者可以更清晰地了解自己的潜力，并找到进一步提升的具体方向。

梦想能力和进取精神的培养，并非一蹴而就。它需要系统的自我审视和有针对性的行动。以下是一个具体的框架，帮助你从各个维度评估自己梦想的能力和进取精神，并找到改善的路径。

自我评估与行为指南

1. 持续学习的动力

持续学习是进取精神的基石。问问自己：

● 我是否定期学习新技能或获取新的知识？这些学习是否与我的梦想和目标紧密相关？

• 我是否善于从日常工作中总结经验，并将其应用于未来的挑战？

努伊在担任百事可乐 CEO 期间始终强调终身学习。她不仅学习市场趋势，还致力于拓展公司的全球视野。这种开放的心态是她取得成功的重要原因。

2. 设定高标准与追求卓越

进取的领导者会不断突破自我设定的界限，追求卓越。评估你是否：

• 经常为自己和团队设定清晰且具有挑战性的目标。

• 在完成任务后，反思是否还有改进的空间，并找到优化的方法。例如，当你在一个项目中感到舒适时，是否主动寻找更具挑战性的角色或机会？

3. 鼓励创新与接受失败

创新需要勇气，而接受失败则需要智慧。问问自己：

• 我是否鼓励团队尝试新方法，哪怕可能失败？

• 我能否从失败中学习，并找到成长的契机？

携程集团的"旅行木兰计划"由女性高管发起，正是通过大胆的创新为女性从业者创造更多机会。这些管理者不仅接受变化，还将挑战转化为突破的动力。

4. 自我意识与情绪智能

作为管理者，自我管理与团队管理同样重要。反思一下：

• 我是否意识到自己的情绪及其对他人的影响？

● 面对压力时，我是否能够保持冷静并作出明智的决定？

在应对危机时，成功的女性管理者往往能够展现高情商，通过共情与坚定，带领团队渡过难关。

5. 构建人际网络与资源整合

一个成功的领导者，通常也是一个高效的网络构建者。问自己：

● 我是否主动拓展职业网络并保持定期沟通？

● 我能否在需要时利用我的网络资源，推动项目或帮助团队实现目标？

顾娉娉这样的科技领域女性管理者，正是通过人际网络扩展了拼多多的资源边界，为企业带来持续增长。

增强评估的实际效果

在培养和强化进取精神的过程中，实际行动是关键。以下建议不仅适用于个人的成长，也能够帮助你在团队和组织中推动积极变革。通过这些方法，你可以更全面地评估自身，并找到突破的具体路径。

1. 定期自我评估

为自己设定固定的反思时间段，例如每季度或半年进行一次深度评估。审视个人目标的完成情况，总结取得的进展以及存在的不足。利用日记记录你的学习点或挑战，为下一步计划提供明确方向。

建议行动：每次评估后，制定 1~2 个可操作的小目标，确保成长路径清晰且可持续。

2. 参与挑战性项目

进取心需要通过实践培养，而挑战性项目是实现这一点的最佳途径。选择那些需要突破自我、跨界合作或快速学习的项目，在过程中记录下自己的成长点。

建议行动：每完成一个项目，梳理个人收获以及仍需提升的能力，作为后续改进的依据。

3. 寻找支持系统

一个强大的支持系统能够为你的成长提供动力。寻找志同道合的导师或加入职业发展小组，利用多元视角和经验帮助自己更好地面对挑战。

建议行动：每季度安排一次与导师或同行的交流会议，获取针对性反馈，并根据建议优化自身策略。

4. 创建安全的学习环境

作为团队领导者，你的行为会直接影响团队的创新文化。创造一个允许试错的环境，鼓励团队成员探索新方法，哪怕可能失败。记住，奖励创新行为同样重要，而不仅仅是成功的结果。

实践方式包括：

● 在团队会议中设立"创新时刻"，鼓励每位成员分享他们的大胆想法。

● 对失败的尝试进行总结和学习，公开表彰那些带来新视角或方法的行为。

5. 提高沟通和谈判能力

进取心的实践需要通过高效的沟通和谈判来实现。特别是对于女性管理者而言，勇敢表达需求、善于协商是职业发展的重要环节。美国哥伦比亚大学教授亚当·加林斯基（Adam Galinsky）与沃顿商学院教授莫里斯·施韦策（Maurice Schweitzer）在《朋友与敌人》（*Friend & Foe*）一书中强调，小幅度的加薪请求在职业发展中具有长期显著的回报。这种策略看似微不足道，但通过逐步提高薪资水平，可以在职业生涯中累积巨大的经济收益。

然而，在亚洲文化背景中，女性往往因为传统观念的束缚对谈薪感到犹豫。许多人从小被教导要低调谦逊，认为主动提出加薪要求可能会被视为"贪婪"或"不合适"。但实际上，适时提出薪资调整不仅是职业发展的合理行为，也能传递出一种自信和价值感。以谈薪为例，谈判并不是要采取对抗性的姿态，而是通过清晰的沟通和充分的数据支持，展示自己为团队和组织创造的价值。

建议行动：

● 在请求前，准备清晰的事实和数据支持，如具体成果、目标完成情况等。

● 练习积极且尊重的表达方式，展示自信，同时保持开放的态度。

开放性反思题目

通过以下问题，你可以更加深入地反思自己的行为和决策，为未来的改进提供指导：

关于成长和学习

- 最近一次学习新技能的经历是什么？它如何影响你的个人或职业发展？
- 你如何在团队中营造学习氛围？是否成功激励了团队成员的学习兴趣？

关于创新与失败

- 回顾一次你或团队尝试新方法的经历。结果如何？你从中学到了什么？
- 在过去的一次失败中，你是否找到了成长的契机？具体情境是怎样的？

关于人际网络

- 最近你是否主动拓展了职业网络？这次互动为你带来了哪些新的启发？
- 你是如何利用人际网络为项目或团队创造价值的？

障碍与应对策略

如果努力之后仍未达到预期，怎么办？即使采取了以上介绍的策略，依然可能会遇到以下障碍：

1. 外部限制

- 性别偏见：一些组织可能对女性领导力仍存有固有偏见。
- 文化约束：某些组织文化可能更倾向于传统而非创新，阻碍个人的发展。

2. 内在障碍

● 缺乏自信：长期受社会文化影响，女性管理者可能会对自身能力产生怀疑。

● 犹豫不决：在关键时刻缺乏果断的行动力，可能错失机会。

3. 资源不足

● 支持缺失：缺乏导师或关键资源支持，可能使你的行动受限。

针对这些障碍，女性管理者可以采取以下应对策略：

1. 寻找盟友

与同事、上司或行业专家沟通，争取他们的支持。建立"成功伙伴关系"，通过合作获得资源和机会。

建议行动：主动参加行业峰会或社交活动，建立更多有影响力的关系网络。

2. 增强自信

通过设定小目标并逐步实现，逐步积累自我效能感。每次完成目标后，记录自己的收获，增强成就感。

建议行动：设立每月或季度小目标，例如掌握一项新技能或完成一个微型项目。

3. 调整策略

重新审视目标和计划，从新的视角或路径出发寻找解决方法。例如，如果内部环境限制较多，可以尝试跨部门或跨行业合作。

建议行动：评估现有的限制条件，列出可替代的资源或路径，并逐步尝试。

小结

进取精神不仅是一种态度，更是一种能力。它推动我们跳出舒适圈，探索未知，无论是创业，还是在现有的职业路径上推动新的项目，都是一种向梦想靠近的实践。女性管理者尤其能够将雄心与细腻结合，以独特的视角和韧性，带领团队迎接挑战，开创新的格局。

然而，仅仅拥有梦想和行动的勇气是不够的。执行的过程是梦想实现的关键所在。在职场中，每一个成功的项目，每一次影响深远的决策，背后都隐藏着精心的规划、团队的合作和持之以恒的努力。

执行力不仅体现在将计划付诸实践的能力上，更需要在过程中具备灵活性、创造力和应对困难的韧性。女性管理者在这一方面可以发挥出色：她们擅长从全局出发，同时注重细节；她们能够在复杂的人际关系中建立信任与合作；她们还善于平衡情感和理性，用关怀带领团队向前迈进。这些特质使得女性领导者能够在执行过程中更好地激励团队，并将愿景转化为现实。

回顾那些敢于冒险、勇于追梦的女性领导者，无论是张楠以开拓创新精神带领抖音和剪映成为行业标杆，还是陈心颖用战略眼光和执行力推动平安集团在科技领域取得全球领先地位，她们的故事告诉我们：成功并非一蹴而就，而是通过无数次尝试、调整和坚持不断积累的结果。

所以，当心中有了一个梦想，不要只是犹豫或等待。迈出第一步，付诸实践，让梦想有机会生根发芽。勇敢尝试，也许无法确保成功，但至少无怨无悔。更重要的是，学会将想法转化为清晰的计划，将计划转化为坚定的行动。在执行过程中，不断学习、反思和优化，才能真正把梦想变为现实。

在这个充满变化与机遇的时代，进取精神是每一位女性管理者都需要的。它让我们不仅能勇敢追求卓越，也能在面对挫折时重新出发。因为只有行动，只有执行，才能让我们的梦想更接近未来，也才能让我们的人生在尝试和坚持中变得更加丰盈和有意义。

第八章

授权风范：
激发团队潜能的艺术
（Empowering）

意 愿	行 为	结 果
为什么女性管理者需要授权？授权的意义和精髓是什么？	女性管理者如何有效地授权？	如何评估与培养授权的领导力？

"在成为领导者之前，成功意味着提升自我。成为领导者之后，成功则在于培养他人。"

——杰克·韦尔奇，通用电气（GE）前董事长兼CEO

"简能而任之，择善而从之。"

——《旧唐书·魏征传》

在一次关于领导力的课程中，我的一位女性高管学员分享了她的困惑："为什么我明明给了团队成员很大的自由度，结果却不尽如人意？他们似乎并没有真正发挥自己的潜能。"她的问题引发了全场的共鸣。也许你也有过类似的疑问：授权究竟是解放自己的时间，还是培养团队的能力？你是否曾在授权后感到不安，担心失控或成果不理想？欢迎你带着这些问题，我们一起深入探讨授权的艺术。

　　授权作为一种现代领导方式，不仅要求管理者具备高超的管理技巧，更要求他们在组织中营造一种赋能的文化，让每个人都能发挥潜力。这对女性管理者而言，既是机遇，也是挑战。女性管理者往往更倾向于采取合作和关怀的管理方式，这种特质让她们更具共情力和倾听能力。然而，如何在放权与指导之间找到平衡，却成为许多女性管理者面对的难题。

　　某跨国公司的中层管理者李倩（化名）曾坦言："我在初次尝

试授权时压力很大，尤其是面对重要的客户项目。授权的决定就像一个冒险——你放手了吗？还是随时准备接手？"李倩将一个关键项目交给了一位能力出众但信心不足的下属，同时定期与他沟通，提供必要的指导，而非直接给出答案。结果，这位下属不仅顺利完成了项目，还展现出超越预期的潜力。从中，李倩意识到："授权的背后是给信任，而不是甩手掌柜。"

在职场中，你是否也和李倩一样，在授权时感到犹豫不决？是担心失去控制，还是害怕被视为"不够有担当"？女性管理者往往面临更高的期望和更严苛的评价，她们在授权时不仅要顾及团队的结果，还要在权力与关怀之间找到微妙的平衡。

在授权的过程中，可能还有一个问题让你深有感触：该给多少支持？给太多，团队成员可能依赖性增强；给太少，他们又可能因无所适从而退缩。这种对"分寸感"的拿捏，是每位管理者在授权中需要直面的挑战。

如果此时的你对授权仍有些迷茫，不妨问问自己：我的授权是为了解放自己的时间，还是为了让团队成员成长？我是否愿意承担失败的风险，以换取团队的潜力释放？研究表明，授权型领导风格不仅能显著提高团队绩效，还能增强员工的工作投入和情感承诺。这是一种双赢的模式，前提是你愿意走出"放手即失控"的误区。

接下来的内容将帮助你更深刻地理解如何在"给自由"与"提供支持"之间找到平衡点，为你的团队注入信任与动力。毕竟，授权不是一场放手的冒险，而是一次共同成长的旅程——它成就了团队，也成就了管理者自己。你，准备好了吗？

领导力的真谛：引导而非亲为

领导力的真谛，不在于亲力亲为，而在于引导团队共同实现目标。正如韩非子所言："下君尽己之能，中君尽人之力，上君尽人之智。"明智的管理者不会事无巨细地事必躬亲，而是懂得合理授权，充分调动团队的智慧和力量。《资治通鉴·唐纪·唐纪八》亦云："君子用人如器，各取其长。"管理者应当善于识别和挖掘下属的优势，并加以充分利用，而非苛求他们事事精通。授权管理的关键在于，基于团队成员的特长进行合理分工，让每个人在其擅长的领域最大化地发挥价值，从而提升整体效能。对于女性管理者而言，这一智慧尤为重要。在许多场景中，平衡高度尽责心与赋能团队的关系，是管理者面临的关键挑战。

在心理学的"大五人格"模型中，尽责心这一受欢迎的管理者特质，虽然能显著提升团队的绩效，却也可能成为一把"双刃剑"。研究表明，尽责心强的管理者通常注重细节、计划，极其自律，这些特质为卓越领导奠定了基础，但如果使用过度，就容易演变为过度控制和干涉。许多女性管理者对此感同身受，尤其当她们过于担心失败时，更倾向于"直升机式管理"，无论团队大小事务都要亲自过问。长此以往，团队的主动性和创造力会受到压制，而管理者自己也可能因精力耗尽而感到疲惫不堪。

我在一项关于领导失败的研究中发现，许多管理者在反思自身时，最常提到的错误之一，便是"管得太多"。一位受访者坦言，她过去总是担心下属做不好，因此习惯事无巨细地干预。但长期下来，团队开始表现出依赖和消极的情绪，创新能力和执行效率也大打折扣。她说："我意识到，这样的行为不仅让我精疲力竭，还无形中压制了团队的成长。"

从反思中，她逐渐学会了放手。她尝试从非关键任务开始授权，给团队成员更多的自由去尝试，并在过程中提供必要的支持和反馈。这种变化不仅让团队表现更具活力，也让她有更多时间专注于战略性工作。

放下对细节的执念并不意味着完全放手，而是意味着信任和赋能。在这个过程中，女性管理者需要敏锐地识别团队成员的能力与潜力，将适合的任务交给合适的人，并创造一个允许试错的环境。失败不可怕，它是团队成长的必经之路。

一项心理学研究显示，平均而言，女性在各个年龄段的尽责心水平都高于男性。回想我们的求学过程，许多遵守纪律、成绩优异的学生往往是女生，而那些调皮捣蛋、制造麻烦的情况则更多出现在男生身上。当然，这也可能带有某种刻板印象的成分。

尽责心是女性管理者的一大优势，但如果过度使用，可能会成为阻碍团队和个人发展的绊脚石。当我们学会将尽责心从过度控制转化为信任与指导，领导力的价值便能够在更广的范围内得以发挥。领导力的真正意义并不在于个人能够完成多少，而在于团队在你的带领下能够完成多少。当你愿意迈出信任的第一步，去赋能团队、激励成员，你会惊喜地发现，团队的潜力是如此无限，成就感也因此更加深远。

你是否曾因害怕失败而不敢放手，对细节的掌控让你感到疲惫不堪？你是否考虑过授权会如何改变你的领导方式和团队的表现？或许，改变的起点就在下一次授权的决定中。真正的领导力，是通过激发和赋能团队，创造更多的价值与可能。愿每一位女性管理者都能在责任与信任间找到平衡，让领导力焕发更加耀眼的光芒。

突破障碍：克服"怕麻烦人"心理

克服"怕麻烦人"的心理，是女性管理者提升领导力的重要一步。虽然授权是一种能提高效率并帮助团队成长的关键行为，许多女性管理者却常常因为过于在意团队成员的感受或担心自己被视为推卸责任，在授权时犹豫不决。

一个真实的案例来自某国际非政府组织的分部主管琳达（化名）。她在一场内部研讨会上坦言，自己总是觉得向团队成员分配任务会"麻烦到他们"。她说："当我让他们多承担一些责任时，总担心他们会觉得这是额外负担或者我不够关心他们的工作量。"为了避免这种心理不适，她经常选择亲自完成许多工作，甚至是一些并非她职责范围内的琐事。然而，这种做法不仅让她筋疲力尽，还让团队成员感到被动和缺乏成长的机会。一次绩效评估中，有成员反馈道："我感觉我们只是在执行她的想法，而不是在真正学习和成长。"

这种心理障碍在女性管理者中并不少见。哥伦比亚大学的莫杜佩·阿基诺拉（Modupe Akinola）和她的团队通过研究发现，女性管理者往往对授权行为抱有更多负面联想。她们更倾向于将授权与"自我主导"特质联系起来，比如"控制欲强"或"野心勃勃"。这些特质可能与社会对女性的期望相悖，使得女性管理者在实施授权时感到不适。这种不适甚至会让她们对授权行为感到内疚，担心自己是否"利用"了团队成员。

进一步的研究发现，这种心理障碍并非不可克服。当授权被重新定义为一种合作性和支持性的行为时，女性管理者更容易接受。例如，将授权视为一种帮助团队成长的方式，而不是单纯的任务分配。琳达在一次接受领导力培训后，改变了自己的管理方式。她学会了在分配任务时主动表达信任，比如说："我把这项任务交给你，因为我相信你的专业能力。我会在需要时支持你。"这种转变不仅让团队成员感到被信任，也让琳达逐渐摆脱了"怕麻烦人"的心理包袱。

另一个例子来自一家初创科技公司的研发团队负责人艾莉（化名）。作为团队中唯一的女性管理者，她经常感到需要"证明自己"。因此，她倾向于对团队的每一个任务都亲自把关，甚至在深夜修改团队成员提交的报告。一次年中总结会上，团队成员提出，希望有更多自主完成任务的机会，因为"她的介入让我们觉得我们的工作不被认可"。这一反馈让艾莉意识到，她的过度介入不仅没有帮助团队提升，还可能损害了团队的士气和信心。

艾莉之后尝试了一种新的授权方式：她明确团队的整体目标，并允许成员自行决定具体实现路径。同时，她在任务初期提供必要的支持，但避免过多干预。这一调整迅速改变了团队的工作氛围。成员们开始主动提出创新想法，艾莉则有更多时间专注于战略性任务。

这些案例揭示了一个重要的事实：女性管理者在面对授权时的心理障碍，并非无法克服。以下几点或许能帮助更多女性管理者突破"怕麻烦人"的思维桎梏：

● 重新定义授权：将其视为一种团队协作和赋能的行为，而非权力的转移。

● 信任团队的能力：相信成员有能力承担任务，并通过实际行动表达这种信任。

● 接受不完美：允许团队成员在实践中试错，并将失败视为成长的机会。

● 寻求反馈：主动倾听团队成员的意见，了解他们对授权行为的真实感受。

● 练习逐步放手：从小任务开始尝试授权，并逐渐扩展到更具挑战性的工作。

女性管理者的"怕麻烦人"心理，虽然源于对责任感的高度重视和对团队的关心，但如果过于执着，反而会制约团队的发展。当女性管理者学会放手并真正信任团队，不仅能提升团队的自主性和创造力，也能让自己从琐事中解脱出来，更专注于战略层面的工作。突破障碍的过程，或许需要时间和耐心，但正如艾莉所说："当我愿意放手的时候，团队的能量让我大为惊叹，而我也终于能做一个更好的领导者。"

授权的力量：让团队成员感受到尊重和信任

授权不仅是一种领导力策略，更是释放团队潜能的强大工具。大量研究表明，授权型领导能够有效促进团队的知识分享、业绩提升以及创新力的增强，同时显著提高客户满意度。香港理工大学的欧怡（Amy Yi Ou）及其团队的研究进一步验证了这一点。他们对中国 63 家私营企业的 328 位高层管理团队（TMT）成员和 645 位中层管理者进行的问卷调查显示，CEO 的谦逊与授权型领导行为之间存在正相关关系，而授权型领导行为又进一步推动了高层管理团队的整合程度。更重要的是，这种整合感使中层管理者更强烈地感知到组织氛围中的授权特质，从而提升了他们的工作投入、情感承诺和整体绩效。

这一研究结果揭示了授权行为如何通过增强组织内的信任和合作感，使管理者的影响力在整个组织内层层扩展。特别是谦逊的管理者，他们通过分享权力和资源，拉近了自己与团队之间的距离。这种行为不仅能够使高层管理者更加团结，也为中层管理者创造了更宽松、更具信任感的工作环境，从而进一步提升了员工的敬业度和创造力。

谷歌的"20%项目"是授权实践的经典案例，充分体现了授权的力量对创新和组织发展的影响。在这一计划中，谷歌允许员工将20%的工作时间用于自主探索项目，而这些项目不必直接与其核心职责相关。这种高度灵活的授权模式鼓励员工在自由环境中发挥创意，最终催生了一系列具有颠覆性影响的产品。例如，Gmail和Google Sky便是这一计划的产物。Gmail如今已成为全球最受欢迎的电子邮件服务之一，Google Sky则通过将天文学资源数字化，极大地推动了这一领域的公众教育。这些创新的背后，是谷歌对员工能力的深度信任以及对员工个人潜能的持续挖掘。

授权不仅是将任务分配出去，更是一种通过赋予选择权和责任来激励团队的行为。远程办公模式的兴起提供了一个直观的例子。当员工可以自主决定何时工作、在哪里工作时，这种安排不仅让他们感受到管理者对自己的信任，同时也提升了他们的满意度和忠诚度。携程的一项研究发现，在授权员工灵活安排工作时间后，员工的满意度和忠诚度显著提高，离职率也因此大幅下降。这些结果表明，授权并不只是管理者释放时间和精力的工具，更是增强员工归属感和敬业度的重要策略。

艾伦·简·兰格（Ellen Jane Langer）教授的研究从心理学的

角度为授权提供了更深层次的解释。她认为，人类的潜能往往被外界的限制性预期所压抑，而授权的核心在于赋予个体自主权，让他们感受到控制力和可能性。她在实验中发现，当人们被赋予信任、被允许掌控自己的选择时，他们的心理状态和工作表现都会显著改善。授权并不仅仅是一个管理行为，更是一种激励人心的方式。当团队成员感受到被赋予信任和尊重时，他们的内在动力也会被激发，从而带来更出色的表现。虚拟小组讨论中的领导者弗洛伊德（Floyd）分享道："你必须让员工自己做决定，即使它们是错误的决定。"这句话完美诠释了授权的精髓：接受错误是成长的一部分。她提到，虽然自己始终在员工需要时提供支持，但不会干预每个细节。这种包容和信任营造了心理安全感，鼓励团队成员大胆尝试新方法。

然而，尽管授权带来了诸多益处，很多管理者在实践中却感到困难。尤其是女性管理者，受性别角色的影响，往往倾向于将授权与"自我主导""控制欲强"等特质联系起来，这让她们在分配任务时感到不适或内疚。研究发现，女性领导者比男性更少进行任务分配，即使进行授权，她们与团队的互动质量也相对较低。这种行为源于一种深层次的心理矛盾：她们既希望通过授权提高效率，又担心这种行为可能被视为不够负责或疏于管理。

这一点启示我们，授权并不意味着放手不管，而是通过信任和指导，为团队成员创造机会，让他们能够在自己的岗位上发光发热。试想，如果你是谷歌团队中的一员，有机会用 20% 的时间自由探索，你会如何利用这份自由？而作为管理者，当你看到团队成员在授权环境中实现了从未想象过的成就时，是否也会感到欣慰？

通过授权，管理者不仅能解放自己的时间和精力，更能让团队成员感受到自己是被信任和重视的。授权的真正力量在于，它能为每位团队成员创造展示自己价值的机会，同时让组织从根本上焕发活力。作为管理者，你是否准备好在自己的管理中加入更多的信任？或许，当你选择放手的那一刻，一个充满创新和潜力的未来便已悄然开启。

真正的授权：不只是放手

真正的授权远非简单的"放手"或"分权"，尤其是在以女性赋权为目标的工作群体中，领导实践的复杂性往往被低估。传统上，管理者被赋予的期望是通过主动行为带动团队成员，帮助他们认识并激发自身潜力。曼兹（Manz）和西姆斯（Sims）（1980）提出，赋权型领导需要在适当的时机采取主动，以促使群体成员意识到自己的力量。然而，管理者在执行这些主动行为时，可能会不自觉地偏离群体所追求的协作原则，而这一点在女性主导的工作群体中尤为突出。

女性工作群体通常高度重视平等与协作，这种文化让"主导性"

行为显得格格不入。爱丽丝·伊格利（Alice Eagly）等人（1992）、戴维·贝尔（David Bell）和吉尔·瓦伦丁（Gill Valentine）（1995）曾探讨，女性间的群体合作常以支持性互动为基础，因此，当管理者显得过于"突出"或"强势"时，这种行为可能被视为对群体价值观的背离。这种心理张力不仅让群体成员感到矛盾，管理者自身也难免产生复杂感受。一方面，管理者享受主动行为所带来的控制力和成就感；另一方面，她们可能担忧，这种主导性会破坏赋权型群体的平等初衷。

这种矛盾心理的深层次原因，可以从组织生命周期的角度进一步理解。罗伯特·奎因（Robert E. Quinn）和金·卡梅伦（Kim S. Cameron）（1983）认为，组织在发展的不同阶段对领导风格的需求会有所变化。在早期阶段，组织更依赖管理者的主动推动和决策，以奠定基础。而随着群体的发展和成熟，管理者需要逐步转向支持性角色，鼓励成员的自主性。对于女性赋权型工作群体来说，这一过程尤为敏感——在初期，管理者的高参与度可能受到欢迎，但在群体趋于成熟时，这种主导行为可能引发不适甚至抵触。

巴图内克（Bartunek）等人在《组织科学》的研究进一步揭示了女性领导女性群体中的微妙权力动态。当管理者主动承担更多责任时，群体成员可能会感到暂时的放松，因为她们被从部分责任中解放出来。然而，这种放松感可能会伴随着隐隐的不安。她们或许会对管理者剥夺了自己的影响空间感到失落，同时也可能质疑群体的"赋权"目标是否仍然得以贯彻。而管理者在行使权力的过程中，同样会感到内心的冲突，甚至怀疑自己的行为是否有悖于群体原则。

要解决这一困境，关键在于重塑授权的内涵。真正的授权并不意味着管理者简单地"退让"或"放手"，而是通过明确的目标和精心设计的机制，让群体成员逐步增强自己的能力与信心。这需要管理者在主动性与协作性之间找到微妙的平衡。在初期，他们应主动推动组织进展；而在后期，则需要通过促进性行为支持群体成员自主决策。此外，开放的沟通与反思机制也至关重要。群体成员需要有空间表达对领导行为的感受，而管理者也须通过积极的倾听和反馈，让每位成员感受到自己的价值。

在这种动态权力关系中，女性管理者需要特别关注自己内心的复杂情感。一方面，她们需要接纳这种复杂性，并意识到矛盾是群体成长的组成部分；另一方面，她们也需要外界的心理支持，帮助她们在权力的行使与平等的追求之间找到平衡。最终，授权的核心是一个共同成长的过程——不仅是让群体成员更强大，也让管理者自身更具智慧和韧性。

授权的艺术：何时介入，何时放手

在博士生面试中，我的最后一个问题通常会请候选人提问。有一次，一个候选人问我："你作为博士导师的风格是什么？"听到这个问题我停了一下，随即回答："我尝试授权，但授权未必适合每个人，尤其是初年级的学生。我会更亲力亲为（hands-on）一些，因为他们需要更多的指导。而当学生逐渐成熟独立时，我会放手多一些。"这个回答虽然看似直观，但背后其实包含了许多微妙的权衡和领导艺术。

授权并不是简单的"放手"，更不是"撒手不管"，它需要智慧地把握时机——何时介入，何时退让。洛林科娃（Lorinkova）和团队的研究表明，授权领导的有效性取决于团队所处的发展阶段。在团队的早期阶段，成员可能尚不熟悉自己的角色和责任，此时更需要指导性强的管理者，明确方向、制定规范、传递经验。而当团队逐渐成熟，成员的能力和信任度提高时，授权型领导才真正显现出它的优势。这个观点同样适用于个人成长的过程。就像那些刚踏入博士学习旅程的学生，可能初期在方法论、问题聚焦和研究框架上需要清晰的指导，而随着经验和自信的积累，他们才有能力在更开放的框架下独立探索。

管理学的研究也表明，当下属具备较高的能力和自信时，授权型领导才能发挥最大效用。试想一个充满创新挑战的环境：团队需要快速迭代和灵活应对，授权的模式不仅能激发团队的主动性，还能为创新提供空间。有一个经典的例子，某科技初创公司的团队经理，他在团队逐步成熟后，转变了事无巨细的管理方式，将更大的决策权交给团队成员。这不仅让团队成员感受到信任，也促使他们更主动地为自己的决策负责，创新成果因此得到大幅提升。

然而，授权并非适用于所有环境和文化。跨文化研究发现，授权型领导在低权力距离和高个人主义文化中效果更佳。换句话说，当团队中的个人更倾向于平等对话，并渴望在工作中有更高的自主权时，授权模式就像是为他们量身定制的一般。但在一些高权力距离的文化中，授权可能会被误解为管理者的懈怠或缺乏责任感，反而让团队成员感到困惑甚至不安。试想一个在权力距离较高文化背景下成长的下属，习惯于上级明确的指示和直接的监督，突然被赋予大量决策权，这种变化很可能让他们产生压力，而不是感觉被信任。

授权的挑战不止于文化，还涉及角色和期望的管理。当角色模糊或期望不明确时，授权可能反而成为一种负担，让下属感到无所适从。而 Yin 等人在中国的研究中指出，当管理者和下属的期望一致时，授权才能真正奏效。这一点特别重要，因为很多时候，管理者认为他们是在"赋权"，下属却感到被推向了一个未知领域。这种不对齐的期望不仅会削弱授权的效果，还可能引发工作压力。

我的一个同行曾试图在新组建的团队中实施授权模式，希望借此激发团队的创造力。然而，由于团队成员对彼此的角色边界没有清晰的认识，结果却事与愿违。一些成员感觉被抛弃了，另一些则因为权责不清，反而陷入了内耗。后来，他调整了策略，重新明确了每个成员的职责，并通过阶段性检查和反馈建立起信任。这样的调整让团队渐渐找到节奏，授权也开始发挥作用。

所有这些研究和案例的背后，都提醒我们一个事实：授权是一种高度情境化的领导艺术。它需要洞察团队或个体的成熟度、文化背景以及角色期望，还需要管理者具备敏锐的观察力和灵活的适应能力。更重要的是，它需要一个长期的信任构建过程。授权并不是权力的"交接仪式"，而是管理者与团队共同成长的过程。在这个过程中，管理者不仅是一个赋权者，更是一个支持者和陪伴者，始终关注团队的状态，随时准备介入或退后，用最恰当的方式引导团队前行。

或许，我们可以这样理解授权：它像是放风筝。风筝刚起飞时，需要紧紧把握线，控制方向和力度；而当风筝飞上高空，找到稳定的气流时，我们才慢慢放松手中的线。重要的是，我们始终都在关注风筝的状态，随时准备调整。这，正是授权的艺术所在。

兼容并蓄：授权型领导与指导型领导的结合

兼容并蓄的领导，本质是一种平衡艺术，它需要管理者对情境、团队和个人有深刻的理解与灵活的适应能力。马丁（Martin）教授及其团队的研究指出，指令型和赋权型领导各有所长，但也各有局限。在任务导向较强的情境下，指令型领导可以快速提升团队的核心任务能力，而赋权型领导则更擅长激发员工的主动行为。这种平衡需求，不仅存在于研究模型中，更广泛体现在现实的领导实践中。

在一个医疗行业的变革项目中,一位经验丰富的项目主管面临这样的选择。他的团队由资深的医生和刚入行的年轻医疗技术人员组成。起初,他对团队采用了明确的指令型领导,以确保整个项目能够快速启动并遵循标准流程。然而,随着项目推进,年轻成员逐渐熟悉了流程,且在某些细节技术上展现出了超出预期的潜力。这时,他开始调整策略,逐步给予年轻成员更多的决策权,同时继续对资深成员保留一定的指导和监督权。这种双轨并行的领导方式,不仅让整个团队更加高效,也激发了年轻成员的创造力。他总结说:"当你真正信任一个人,并赋予他尝试的自由,收获的成果远比预期要多。"

这样的案例再次印证了赋权型领导在激发主动性行为中的独特价值。正如研究发现,当团队对管理者的满意度较低时,赋权型领导反而能够起到扭转局面的作用。这种现象在一位非营利机构的女性管理者身上得到了生动体现。接手团队后,她发现团队士气低落,成员普遍对前任领导的不透明管理感到失望。为了改变这种局面,她决定彻底放开对一些关键项目的控制权,让团队成员自主设计并推进项目。虽然初期风险较高,但团队成员的积极性和创造力逐渐被激发出来,最终在多个项目中取得了突破性成果。这位女性管理者反思道:"有时候,授权本身就是一种信任的宣告,它让团队感受到自己被重视,这种力量是改变现状的关键。"

在一家制造业企业中,一位刚被提拔的生产线经理想通过赋权来提高班组效率。然而，他没有充分考虑到班组中一些员工对新流程的不熟悉，直接放权的结果是不仅效率没有提升，反而因为操作错误频发导致生产滞后。意识到问题后，他重新回归指导型领导，逐步为每位员工设定清晰的目标，并提供详细的操作培训。当整个团队对目标和角色形成统一认知后，他再次转向授权模式，让员工根据自己的工作经验优化流程，最终实现了产量和质量的双提升。

这种从指导到授权的过渡过程表明，管理者需要根据团队的发展阶段灵活调整自己的行为方式。在团队成立初期，清晰的指令和方向感是不可或缺的；而在团队逐渐成熟后，赋权型领导才能释放出更大的价值。这种动态调整的能力，不仅是管理者经验的体现，更是一种对人性和情境深刻洞察的表现。

女性管理者在这方面往往具有天然优势。研究表明，女性管理者更倾向于用共情和协作的方式构建团队信任。在一家教育科技公司的案例中，一位女性 CEO 带领公司从小型初创发展到规模化运作。在公司初期，她采取了强有力的指令型领导，直接参与产品设计、市场拓展和团队招聘。然而，随着公司规模扩大，她逐渐将这些职能分给部门负责人，并通过定期的沟通会议保持总体把控。这种平衡的领导方式，不仅让她摆脱了日常琐事，也让团队在执行层面拥有更多的灵活性。她回忆道："一个优秀的领导者，不是解决每一个问题，而是帮助团队找到自己的答案。"

总而言之，兼容并蓄的领导是一种动态的平衡艺术。它的精髓不在于简单地选择某一种风格，而在于能够在正确的时机切换风格，为团队提供真正需要的支持。管理者既需要清晰的理智，能够快速分析局势，做出果断决策；也需要敏锐的情感，感知团队的情绪和需求，从而以适当的方式引导他们前行。这种智慧让领导力不再是一种权力的象征，而是一种关系的构建，是一种帮助团队成长、赋予他们力量的过程。

兼容并蓄的领导，就像《致橡树》中舒婷描绘的理想关系："我必须是你近旁的一株木棉，作为树的形象和你站在一起。"这句诗意不仅体现了管理者和团队之间的理想状态，也诠释了授权型和指导型领导力结合的深刻内涵。管理者如同一棵稳固的木棉，为团队提供支持和保护，而团队则像橡树般强壮和自主，在风雨中成长，枝繁叶茂。

如何提高授权的效果

要提高授权的效果，女性管理者可以发挥她们独有的优势，同时克服一些常见的挑战，创造既高效又富有共情的团队环境。以下从三个方面具体探讨女性管理者如何在授权中找到自己的路径。

1. 明确目标和边界，让授权有清晰的方向感

研究表明，清晰的目标设定是授权成功的关键之一。心理学家埃德温·洛克（Edwin Locke）的目标设定理论指出，明确且有

挑战性的目标能够显著提升个体和团队的绩效。在授权过程中，模糊的目标可能导致团队成员陷入迷茫，不知道该如何优先排序任务，也不清楚自己的决策范围。一项针对全球企业的研究发现，女性管理者在授权时往往更关注细节，这使得她们在制定清晰边界上具备一定优势。

例如，一位女性管理者在带领一个跨国项目时，针对预算管理的授权，她不仅明确了整体的预算限制，还规定了决策的优先级。她告诉团队："只要预算在既定范围内，可以自由调整供应商选择，但核心目标是提升供应链效率。"这样的明确授权让团队有了足够的自由去做决定，同时又确保不偏离战略目标。

女性管理者可以通过细致的目标和边界设定，既避免因"放权过度"引发的混乱，又为团队创造充分的空间去实现创新。

2. 注重团队发展阶段，平衡支持与自主性

授权并不是一成不变的，它必须与团队的发展阶段相适应。研究表明，在团队不成熟或成员经验不足时，指导型领导更为有效，而随着团队能力的提高，授权型领导则能释放更大的潜力。这与赫西（Hersey）和布兰查德（Blanchard）的情境领导理论不谋而合：管理者需要根据下属的能力和意愿，灵活调整自己的行为。

女性管理者在授权时，可以借助这种阶段性视角。例如，在一个新团队刚成立时，女性管理者可以更亲力亲为，通过清晰的指导和详细的反馈为团队提供支持。而随着团队成员逐渐熟悉

工作，管理者则可以逐步减少干预，更多依赖成员的独立决策能力。

研究表明，授权效果的提升不仅依赖于明确的任务分配，还需要通过反馈机制帮助团队成员在完成任务的过程中确认自己的能力和成就感。心理学家阿尔伯特·班杜拉（Albert Bandura）的自我效能理论指出，个体需要通过外部认可建立自信，从而在未来任务中表现得更为主动和高效。而女性管理者在沟通和反馈上的优势，使她们能够将这一理论转化为实践。

一项研究发现，女性管理者更倾向于通过开放对话和积极倾听来为团队成员提供反馈。这种方式不仅让团队成员感受到被重视，还能够及时纠正偏差。例如，一位女性技术总监在带领团队研发新产品时，每周都会召开"学习会议"，鼓励成员分享进展、困惑以及需要的支持。在倾听的基础上，她不仅针对技术细节提供建议，还对成员的努力给予积极肯定："这个解决方案很有创造性，可以继续深挖。"通过这种正向反馈，她在授权过程中构建了一个持续学习和成长的环境，既提升了团队能力，又增强了成员的自信。

同时，灵活性机制的引入可以显著增强反馈的效果，使授权更贴合个人和团队的实际需求。授权的本质在于让团队成员根据自己的节奏和环境找到最佳工作方式，而灵活性为这一过程提供了保障。万豪国际集团的实践为我们提供了一个成功的案例。其执行副总裁兼首席人力资源官泰·布雷兰德指出，通过灵活的工作时间安排、兼职管理职位以及多任务选择，员工可以在工作中承担更大的责任，并获得更多职业晋升的机会。这种灵活性特别适合需要兼顾工作与家庭的职业女性，为她们创造了更加包容的职场环境。

麦肯锡与 LeanIn.Org 的《职场女性》报告进一步验证了灵活性的重要性。报告显示，每五名美国女性中就有一人表示，"灵活性"是她们保住工作的关键，尤其在需要照顾孩子或老人时。通过灵活授权，女性管理者不仅可以提升团队的主动性，还能够为员工创造更大的心理安全感和归属感。

结合反馈与灵活性机制，授权过程从单向的权力下放转变为动态的支持和赋能过程。女性管理者在这一过程中可以充分发挥自己的优势，通过细致的沟通了解团队需求，通过灵活的调整适应不同成员的节奏。例如，在一个技术研发团队中，一位女性首席工程师将授权任务与灵活的工作安排结合起来。她为团队提供了弹性工时，鼓励成员自主选择工作任务的优先级，同时每月召开反馈会议，确保大家在保持个人节奏的同时完成团队目标。这种方式不仅提高了团队的工作效率，还激发了成员的责任感和创新力。

提高授权效果不仅仅是"给权力"，而是一个动态的管理过程。女性管理者可以通过反馈机制帮助团队成员明确任务和能力边界，同时通过灵活性机制创造更加包容和个性化的工作环境。

两者的结合，让授权不仅是一种工作方式，更成为促进团队成长和激发潜力的催化剂。这种系统性的授权策略，不仅让女性管理者展现出智慧与共情的领导风范，也为团队成员创造了更广阔的发展空间。

工具：评估和提升你的授权型领导力水平

授权型领导力是一项能够激发团队成员潜力和自主性的关键能力。对于管理者来说，评估自身的授权型领导力水平，并通过有效的方法不断优化，是提升团队绩效的重要途径。以下实用工具和策略可以评估与提升个人的授权型领导力水平。

评估个人的授权型领导力

1. 自我评估问卷

通过一些关键问题的反思，管理者可以初步评估自己的授权型领导力水平。以下是几个常用问题：

- 我是否清晰地向团队传达了任务目标和授权边界？
- 我是否信任团队成员能够独立完成任务，而不是过度干预？
- 我是否在授权后定期提供反馈和支持？
- 我是否能够接受团队成员的方法和风格可能与我不同？
- 我是否能够根据团队成员的能力调整授权方式？

在回答每个问题时，按照"从未—偶尔—经常—始终"的尺度进行评分。分数越高，代表你的授权型领导力越强；较低的分数则提示在某些方面存在改进空间。

2. 团队反馈机制

团队反馈是评估管理者在授权过程中的行为和效果的关键工具。通过匿名问卷、一对一访谈或观察具体工作行为，管理者可以深入了解团队成员的感受和体验，从而发现自己的强项与改进空间。反馈机制不仅可以提升管理者的赋权能力，还能增强团队的信任感和凝聚力。

如何设计有效的团队反馈机制

（1）明确反馈目标

反馈的重点在于了解团队成员对授权的感受，包括以下几个核心问题：

● 是否拥有足够的决策权和自主性？

● 是否感受到来自领导的支持和信任？

● 是否认为领导在适当时提供了有效的指导和资源？

（2）示例问卷设计

以下问题适用于团队反馈的简短匿名问卷：

● 你是否觉得自己在当前的工作中能够自由制订计划并采取行动？

● 在任务执行中，如果遇到问题，你是否能够及时获得领导的帮助？

● 你是否感受到领导对你的信任和认可？

这些问题通过李克特量表（Likert Scale）评分（例如：1= 完全不同意，5= 完全同意），可以量化团队对授权的体验。

（3）一对一访谈

在某些情况下，面对面的交流可能提供更细致和有深度的信息。例如，通过开放式提问了解成员的真实感受：

● 你觉得目前的授权方式对你的工作效果有什么帮助或障碍？
● 你认为在哪些方面可以更好地支持你的自主性？

赋权型领导量表：科学化的反馈工具

在组织管理学中，有经过反复验证的标准化问卷，用于评估下属对领导行为的体验。其中，赋权型领导量表（Empowering Leadership Scale）是一项被广泛采用的工具，由埃亨（Ahearne）等人（2005）开发。这项量表通过 12 个条目衡量领导者在赋权行为中的表现，分为以下四个维度：

A. 增强工作的意义感（Enhancing the Meaningfulness of Work）

管理者通过帮助团队成员理解其工作的价值和意义，激发他们的投入感。

示例条目：

●"我的领导让我明白我的工作对团队或公司的重要性。"
●"我的领导帮助我理解工作的长期目标和影响。"

B. 促进参与决策（Fostering Participation in Decision Making）

管理者通过邀请团队成员参与决策，增强他们的责任感和主人翁意识。

示例条目：

● "我的领导会让我参与与工作相关的决策。"

● "我的领导倾听我的意见，并在决策中考虑我的想法。"

C. 传递对高绩效的信心（Expressing Confidence in High Performance）

管理者通过表达对团队成员能力的信任，激励他们实现高水平的成果。

示例条目：

● "我的领导相信我有能力完成具有挑战性的任务。"

● "我的领导会鼓励我追求更高的目标。"

D. 提供去官僚化的自主权（Providing Autonomy from Bureaucratic Constraints）

管理者通过减少官僚束缚，为团队成员提供更大的自由和灵活性。

示例条目：

● "我的领导允许我选择完成任务的方式，而不干涉细节。"

● "我的领导减少不必要的规章制度，以便我更灵活地完成工作。"

整合反馈机制与科学工具

通过将团队的反馈机制与赋权型领导量表相结合，管理者可以更加全面、系统地了解自己在授权方面的行为。

● 问卷反馈：使用赋权型领导量表从量化角度获取团队的整体感受和体验。

● 访谈反馈：补充定性信息，深入了解具体问题和改进建议。

● 持续跟进：根据反馈结果制订改进计划，并在下一阶段定期重新评估，以确保授权效果的提升。

例如，一位部门主管通过赋权型领导量表的反馈发现，团队在"促进参与决策"这一维度上评分较低。他随后调整策略，在每周会议中引入更多开放讨论环节，邀请团队成员为部门目标和流程优化提出建议。几个月后，重新评估显示团队在这一维度的满意度显著提高，成员主动性也有所增强。

团队反馈机制和赋权型领导量表为管理者提供了可靠的评估工具和改进方向。通过科学化和结构化的反馈，管理者能够更加精准地识别自身行为的强项与不足，并通过调整赋权方式，提高团队的自主性和绩效。这不仅能帮助团队成长，也能让管理者在赋权型领导中获得更多信任与认可。

3. 客观数据评估

通过观察授权后团队的实际表现，也可以间接评估管理者的授权能力。例如：

- 团队成员是否能够独立完成任务且质量较高？

- 在遇到挑战时，团队是否有足够的灵活性和创新能力？

- 授权后，团队成员的工作满意度和积极性是否有所提高？

这些数据可以通过定期的团队绩效评估或满意度调查获取。

提升个人的授权型领导力

1. 提升清晰沟通能力

有效的授权从清晰的沟通开始。管理者确保团队成员了解任务目标、责任范围以及期望的结果。

工具：SMART 目标设定法

- Specific（具体）：任务清楚，细化到可操作的程度。

- Measurable（可衡量）：明确衡量任务完成的指标。

- Attainable（可实现）：目标既具有挑战性又切实可行。

- Relevant（相关性）：任务需与团队和组织目标一致。

- Time-bound（时限性）：设定明确的完成时间。

例如，在设计任务时，可以说："我们希望通过这次市场推广活动，将用户转化率提升 5%，并在两周内完成策略提交。"

2. 建立信任与心理安全感

信任是授权型领导的核心。如果团队成员感受到信任，他们会更愿意承担责任并主动提出解决方案。

工具：信任构建清单

- 表现出对团队成员的信任，如公开认可他们的专业能力。

- 在团队成员尝试新方法时，不急于否定，而是鼓励他们总结经验。

- 接受错误作为学习过程的一部分，避免过度指责。

一位女性管理者在新组建的团队中，每次例会都会鼓励成员主动分享进展，并在最后总结时公开表达对成员的认可："你的解决方案让我感到惊喜，我相信你接下来会做得更好。"

3. 通过反馈完善授权过程

反馈不仅是授权的补充，更是帮助团队成长的关键手段。

工具：反馈对话结构

- 描述行为：以具体事实为基础，例如："我注意到你在项目中提出了一些新的想法。"

- 表达感受：让成员知道行为的积极影响，例如："这些想法为项目带来了全新的视角。"

- 建议改进：指出进一步努力的方向，例如："下一步可以探索如何将这些想法落地实施。"

这种结构化反馈既能巩固信任，又能提升团队成员的能力。

4. 灵活调整授权方式

赫西（Hersey）和布兰查德（Blanchard）的情境领导理论强调，根据团队成员的能力和意愿调整授权方式。

工具：情境分析表

- 低能力 + 低意愿：更多指导型领导，提供详细任务说明和跟进。

- 低能力＋高意愿：多支持和培训，帮助成员提升技能。

- 高能力＋低意愿：强调激励和赋权，提升内在驱动力。

- 高能力＋高意愿：完全授权，让成员自主完成任务并负责结果。

管理者可以定期观察团队成员的发展情况，灵活切换授权方式，让每个人都感受到量身定制的支持。

5. 借助技术工具优化授权

利用现代技术提升授权效果，例如项目管理工具（如 Asana、Trello）和绩效跟踪软件（如 15Five、BetterWorks）。这些工具可以帮助管理者实时跟进团队进展，同时避免微观管理，让授权过程更加高效和透明。

通过以上方法，女性管理者可以更全面地评估自己的授权型领导力，并有针对性地进行提升。授权不仅是一种领导方式，更是一种信任的传递和团队成长的催化剂。通过明确沟通、信任构建、持续反馈和灵活调整，女性管理者能够在授权过程中展现智慧和影响力，推动团队和个人共同迈向成功。

小结

授权是一种深刻的信任，更是一种温暖的承诺。它不仅告诉团队"我相信你们可以做到"，更是在行动中传递一分力量：每个人都能通过自己的能力和创造力，为团队带来改变。它是激发潜能的艺术，也是管理者用心构筑的一片沃土，在这片土地上，团队成员不仅能够茁壮成长，还能绽放前所未有的光彩。

试想，当一位团队成员因为被赋予自主权而提出了突破性的想法，当一个曾经犹豫不决的下属因为被信任而迈出了关键的一步，甚至当一个团队因为你的授权而从混沌走向成熟，你会不会感到一份内心的满足？这种成就感，不仅源于团队的成长，更来自你赋予他人的信任在他们身上开花结果。

授权绝非简单的放手，也不是毫无边界的自由，它是一种微妙的平衡，是智慧的引导。正如谷歌的"20%项目"，它给予员工充分的空间去大胆探索，却始终以清晰的目标为指引；又如弗洛伊德所说的"接受错误"，它在包容失败的同时，鼓励团队从挫折中积累经验。这些成功的案例提醒我们，真正的授权不是失去掌控，而是在恰到好处的引导下激发团队的潜能，为每个成员创造找到方向并自由成长的机会。

麦肯锡全球资深董事合伙人钟惠馨（Violet Chung）是福布斯中国 2024 年最有影响力的商业女性之一。在清华经济管理学院我教授的一门麦肯锡全球领导力课程中，她曾作为嘉宾分享自己的领导理念。当我问及她的领导核心是什么时，她微笑着回答："是'公仆型领导力（servant leadership）'。真正的领导，不是依靠权威，而是懂得授权，帮助他人实现最大潜能。"这句话掷地有声，让人深思。领导的价值并不在于做多少事，而在于帮助团队成长、成就他人。

或许，我们每个人的人生中，都曾因为一份信任而迈出关键的一步，可能是导师的指导、领导的支持，甚至是父母的一句鼓励，让我们有了去追寻梦想的勇气。正是因为这份信任，我们才敢于面对未知。作为管理者，当你将这样的信任传递给团队，不仅会让他们感到被需要、被重视，更为他们开启了一段属于自己的成长旅程。

授权的真正美妙之处，在于它能让团队成员从被动执行者变为主动创造者，从机械完成任务转变为挖掘潜力、追寻成就感的过程。这不仅仅带来工作的成果，更能深深触动人心。在授权的过程中，你不仅会见证团队的成长，还会重新认识自己领导的力量——因为每一份信任，都会成为改变他人生活的一束光芒。

选择授权，不是撒手不管，而是在旁注视与守护；不是放任自由，而是基于深刻的洞察与理解。你是团队的支撑者，是赋能者，更是团队成员成长路上的陪伴者。当团队因你的信任焕发光彩时，你会发现，这份信任的意义远远超越了工作本身。它成就了成长、合作，以及人与人之间最深刻的连接。而最终，这不仅点亮了团队的未来，也让你的领导旅程变得温暖而深邃。

第九章

双重关爱之道：
自我成长与外界共融的艺术
（Double Cares）

意 愿	行 为	结 果
为什么双重关爱尤为重要？	如何践行双重关爱之道？	如何测量和评估双重关爱之道？

"空灯无法照亮前方。自我关爱是让你的光芒闪耀的燃料。"

——佚名

从小到大，我的父母从未对我说过"你是女孩，所以应该怎样怎样"，我也从未因为是女孩而失去机会或关爱。然而，中学时的一次经历，颠覆了我对世界的认知。那一次，我以全年级第一的成绩引以为傲，却听到一位排在我后面的男生对我说："你不用骄傲，你是女孩，偶尔一两次的好成绩，比不过男孩的。"他的话让我震惊，甚至迷茫：为什么我是女孩就不能一直优秀？为什么女孩与男孩的竞争被视为不合理？

　　带着这些疑问回家，外婆对我说了一句话："谁说女子不如男？那只是他自己有问题。"虽然当时的我未能完全理解这句话，但多年后，这句话却成为我直面偏见的力量来源。

　　后来，我接触到了"冒名顶替综合征"的概念，这让我更加深刻地理解，那位男生的偏见不仅针对我，也折射了社会对女性成就的普遍怀疑。研究表明，无论取得多大的成绩，许多人，尤其是女性，都会在内心质疑自己的价值："你不配拥有这些成就，这只是暂时的。"这种情绪让我们害怕骄傲，也让我们质疑自己是否有资格成功。面对这些无端的偏见，我们必须学会坚信自己的价值，用信心和行动去回应质疑。

这样的挑战在女性管理者的职业生涯中尤为明显。英德拉·努伊在2006年成为百事可乐的CEO，这是她职业生涯的巅峰时刻。然而，当她回家与母亲分享这一值得庆祝的喜讯时，母亲的第一反应却是让她去买牛奶。"当你走进这个家，你首先是母亲、妻子和女儿，然后才是CEO，把你在外面的皇冠放下来。"母亲说。这番话虽然让努伊一时错愕，但她在后来的演讲中反复提到，母亲的提醒让她始终记得个人的根基和责任，即便在高光时刻也保持谦逊。

努伊的故事也让我不禁要问，作为女性，我们难道不可以为自己的成就感到骄傲吗？当然可以！无论是个人的努力，导师的指导，还是他人的支持，这些都构成了我们成功的重要部分。为自己的成就欢呼，就像为别人的成功喝彩一样，是一种健康的自我认可。学会为自己鼓掌，不仅是对我们自己努力的肯定，也是一种对抗偏见的勇气。

但这并不意味着盲目骄傲。真正的自信源于对自我价值的清晰认知，也离不开对他人和环境的关怀。在管理中，女性常常表现出"双重关爱"的特质，即通过关爱自己获得力量，再用这种力量去支持团队和家庭。我在本书提出的"双重关爱（2CAREs"框架——自信（Confidence）、果敢（Assertiveness）、重新思考

（Rethinking）和进取心（Enterprising），与关怀（Compassion）、利他（Altruism）、坚韧（Resilience）和授权（Empowering），构成了女性管理者独特的双重能力。

我曾遇到过一位有四个孩子的女性高管。那天，她的生活如同混乱的战场：孩子打翻牛奶、吐了一身，电话那头的客户急切催促，老大摔倒流血需要找创口贴。她却镇定自若地处理一切。当我起身要给她提供帮助时，她微笑着说："不用，请坐。"我不禁好奇，问她如何应对这么多挑战。她的回答是："低期望。遇到问题，解决就好。保护自己的情绪，不让痛苦和压力占据自己的生活。"

情绪管理不仅是为了自己，也是为了更好地关爱他人。微软CEO萨提亚·纳德拉在谈及脑瘫儿子时提到："你的痛苦无法替代孩子的痛苦。你能做的，是用爱去帮助他减轻痛苦。而为了做到这一点，你必须先让自己不那么痛苦。"

这正是双重关爱的核心所在：学会保护自己，才能有更多能量去帮助他人。在 MBA 课堂上，我经常设计价值观排序的活动，帮助学生深入了解自己。在一次次的取舍中，许多人发现，他们忽视了"自己"这个最重要的部分——自己的健康、幸福和内心的满足。

在生活和管理中，女性需要学会在关爱自己与关爱他人之间找到平衡。双重关爱并非一种非此即彼的选择，而是一种深刻的智慧。它让我们在面对偏见和挑战时更加坚定，同时也让我们在支持他人时更具力量与温度。希望每一位女性都能自信地为自己的成就喝彩，在生活的风浪中勇敢前行，并以温柔而有力的姿态，拥抱属于自己的双重关爱之道。

接下来，我将从多个层面探讨双重关爱的维度：从关爱自己与他人，到关爱员工与顾客，到企业与社会，再到人文与科技。每一层次的关爱，既是对责任的诠释，也是平衡现在与未来、生活与事业、小家与大家的智慧体现。

关爱自己与他人：内外平衡的领导力之道

关爱自我与关爱他人之间的微妙平衡，是每一位管理者都需要面对的深刻课题。对于女性管理者而言，这种平衡尤为复杂。这并非简单的二选一，而是一种需要智慧、觉察与行动的动态调和。在职场与生活中，关爱自我往往被误解为一种自私的行为，与管理者应有的责任和奉献精神格格不入。然而，事实远非如此。真正的领导力，始于自我关怀，因为一个内在平衡、身心健康的领导者，才能为他人提供持久而有力的支持。

我想起一次与一位资深女性高管的对话。她是某国际公司的一名财务总监，同时也是一名母亲。电话中，她疲惫地说道："我没有时间照顾自己！我的团队需要我，我的孩子需要我，甚至连朋友也希望我随叫随到。我每天都像在灭火，哪有时间去想什么自我关怀？"她的语气中透着无奈，仿佛肩上的责任正在逐渐吞噬她的精力。这种忙碌并不陌生，它几乎成为许多管理者的生活常态。我们往往将忙碌视为成功的象征，将牺牲自我视作履行职责的标志。然而，这样的模式不仅不可持续，还会让人忽略一个关键问题：当一个女性管理者在透支自己的身心时，她还能为团队和家庭提供高质量的支持吗？

科学研究早已表明，压力并不能让人更高效。相反，压力会激活大脑中的杏仁核，让我们进入"战斗或逃跑"模式，同时抑制前额皮层的功能——也就是负责逻辑思考、解决问题和创新的部分。当我们最需要冷静地面对挑战时，压力却在阻碍我们这样做。反之，短暂的休息和适当的自我关怀，可以帮助我们恢复专注、激发创造力，并以更高效的方式应对复杂的问题。遗憾的是，自我关怀的真正难点并不在于方法，而在于观念的转变。许多人将关爱自己视为奢侈品，甚至是软弱的表现，但事实恰恰相反。一个能够关爱自己的管理者，才是真正有力量去关爱团队、关爱家庭的人。

对于女性管理者来说，这种转变尤为重要。她们不仅面临工作与家庭的双重责任，还经常背负着社会对性别角色的特定期待。哈佛大学的一项研究揭示了女性在职业谈判中所面临的独特挑战。研究表明，女性在职业谈判中的策略往往局限于三种策略："请求""变通"和"塑造"。"请求"是指在既定规则框架下争取自己的需求，"变通"是在现有规范基础上作出调整，"塑造"则是挑战甚至重塑这些规范，为自己开辟新的路径。这些策略不仅体现了女性管理者的韧性与智慧，也暴露了她们在职场中所面临的深层性别偏见。这些偏见让许多女性在面对晋升机会或职业挑战时感到犹豫，甚至产生"冒名顶替综合征"的困扰，总觉得自己的成功更多归因于运气，而非能力。这种心理负担无疑进一步加剧了她们的压力。

此外，女性管理者的利他倾向也常常让她们难以抽身去关爱自己。研究发现，持续的利他行为会让管理者陷入精力耗竭的状态。更糟糕的是，当团队成员逐渐对管理者的帮助产生依赖，甚至将其视为理所当然时，管理者不仅会感到疲惫，还可能削弱团队的自主性。这种情况的发生，既不利于团队的发展，也让管理者承受了更多本可以避免的负担。

真正的关爱他人，始于关爱自己。女性管理者需要认识到，自己的情感健康不仅是一种个人需求，更是团队和组织表现的关键所在。关爱自己并非逃避责任，而是为了更好地履行责任。当女性管理者的内在世界充满平和与力量时，她才能真正为他人提供支持，带领团队迈向成功。

华盛顿大学的基拉·沙布拉姆与王育珍的研究表明，普通员工普遍面临倦怠，这是一种多维度的资源耗竭状态，如果没有适当的干预，倦怠可能长期存在。在他们的研究中，自我关怀和关怀他人被视为两种积极的行动方式，通过这些方式，员工能够补充自身耗竭的资源，实现恢复。研究基于资源保护理论，探讨了这两种关怀形式对倦怠的三个维度（精力耗竭、犬儒主义、无效感）产生的资源生成作用。

研究采用了两种互补的设计方法：一项是针对 130 名社会服务提供者的纵向现场调查，一项是对 100 名商学院学生为期 10 天的体验采样方法。结果揭示了一种复杂的模式，显示出自我关怀和关怀他人都能够生成促进健康的资源（如自我控制、归属感、自尊），从而缓解不同维度的倦怠。具体来说，自我关怀显著缓解精力耗竭，而关怀他人则有效缓解犬儒主义，这种效果可能通过资源生成的直接或间接途径实现。

研究的核心结论是，自我关怀与关怀他人确实能够促进组织中的人类可持续性。然而，关键在于将这种关怀形式与个人的具体需求相匹配，以实现最大的恢复效果。

或许，从今天开始，我们可以重新思考"自我关怀"的真正含义。它不仅仅是多睡几个小时，或者偶尔抽出时间去度假。自我关怀的核心在于建立一种与自我和谐共处的关系，是内心深处对自己需求和价值的承认。

通过这种内在的平和与力量，我们不仅能够更好地关怀自己，还能为他人创造一个更加积极、和谐的环境，从而推动个人与团队的共同成长。组织文化的转变也同样重要。一些企业已经意识到，员工的福祉直接决定了客户的满意度和企业的长远发展。那些推行灵活工作时间、提供心理健康资源的公司，往往拥有更高的员工满意度和生产力。这种以人为本的文化，不仅关爱了员工，也让他们更有动力去关爱客户，从而形成一种良性的双赢循环。

我们需要一个全新的领导力模型，将关爱自我与关爱他人有机结合。在这种模式中，管理者通过为自己创造平衡与幸福，激发团队的潜力，共同实现更高的目标。这样的领导力，不仅是对企业和团队的贡献，更是对个人和家庭的成就。关爱自己，不是软弱的表现，而是力量的源泉。因为，只有一个内在充实、情感平和的管理者，才能真正创造出一个充满活力、团结和成长的团队。

关爱员工与顾客：创造双赢的企业文化

在现代商业环境中，客户满意度不仅仅是通过提供优质服务或产品来达成的，它还深深植根于员工的幸福感和情感支持。员工满意度和客户满意度之间存在着密切的关系，只有员工的内在动力和情感需求得到满足，才能真正为客户提供优质的体验。一项研究揭示，健康的心理状态、积极的情绪调节能力以及稳定的家庭支持，都能显著提升员工的创造力和工作效率。换句话说，员工的身心状态是企业最重要的资产之一。在美国，尤其是在大多数的服务型行业中，传统上"客户至上"的价值观几乎主导了一切。然而，卓越的客户体验，并不仅仅依赖于满足客户需求。它的根基在于员工的健康、幸福和投入度。一个被尊重和关怀的员工，不仅能提供更高品质的服务，也能帮助企业在竞争中脱颖而出，甚至成就可持续发展的未来。

一位科技行业的 CEO 曾直言："自我关怀和员工关怀已不再是奢侈品，而是推动业务成功的核心工具。"这位管理者意识到，员工的福祉与客户满意之间并非矛盾，而是相互促进的关系。于是，她引入了一系列员工支持计划，如弹性工作时间、心理健康资源和家庭友好政策，结果发现，这些投入在减少员工流失率的同时，也显著提高了客户满意度。

　　在服务行业中，一个常见的误解是，优质的客户体验完全依赖于员工额外的付出。然而，过度压榨员工的代价往往是巨大的：倦怠、低效和高离职率几乎是不可避免的后果。一家知名酒店集团曾在客户反馈中发现，大量投诉源于前台员工的态度问题。经过深入分析，管理层意识到，这些员工长期承受过重的工作压力，却缺乏足够的支持和资源。通过重新设计工作流程并增加心理支持计划，酒店不仅改善了员工的工作体验，还显著提升了客户满意度。这一案例生动地证明，客户满意度永远不能以牺牲员工福祉为代价。员工与客户之间的健康互动，才是企业可持续发展的基础。

　　2024 年秋天，Manner 咖啡上海两家门店接连发生员工与顾客的冲突事件。一名女店员因与顾客争执情绪失控，将咖啡粉泼向顾客；另一家门店的男店员则与女顾客发生肢体冲突。事后，Manner 咖啡迅速做出回应，辞退了涉事员工，并承诺严肃处理。然而，这一事件引发了网友广泛讨论，舆论呈现出截然不同的态度。

　　这一现象折射出企业在员工管理和情绪劳动支持方面的不

同策略。以海底捞为例，这家以优质服务闻名的企业鲜少发生员工情绪失控的情况，其背后是对员工激励机制的深度考量和有效实践。

海底捞通过计件薪酬制度，让员工感受到劳动与回报的对等关系。同时，清晰的晋升渠道和完善的职业发展路径，使员工对未来充满期待。这种机制不仅提升了员工的归属感，还激发了他们在服务过程中的情绪投入和责任感。员工在提供高质量服务的同时，也实现了个人价值，从而形成了企业与员工间的良性循环。

反观 Manner 咖啡，当员工感受不到公平回报或缺乏成长空间时，情绪失控和服务质量下降的风险便会显著增加。事实上，情绪劳动是一种隐性但关键的工作要求，它直接影响顾客体验与品牌声誉。企业如何在管理中注重员工的情绪支持和激励，是决定服务质量与品牌稳定性的核心因素。

这一事件提醒我们，员工并非孤立的服务提供者，而是企业文化与管理机制的真实映射。要实现长期可持续发展，企业需要从员工的视角出发，建立以公平激励、职业成长与情绪支持为核心的管理体系，才能真正赢得市场的信任和人心的认同。

员工的家庭生活也是影响其工作表现的重要因素。我和佛罗里大学商学院的合作者的研究发现，当员工感受到来自家庭的支持与温暖时，他们在工作中会表现得更加投入和富有同理心。我们邀请不同行业的领导者在工作日开始前，花10分钟回忆一次来自家庭成员的感激之情，连续三周反复实验。这种简单的反思，不仅显著提升了他们的积极情绪，还直接增强了他们在团队中的赋能行为。家庭的温暖和支持通过情绪传递，成为企业文化的隐形力量。这表明，一个关注家庭与工作的平衡、关怀员工内外生活的企业，能够创造更强大的情感纽带与团队凝聚力。

携程 CEO 孙洁的经验尤其值得借鉴。她强调，企业的家庭友好政策不仅能增强员工的归属感，还能提升客户的体验。例如，携程为孕期员工提供通勤费用报销，并为新手父母设计灵活的工作制度。这些政策让员工感到被信任和关怀，而这种正能量自然会传递到客户服务中。孙洁认为，应该将这种关爱女性员工的理念，推广到全球各大公司的董事会里。"只有管理层开始发声，才能切实解决女性员工的担忧。"当员工感受到企业的支持，他们不仅会更加忠诚，还会以更高的热情和责任感对待客户。这种双向关怀的文化，是企业可持续发展的重要保障。

为了实现员工与客户的双赢，企业需要从文化和策略两个维度进行深刻变革。首先，从文化角度出发，管理层需要从心底里认识到，员工的身心健康和职业成长是企业最重要的投资之一。关心员工，不仅仅是人性化的选择，更是商业成功的理性决策。其次，从策略角度来看，企业必须在政策上做出切实的改变，例如推行弹性工作制度、提供心理健康支持及鼓励员工优先处理家庭事务。最后，帮助员工理解自我关怀的价值尤为重要。自我关怀不是对工作的懈怠，而是为了在更高效、更富有创造力的状态下迎接挑战。

从文化深处改变，才能实现真正的关爱与双赢。员工的幸福感与客户的满意度，并不是互相排斥的对立面，而是相辅相成的两极。通过建设以人为本的企业文化，企业不仅能赢得市场竞争，还能塑造一个充满活力、温暖和创造力的工作环境。在这个环境中，员工被赋予关爱的能量，并将这种能量传递给客户、团队以及家人。企业、员工与客户之间的和谐共振，将为企业未来的发展奠定坚实的基础。

企业与社会：构建可持续的关爱模式

企业社会责任（CSR）不仅是一个潮流词汇，更是一种深远的商业哲学，它倡导将企业的行为与社会福祉紧密相连，而这一理念的核心就在于对员工的关怀。

普惠加拿大的实践是对这一理念的生动诠释。公司不仅关注如何通过有效管理健康成本带来直接收益，更重视通过同理心体现对员工福祉的关注。例如，一位接受过心理健康急救培训的经理，通过细微之处发现了一名员工的心理问题，并通过交流为其争取到医疗中心的专业支持。这一举措不仅挽救了一位员工的生命，更为企业建立了一种深厚的信任文化。这种对员工的深切关怀不可以用金钱衡量，却创造了不可估量的价值。这不仅增强了员工的归属感和自豪感，也激发了他们更高效、更具韧性的工作态度。

这种关怀文化不仅存在于企业内部，更需要延伸至社区和社会层面。企业需要认识到，员工和社区之间并非对立关系，而是一个相辅相成的生态体系。通过倾听员工需求、理解健康数据、支持社区发展，企业可以设计出更具弹性和针对性的福利计划。这种以人为本的策略，尽管可能无法立即带来短期财务回报，但从长远来看，它将展现更深远的社会与商业影响。

对女性管理者而言，这种对员工、客户与社区的平衡尤为重要。克里斯汀·波斯特（Christine Post）与凯瑟琳·拜伦（Kathryn Byron）在 2015 年的研究表明，女性管理者的影响力在公司财务表现和治理活动中展现得尤为显著。他们的元分析发现，董事会中女性的代表性与公司会计收益正相关，尤其在股东保护较强的国家更为明显。这表明，当企业充分利用多元化的知识、经验和价值观时，其运营效率和决策质量会显著提升。此外，在性别平等度较高的国家，女性董事的比例还与市场表现呈正相关，这也反映了社会文化对商业判断和投资信心的深远影响。

与此同时，文英炫（Eunmi Mun）与郑珍（Jung Jin）在 2018 年的研究揭示了另一层次的复杂性。他们发现，在日本的职场性别多样性中，企业社会责任经理倾向于推动高层职位的性别多样性，而非基层。这种策略表面上是一种进步，实际上反映了组织内的政治博弈——通过在高层展示变革，平衡人力资源部门对传统就业制度的维护与投资者关系部门对外部压力的回应。这种"玻璃天花板之上的变化"虽然提升了女性高管比例，却未能实质性改变基层和初级职位的性别格局。

这些研究为我们提供了深刻的启示：真正意义上的关怀不仅需要表面的制度改进，更需要深层次的文化变革。企业应从内而外地构建支持员工成长与平衡需求的生态环境。女性管理者在其中发挥着不可或缺的作用，她们通过推动企业文化的包容性，不仅帮助团队找到更高的协作效率，也为企业注入更强的社会责任感。

企业与社区的互动进一步揭示了企业社会责任的外延。企业社会责任不仅是对社区的一种回馈，更是一种共同成长的方式。通过支持环境保护、公平正义、教育普及等议题，企业不仅为社会注入活力，也塑造了更高的责任标准。社区在推动企业承担责任方面也起着关键作用。社区的支持和期待能够帮助企业从单纯追求经济利益的视角转向价值导向的经营模式，增强企业的社会影响力和员工的忠诚度。根据 Net Impact 的一项调查，45% 的员工愿意为一份具有社会或环境影响力的工作接受 15% 的减薪，这表明，员工对企业的期望已经超越物质回报，更关注其对社会的贡献。

这种双向的价值互动也推动了企业的长期发展。例如，微软的员工志愿者项目通过支持非洲的技能教育，不仅改善了当地社区的教育水平，还为企业开拓了新兴市场的潜力。这种合作模式展示了企业社会责任的多维度影响，不仅提升了社会福祉，还为企业赢得了文化与市场的双重回报。

从根本上看，企业的成功在于信任的建立。根据 2015 年的爱德曼信任晴雨表（Edelman Trust Barometer），许多消费者认为企业的创新更多是出于贪婪而非改善生活质量的初衷。企业唯有通过真实、透明的行动展示对社会的关怀，才能获得长期的信任与认可。这种基于同理心和责任感的行动，最终会形成企业与社会之间的共生关系。

企业在推进关怀文化的过程中，女性管理者的角色尤为关键。她们不仅通过自身的行动表率推动员工福祉，也为企业构建了一个更具包容性和可持续性的文化框架。这种以关怀为核心的领导方式，不仅是企业发展的必由之路，更是未来商业世界的一盏明灯。

关怀并不是一种额外负担，而是一种战略选择。它能让员工找到归属感，让客户感受到真诚，也让社区因企业的存在而受益。当企业将关怀内化为文化，将同理心转化为行动，它收获的远不止短期的商业利益，更是长期的社会信任和文化影响力。这种模式为未来的商业运营树立了标杆，为企业与社会的共赢开辟了更广阔的道路。

人文与科技：以人为本的科技之路

在数字经济快速发展的浪潮中，科技的迅猛进步正在重塑社会的方方面面。从 AI 到数字协作工具，再到自动化算法，我们所处的世界似乎正在被效率与智能化所驱动。然而，在这场科技革命中，我们无法忽视一个重要的核心问题：如何让技术为人类服务，而不仅仅是追求冷冰冰的效率最大化？如何消除技术应用中的性别差异，让每一个人都能公平地受益？这些问题关乎科技的未来方向，也是我们必须认真面对的挑战。

斯坦福大学李飞飞教授创立的"以人为本人工智能研究中心"为这些问题提供了启示。她的团队强调，在技术开发和应用的过程中，不仅要关注算法的精准性与效率，更要兼顾伦理、公平和多样性。李飞飞提出，科技的发展必须以人文精神为引领，构建一个更加包容和负责任的科技生态。这种理念尤其适用于探索 AI 和数字工具在工作场景中的性别差异及其影响。

宾夕法尼亚大学沃顿商学院的林恩·吴（Lynn Wu）教授与波士顿学院的杰拉尔德·C.凯恩（Gerald C. Kane）教授通过对一家大型专业服务公司三年的数据进行分析，揭示了数字协作工具对性别差异的深远影响。他们发现，这些工具在某些方面有助于消除传统职场中性别带来的不平等。尤其是对初级员工和女性员工而言，数字工具改善了她们的网络连接和信息获取，从而提升了职业表现。

具体而言，女性员工通过这些工具，与同事的交流频率显著提高。这表明，她们在知识和专业资源获取方面获得了更多支持，从而克服了传统组织结构中的一些制度性障碍。然而，研究还显示，这种技术对男性员工或拥有较高社会资本的员工的影响却不如对女性明显。对于这些群体而言，数字工具更多地优化了他们已有的资源获取模式，而不是为他们创造新的机会。

然而，这些技术并非毫无隐忧。研究指出，数字工具可能在无意中强化"网络偏向"，即那些缺乏战略性社交技能或不熟悉工具的员工可能会错失机遇。这种现象表明，技术虽然可以部分弥合性别鸿沟，但如果缺乏人文关怀的辅助措施，也可能创造新的不平等。

另一个值得关注的领域是技术培训项目中的性别差异。哈佛商学院的杰奎琳·N. 莱恩（Jacqueline N. Lane）等人的研究表明，尽管企业和大学正在大力投资 AI 与商业分析等领域的培训，但性别偏见在早期筛选阶段仍然存在。研究发现，在一个商业分析中级培训项目中，招聘人员与女性潜在学员接触的可能性显著低于男性学员。

这一现象揭示了技术人才培养中的隐形性别障碍。即便在申请界面之前，招聘人员已经通过性别刻板印象筛选了学员。这种偏见不仅削弱了技术领域的性别多样性，也进一步拉大了性别间的职业发展差距。

随着 AI 在工作场景中的普及，其应用所带来的矛盾逐渐显现。佟思亮（音译）等人在 2021 年的研究中发现，AI 在业绩考核中的应用能够极大地提升效率和质量。然而，当员工得知是 AI 而非管理者在对其表现进行评估时，往往会感到被"操控"，从而降低对组织的信任。这种信任的流失直接影响了员工的工作动机和表现。

类似的现象也出现在以算法为主导的外卖行业。2024 年的一项研究指出，AI算法过于关注效率最大化，忽视了外卖员的实际处境，如天气、交通状况甚至身体疲劳。这种缺乏人文关怀的技术设计，不仅让员工感到被忽视，还直接影响了他们的工作满意度和表现。

徐峥在电影《逆行人生》中对这一现象进行了艺术化的演绎。他饰演的角色是一位转行做外卖员的前科技公司"码农"，通过对AI技术的深刻理解，他设计了一套帮助外卖小哥的智能系统。这套系统不仅优化了配送路径，还优先考虑了安全性和便利性，为外卖员提供了更多的支持。这部电影提醒我们，技术的真正价值在于服务人类，而不是奴役人类。

科技的发展必须超越效率的追求，走向以人为本的未来。这意味着，在设计每一项技术工具和实施每一项管理策略时，都需要考虑它对不同性别、不同群体的潜在影响。

首先，企业需要主动识别并消除技术应用中的隐性性别偏见。这包括在招聘和培训流程中引入更公正的筛选机制，为女性和其他多样化群体提供平等的机会。

其次，教育机构和企业应共同努力，构建贯穿职业生命周期的支持体系。从基础教育到高等教育，再到职场培训，女性需要更多的资源和平台来参与科技领域。

最后，技术开发者必须将人文关怀纳入技术设计的核心理念。无论是优化算法还是设计AI系统，都需要从用户的实际需求和情感体验出发，而不是简单地追求效率最大化。

在技术与人文的交汇点上，我们需要的远不止是一场技术革命，更是一场深刻的文化变革。这场变革将引导我们在高效与公平之间找到平衡，让科技不仅是工具，更成为连接人类与未来的桥梁。真正伟大的科技不在于它的冷静理性，而在于它能否为人类创造温暖、希望和更多可能性。这才是以人为本的科技之路，也是我们共同努力的方向。

价值冲突：平衡短期目标与长期目标

在生活与工作中，我们常常被迫在短期目标和长期目标之间做出权衡。这种权衡往往不是显而易见的，却深刻地影响着我们的决策。从是否为了眼前的成果付出所有，到是否愿意为未来的可能性暂时按下暂停键，这些选择无时无刻不在考验我们的智慧和耐力。

我们可以从一个简单的飞机安全指引中找到启示：机舱气压骤降时，请先为自己戴上氧气罩，再帮助他人。这一指导乍听之下似乎有些自私，却蕴含了深刻的哲理。如果我们连自身的生存条件都无法保障，又如何能真正帮助他人？这种提醒在生活中同样适用。我们往往在帮助团队、家庭甚至社会时忘了为自己"戴上氧气罩"，结果不仅消耗了自己的能量，还可能削弱帮助他人的能力。

"要想获得幸福与自由，必须明白这样一个道理：一些事情我们能控制，另一些则不能。"古罗马斯多葛派哲学家爱比克泰德（Epictetus）提出了著名的"控制二分法"。在面对短期目标与长期目标的冲突时，这一观点尤为重要。明确自己能控制什么，无法控制什么，是做出平衡决策的第一步。短期的紧急事项往往吸引了我们大部分注意力，但如果忽略了长期的战略目标，我们最终可能会为此付出更大的代价。

一位女性创业者曾分享过她的经验。作为一家初创企业的管理者，她的日程几乎被各种紧迫的任务填满，但她坚持每天抽出时间跑步和保证足够的睡眠。她直言："快乐和健康的人才能更好地领导团队。我的状态直接影响团队的状态，我必须为自己负责，才能为他们负责。"这并不是一种奢侈的选择，而是一种长远的投资。

莎士比亚在《哈姆雷特》中写道："对自己要诚实，这样，正如夜随日必至，你就不会对任何人不诚实。"这提醒我们，无论面对怎样的压力，真实面对自己是所有决策的基础。我们时常为了迎合外界的期待而压抑内心的需求，担心短期的放慢脚步会被视为懒惰，或害怕放弃某些机会会让我们掉队。然而，这种对外部评价的过度敏感，只会让我们更快陷入疲惫和焦虑的循环之中。

在短期目标和长期目标的拉锯中，微小的调整可以带来非凡的效果。当你已经精疲力竭却还有重要任务时，尝试一个简单的改变可能会让你重新找回平衡。比如，如果即将面对一场高强度的会议，不妨考虑"边走边聊"的形式，这不仅可以缓解紧张，还能激发思路。在自然环境中的简短漫步，哪怕只有几分钟，也可能为接下来的任务注入额外的能量。如果无法离开工作环境，那么深呼吸、听一首喜欢的音乐，或者短暂冥想，都能有效帮助我们重新聚焦。

研究表明，利他行为尽管是管理者的核心特质，却可能带来意想不到的负面效果。拉娜杰（Klodiana Lanaj）等人的研究指出，过度的利他行为可能导致精力消耗、工作绩效下降，甚至破坏工作与生活的平衡。学会在帮助他人的同时为自己留出空间，是一种成熟的领导智慧。真正有效的利他行为并非牺牲自己，而是建立在自我保护和自我关怀的基础上。

在组织管理中，短期的成功往往显而易见，而长期的价值则需要更大的耐心和投入。企业实施新技术或调整战略，常常需要在短期内付出巨大成本，但从长远来看，这些投资可以带来深远的效益。同样的原则也适用于个人生活。偶尔停下来审视自己的目标，给自己一段反思的时间，不仅不会浪费资源，反而是对未来的最好保障。

在这个过程中，自我怀疑是我们不得不面对的心理障碍。许多人在为长期目标投资时，常会不自觉地问自己："这样做是否值得？会不会浪费时间？"事实上，正如购物链接（Shoplinks）的创始人特蕾莎·康迪森（Teresa Condicion）所说，"当自我怀疑来袭时，只需要意识到，这些想法仅仅只是想法，它们并不代表现实"。超越短期的焦虑，让内心更清明，我们才能看清真正重要的方向。

我们不仅需要增加快乐的体验，还要通过健康的身心状态提升我们感受快乐的能力。这一旅程并不容易，但它引导我们在外界评价和内心真实之间找到平衡。短期目标的诱惑可能让我们一时满足，但只有在长期目标的引领下，我们才能获得真正的幸福与自由。学会在权衡中做出智慧的选择，不仅是对自己负责，也是对他人的承诺。

多方利益的协调：提高平衡能力

在职场与生活中，协调多方利益的能力不仅是一种重要的管理技能，更是一种生活智慧。无论是平衡自我关怀与关爱他人，还是在员工绩效与福祉之间找到最佳方案，又或者在公司责任与社会价值之间寻求共赢，每一种选择都要求我们在复杂的局面中保持敏锐与智慧。

女性管理者往往处于这些利益平衡的核心位置。她们在推行决策时，不仅要考虑短期的业务成果，还须关注长期的团队氛围与可持续发展。而在个人生活中，她们还常常需要平衡事业与家庭，兼顾自我需求与他人期待。这种多重角色的切换，是一种挑战，但也为女性管理者提供了展现韧性与领导力的舞台。

在雀巢公司的一位女性高级副总裁于清华大学举办的会谈中，我和她探讨了如何支持女性高管的发展。她分享了自己在平衡事业和家庭时的经历，让我印象深刻。她提到，自己前一天刚从瑞士飞到北京参加会议，而第二天又将飞往美国，因为孩子有一场重要的球赛需要她的支持。她坦言，母亲的陪伴对孩子而言是极大的鼓励，而这样的支持也是她对家庭的重要承诺。她还提到，在职业生涯的中期阶段，她曾因孩子成长的需求选择离开雀巢，转而从事一份灵活性更大的工作。这种在短期和长期之间的权衡，不仅让她能够坚持事业发展的初心，也确保了家庭的需要得到充分照顾，展现了她卓越的平衡能力。

在我们准备好带领团队或家庭迈向成功之前，必须先学会照顾自己。自我关怀并不是自私，而是一种必要的投入。正如许多女性领袖的经验所显示的，自我关怀的形式多种多样，但共同点在于它们能帮助我们保持健康、专注和内心的平衡。阿里安娜·赫芬顿（Arianna Huffington）通过简单的生活调整，让自己在繁忙的日程中重获活力；梅琳达·盖茨（Melinda Gates）利用零散的时间进行冥想，提升心理韧性。这些习惯不仅增强了她们面对压力的能力，也让她们在关键时刻能够更加从容和果断。

然而，自我关怀并不意味着逃避责任，而是为更好地承担责任提供基础。想象一下，如果我们一味地压榨自己，忽略健康与情绪管理，最终可能付出的代价不仅是个人的精力枯竭，更是团队士气的低落与效率的下降。作为一名管理者，关爱团队的最佳方式，往往是以身作则地展现对自我与工作的同等重视。

在管理团队时，平衡员工的绩效与福祉是女性管理者常常面临的难题。很多公司习惯用严格的 KPI 衡量绩效，而忽略了员工长期的心理健康与职业发展需求。然而研究表明，当员工感到被关怀、被理解时，他们的投入度与创造力会大大提升。某位女性管理者曾分享，她在一次季度绩效会议中，决定不再单纯用数字衡量团队，而是加入了关于员工成长与幸福感的讨论。尽管这一调整在短期内引发了争议，但最终让团队凝聚力显著增强，整体表现也持续攀升。这一案例显示，当我们注重平衡短期目标与长期利益时，往往能够收获更大的成功。

公司效益率与社会责任的平衡同样是一个值得深思的议题。在追求利润的同时，企业如何承担起对社会与环境的责任？有些公司在发展初期选择效率优先，忽略了环境保护的重要性，但当问题积累到不可忽视时，所付出的代价往往是巨大的。相反，一些先行者已经认识到，环保与效率并非对立，而是可以并行的。当某公司在供应链中引入绿色技术时，虽然初期成本增加，但因其产品的可持续性吸引了更多客户，从而获得了更长远的市场竞争力。

事实上，平衡并不意味着每一方都完全满足，而是找到一种动态的协调方式，让所有利益方都能够得到足够的尊重与回报。这种平衡需要智慧，也需要勇气。在外界的压力和内心的期望之间，学会放下"应该"做的事，专注于那些对你真正重要的目标，才能更清晰地看到前进的方向。

斯蒂芬妮的故事提醒我们，真正的平衡并不在于追求绝对的完美，而在于动态调整。她的经历不仅让我们看到女性管理者在多重角色中如何以智慧和韧性应对挑战，也启发我们在自己的生活与工作中，如何更好地平衡短期与长期，事业与家庭。无论是在家庭、职场还是社会中，多方利益的协调需要价值观的引领和持久的耐心。它不仅关乎责任的履行，也关乎我们如何定义幸福与成功。

工具：测量你的关注多元化主体的能力

在现代管理实践中，关注多元化主体的能力已成为评估领导力不可或缺的指标。这种能力不仅关乎管理者如何在不同利益相关者之间找到平衡，更影响企业的长期可持续发展。为了帮助女性管理者系统化地提升这种能力，可以设计一个工具，既能测量她们的现状，也能为改进提供清晰的方向。

关爱自己与他人：关注多元化主体的起点

1. 关爱自己的测量维度

一个精力充沛、情绪稳定的管理者才能更好地回应他人的需求。关爱自己是管理者应对复杂环境的核心能力之一。工具的第一部分通过反思题引导管理者关注自己的身体和心理健康。

身体健康检查

工具通过具体问题帮助管理者评估身体健康状态，例如：

● 过去一周，我是否保证每天至少 7 小时的睡眠？

● 我的饮食习惯是否均衡？是否有足够的水分摄入？

● 最近一次进行身体锻炼是什么时候？它是否让我感到舒适和放松？

心理健康反思

工具设置反思题以帮助管理者审视自己的心理状态：

● 在最近的高压情境中，我是否尝试了减压技巧，比如深呼吸或冥想？

● 过去一周里，我是否有意识地关注自己的情绪，并进行适当的调节？

● 我是否利用任何时间庆祝自己的小成就，比如完成一个复杂任务或取得某个里程碑？

行动建议

基于回答，工具可以提供个性化建议，例如：

● 安排每日 15 分钟的独处时光。

● 尝试新形式的自我照顾仪式，如感恩练习、轻运动或书写反思日记。

2. 自我关怀量表的应用

克里斯汀·D. 内夫（Kristin D. Neff）于 2003 年开发的自我关怀量表为评估自我关怀提供了科学支持。这套量表通过以下六个维度进行评估：

（1）自我善待（Self-Kindness）：如，"当我遭受痛苦时，我会对自己心存善意"。

（2）自我批判（Self-Judgment）：如，"当情况非常困难时，我往往会对自己很苛刻"。

（3）共同人性（Common Humanity）：如，"我努力将自己的失败视为人类共有的普遍现象"。

（4）孤立感（Isolation）：如，"当我在某些重要事情上失败时，我往往会觉得孤立无援"。

（5）正念平衡（Loading Mindfulness）：如，"当某件事让我心烦时，我会努力保持情绪的平衡"。

（6）过度认同（Over-Identification）：如，"当我感到情绪低落时，我常常会被一种不足感吞噬"。

通过这些维度，工具不仅可以帮助管理者识别自我关怀的不足，还提供了具体的改进方向。

3. 关爱他人的测量维度

模拟情景问题

工具通过模拟情景，测量管理者对他人关怀的能力：

● 一位团队成员在例会上表现异常沉默，随后告诉你他最近感到压力很大。你会如何回应？

● 当团队中有人对新的任务分配表现出抵触时，你的第一反应是什么？

- 当员工分享个人困难时，你是否会主动提供支持或资源？

行为量表

管理者通过 1 ~ 5 分的打分系统，衡量自己的关爱行为：

- 我会倾听团队成员的个人需求，而不是仅关注他们的工作成果。

- 我会注意到员工的情绪变化，并主动进行跟进。

- 我愿意为员工的专业发展提供资源或指导。

行为改进建议

针对评估结果，工具提供行动建议：

- 学习积极倾听技巧，例如在对话中避免过早提出建议。

- 定期与团队成员进行一对一交流，了解他们的需求和想法。

- 通过小组活动或团队建设，增进团队成员之间的理解和信任。

4. 多元化情境中的适应力评估

文化敏感性评估

管理者在多元化团队中需具备文化敏感性，工具通过以下问题进行评估：

- 你是否主动学习团队成员的文化背景或独特需求？

- 当团队成员的工作风格或语言表达方式与你有所不同时，你是否能保持耐心并进行适应？

- 你是否在团队活动或决策中考虑了多样化的声音？

行动优化建议

如果管理者的包容性得分较低，工具可能推荐：

- 参加跨文化管理培训课程。

- 在团队会议中设定规则，确保每位成员都有机会发言。

- 开展针对文化多样性的匿名问卷，了解团队真实需求并进行针对性改进。

5.综合评分与行动计划

工具为"关爱自己"与"关爱他人"两个维度分别提供评分，并根据具体表现生成个性化行动计划。

- 自我关怀得分较低：推荐建立每周一次的"独处时光"，或尝试心理健康日。

- 关爱他人得分较低：建议建立团队反馈机制或每月开展一次团队活动，提升团队凝聚力。

通过整合定量测量与定性分析，工具不仅帮助管理者了解自身的行为模式，还为优化多元化主体的关爱能力提供了明确的指导。最终，这种评估方法能够为组织文化的改善奠定基础，推动企业实现可持续发展目标，同时促进更健康和谐的工作环境。

员工与顾客：双向满意的平衡术

在现代企业中，员工的幸福感和顾客的满意度并非孤立存在，而是相互作用、彼此强化。优秀的管理者需要在两者之间找到平衡——既关注员工的福祉，又提升顾客体验。工具的这一模块旨在通过双向测评和行为分析，帮助管理者明确如何优化这两个关键群体的利益。

双向问卷：理解需求与反馈

工具可以通过设计双向问卷来测量员工与顾客的满意度。例如，对于员工，问题可以包括：

- 你是否感到自己在工作中被充分支持和认可？

- 你是否认为公司的激励措施对你的贡献给予了公平的回报？

- 在过去一个月中，你是否有机会参与影响团队绩效的关键决策？

对于顾客，则可以设计问题以捕捉他们的体验和忠诚度：

- 在最近一次与公司的互动中，您的问题是否得到了及时解决？

- 您是否会向朋友或家人推荐我们的服务或产品？

- 在与公司互动时，您是否感受到了真诚和个性化的服务？

行为测量：评估行动与效果

工具还可以通过行为记录模块，帮助管理者评估他们如何促进员工和顾客的互动。例如：

- 最近一次团队建设活动是否提高了员工的协作能力，并间接改善了顾客满意度？

- 您是否有制订具体的奖励计划，鼓励员工在提升顾客体验方面的创新行为？

案例学习与资源共享

工具可以整合优秀企业的案例，帮助管理者学习如何平衡员工与顾客的需求。例如，在某企业的实践中，管理层鼓励员工参与日常决策，并设立了"员工创意奖"，员工提出的多项建议直接改进了顾客服务流程，导致顾客满意度提升了 15%。类似的成功经验将作为资源模块，为管理者提供切实可行的行动启发。

工作与家庭：找到和谐的支点

工具的这一模块旨在帮助管理者评估他们在工作与家庭之间的平衡状态，以及如何通过更科学的安排提升效率与幸福感。

工作与家庭平衡测量

通过一系列反思性问题，工具帮助管理者理解当前的平衡状况：

● 在过去一个月中，我是否在下班后能无干扰地陪伴家人？

● 我是否感到内疚，因为工作占据了原本计划用于家庭的时间？

● 我的家人是否表达过支持或关心我的职业目标？

行为选择与结果分析

工具可以进一步记录管理者在面对工作与家庭冲突时的实际选择及其后果：

● 当团队紧急加班时，我是否能协调时间确保参与家庭活动？

● 在家庭中，我是否会主动分享工作压力，从而获得情感支持？

个性化优化建议

针对测量结果，工具可以推荐具体策略，例如：

● 设立"无干扰家庭时光"，确保每天有固定时间不处理任何工作事务。

● 学习高效时间管理工具，比如任务优先级划分和批量处理方法。

● 定期与家人沟通职业目标，明确工作与家庭的相互支持关系。

短期与长期：战略视角的抉择

管理者往往面临短期业绩目标和长期战略发展的冲突。工具通过设计情景模拟和数据分析，帮助管理者审视他们的决策倾向，并明确优化路径。

情景模拟与决策倾向

工具可以设置以下情景，让管理者选择反应，并据此分析其决策偏好：

● 当季度目标尚未达成时，你是否会选择暂停研发项目以削减成本？

● 在团队效率不高的情况下，你会倾向于引入更多短期合同员工，还是投资于员工的长期培训？

通过数据对比，工具可以展示过于偏重短期决策可能导致的问题，例如高员工流失率、创新停滞或顾客忠诚度下降。同时，也会评估过度依赖长期规划的风险，比如错失市场机遇或现金流压力。

行动优化：从冲突到平衡

为了帮助管理者更好地平衡短期和长期利益，工具提供以下优化策略：

- 资源分配平衡：在季度预算中，固定一部分用于支持长期战略目标，如培训、研发和品牌建设。

- 员工健康保障：在繁忙季节，通过额外休假、心理支持计划等措施保护员工健康，以避免短期目标损害长期效率。

- 灵活调整机制：定期审视短期目标对长期战略的影响，例如利用绩效回顾会议及时调整计划，确保两者方向一致。

企业与社会：兼顾责任与发展

企业的成长离不开社会的支持，而承担社会责任则是企业赢得信任、塑造长期价值的关键所在。管理者需要在追求经济效益的同时，平衡对环境、社会和文化的责任。工具的这一模块将帮助管理者评估他们在企业与社会之间实现共赢的能力，并为具体行动提供建议。

评估社会责任意识

工具通过一系列针对社会责任的测评问题，帮助管理者了解企业在可持续发展和社会影响方面的表现。例如：

- 在过去一年中，你所在的企业是否采取过具体措施减少碳排放？

- 在采购决策中，是否优先选择环保材料或公平贸易产品？

- 你的团队是否为当地社区提供过公益支持，例如教育、医疗或基础设施改善？

通过这些问题，工具能够识别企业在社会责任上的努力与不足，并为下一步提供清晰的方向。

测量社会责任对企业绩效的关联

工具还将帮助管理者分析社会责任与企业绩效的联系。例如，通过以下问题：

- 在你推行环保产品后，客户对企业的忠诚度是否有所提高？
- 企业参与的公益活动是否提升了品牌形象或员工的归属感？

这些测量可以通过客户调查、员工反馈和市场数据来支持，帮助管理者了解社会责任如何在提升企业声誉的同时创造经济价值。

案例学习与行动启发

工具会提供先进企业的成功案例，展示如何将社会责任融入企业战略。例如：

- 一家消费品公司通过减少包装废弃物和优化物流降低了碳足迹，同时节约了运输成本。
- 一家科技公司建立了针对低收入地区的教育项目，不仅解决了社会问题，还培养了潜在的技术人才。

这些案例将帮助管理者看到社会责任并非额外负担，而是通过创新实现"双赢"的机会。

行动建议：从责任到竞争优势

针对评估结果，工具会提供具体的行动建议，例如：

- 在公司年度战略规划中加入明确的社会责任目标，并进行定期追踪。

● 启动内部环保倡议，比如节能计划或废弃物管理培训，提升员工对可持续发展的参与度。

● 与非政府组织或地方社区合作，开展公益项目，扩大企业的社会影响力。

小结

关爱自己与关爱他人并非对立的两端，而是一种相辅相成的艺术，尤其对于女性管理者而言，这更是一种内外兼修的力量。女性在多元化主体的环境中，常常承担着复杂的角色期望——既要在职场中展现果敢与智慧，又要在生活中倾注情感与柔性。而"双重关爱之道"正是她们在这种张力中找到平衡与力量的关键。

这种关爱从内心开始，但并不止于内心。当女性管理者学会温柔地关怀自己的需求，她们不仅能抵御外界的压力，更能带着充盈的能量去拥抱周围的人与环境。研究表明，那些懂得通过自我关怀提升情绪韧性的管理者，往往能够更敏锐地理解团队成员的需要，以更深的共情与智慧引领团队迈向成功。她们的关爱，从关怀个体到关怀组织，再到关怀社会，以一种无声却有力的方式影响着每一位利益相关者。

在今天的职场中，女性管理者肩负的不只是职场的责任，更承载着推动文化转变的使命。她们通过以身作则，展现了一种全新的领导模式——一个既强调目标导向，又注重情感温度的平衡之道。她们让团队成员感受到自己是被看见、被关怀的，也通过承担企业社会责任，让顾客和社会见证了领导力的宽度与深度。

正如一位女性高管所说："你不能为别人倒满一杯水，除非你的杯子里有足够的水。"双重关爱之道的核心，正是通过不断为自己注入力量，同时将这种力量转化为对外界的贡献。它不是放弃某一方利益去成全另一方，而是在复杂关系中寻找融通与和谐的路径。它既是女性管理者内在成长的艺术，也是她们为世界创造外在价值的途径。

关爱自己是起点，关爱他人是延续；协调短期目标与长期目标是智慧，平衡企业效率与社会责任是远见。在这个多元化主体交汇的世界中，每一位女性管理者都可以通过这样的领导力艺术，成为连接人与人、人与组织、人与社会的桥梁。因为关爱本身，就是一种无声的力量，一种能够穿透偏见、重塑文化的力量。

最终，双重关爱之道的意义在于，它提醒我们：领导力的最高境界，不在于征服，而在于融汇；不在于单纯追逐目标，而在于让每一个人都因你的存在而变得更好。对女性管理者而言，这不仅是一种能力，更是一种希望——希望她们在职场与生活的旅途中，找到内心的平衡，也成就外界的和谐。

写在最后

写这本书的过程，是我思考、探索和实践"双重关爱"框架的一次深度旅程。这个框架结合了自信（Confidence）、果敢（Assertiveness）、重新思考（Rethinking）和进取心（Enterprising），以及关怀（Compassion）、利他（Altruism）、坚韧（Resilience）与授权（Empowering），是女性管理者面对多重角色和复杂环境时独有的力量之源。

写到最后的章节，女儿在客厅玩耍，不慎摔倒磕伤了头。我们在慌乱中带她去急诊，这是我们回国后第一次去儿童医院。她依偎在我怀里，轻声对我说："妈妈，我疼。"她的重量压在我怀里两个多小时，但我竟不觉得累。这一刻，责任与爱让我感受到前所未有的清醒——关爱不仅是付出，更是内在的一种力量。自责、心疼、坚持与勇气交织在一起，重新定义了"关爱"在我心中的意义。这种由爱与责任融合而成的驱动力，让我意识到我们不需要成为无所不能的"六边形战士"。在爱中，我们找到支点，在支点中，我们学会平衡。

作为女性管理者，我们往往在工作与家庭、事业与生活之间承受拉扯，而这种"双重关爱"能力让我们能够在复杂多变的环境中找到方向。正如辛弃疾所言："蓦然回首，那人却在，灯火阑珊处。"追寻的平衡不是一种静态的终点，而是一种动态的智慧，它让我们在调整中找到自我，在融合中成就彼此。

双关爱框架的意义不仅在于个人成长，更对社会和经济有深远影响。麦肯锡在2015—2024年的10年间，连续进行了一项关于女性职场状况的调研，涵盖超过一千家公司和将近50万名员工。研究发现，在这10年间，被调研人中有59%的女性拥有本科学历。而在美国，高层管理职位中女性的占比从17%上升至29%，但总体管理职位中女性的占比却仅从37%小幅上升至39%。另一项研究进一步揭示，推动职场性别平等可为全球GDP贡献高达13万亿美元的增长。而在中国，如果能在职场性别平等方面达到亚太地区最佳实践水平，预计可带来约3万亿美元的GDP增量，这几乎等于法国2030年的预期GDP。这些数字不仅展示了女性管理者在经济发展方面的潜力，更说明性别平等的实现是全球发展的关键。中国在这方面已取得显著成就：女性就业率高于亚太和全球平均水平，科技创新企业由女性创立的比例，居全球首位。然而，女性在职场晋升中仍面临"中层管理瓶颈"和"高管天花板"等挑战，亟待破解。

在这样的背景下，关爱不止是一种内在的成长，也是一种与外界共融的桥梁。研究表明，董事会中女性比例的提升显著带动了企业高管层女性比例的增加，"女性助力女性"的现象为突破职场玻璃天花板提供了方向。同时，像国外的玛莎百货企业关注女性隐性问题的企业，通过设立"更年期互助网络"等创新举措，让职场变得更加包容与人性化。在追求性别平等的道路上，我们依然任重而道远，但每一次关怀与支持都在积累改变的力量。关爱不仅帮助我们修复自我，更成为我们联结他人和社会的支点。关爱自己，是为心灵留一片静土；关爱他人，则是以爱为舟，带领我们与社会共融。

写到这里，我的内心充满了深深的感恩。我想向一路支持我的人致以诚挚的谢意，感谢那些在职业道路上遇到的每一位优秀女性管理者，你们的勇气与智慧展现了坚韧和创新的力量，让我们看到了突破限制和探索可能性的无限潜力。

本书的写作得到了清华大学经济管理学院研究基金项目的资助，在此，我深表感谢。衷心感谢清华大学出版社的刘志彬分社长和宋冬雪编辑，你们的耐心是本书顺利完成的后盾；感谢清华大学经济管理学院和苏世民书院的众多同事，尤其是白重恩教授、薛澜教授、杨斌教授、陈煜波教授、钱小军教授和潘庆中教授，你们的支持让我备受感动。此外，我要感谢领导与组织管理系的每一位同事：张德、陈国权、郑晓明、李宁、曲庆、王雪莉、迟巍、王小晔、张佳音、张勉、卢舒野、张晨、张进、吴志明、姜朋、高翔宇、严柳新、黄翊。加入清华大学后，你们的关怀与亲切让我备感温馨。感谢我在清华大学经济管理学院的博士生刘欣雨和尹哲辰的校对工作，你们的用心使行文更加通顺。

在此，我想表达三份特别的感谢：衷心感谢徐淑英教授、陈晓萍教授和薛健教授三位杰出而温暖的女性学者与管理者。她们不仅在学术领域独具风采，为学科和领域的发展注入了深远而持久的影响力，还以独到的智慧为本书撰写序言。她们的文字赋予了这本书更深厚的意涵，再次彰显了知识的力量与女性的温润魅力。感谢那些在我成长路上给予教诲和支持的恩师及亦师亦友的学者们：Bob Liden 博士、Tim Judge 博士、Sandy Wayne 博士和孙健敏博士。你们不仅在学术上为我提供了指引，更深深影响了我忠于内心的人生抉择。正是因为有你们的启迪和鼓励，我才能以更加积极从容的心态，坦然面对职业与生活中的各种复杂挑战。

感谢曾与我共事的美国圣母大学门多萨商学院与美国俄亥俄州立大学费舍尔商学院的同事们，以及那些让我获益良多的学生们——无论是在美国的大学还是在清华大学，无论是本科生、硕士生、MBA、EMBA、博士生，还是高管培训的学生，你们的智慧与洞见不断拓展我的视野，丰富我的思考。尤其让我感到欣慰的是，在教学过程中我常常体会到"教学相长"，或许你们带给我的启发甚至超越了我所能分享给你们的。这份相互成长的经历，是我职业生涯中得到的最珍贵的馈赠。

更重要的是，我要深深感谢我的家人——我的母亲和父亲。你们以无条件的支持和积极的生活态度，帮助我在自由中找到属于自己的方向，从未试图为我的人生设限，也始终小心翼翼地避免将自己的期望变成我的负担。年少时，我曾以为这样的关爱理所当然，如今才真正体会到它的弥足珍贵。

特别感谢我的先生，你既是我的人生伴侣，又是知心挚友。在我肩负多重角色时，你始终给予无私的支持，鼓励我追寻真实的自我，并不断努力成为更好的自己。你的包容与激励融入生活的每一个细节，成为我前行路上的动力与安慰。

此外，我还要感激那些一直支持和鼓励我的家人们。特别是我的外婆，您的百岁人生展现出的自立与自强，是我效仿的榜样；我的婆婆和公公，你们用勤勉和坚韧诠释了平凡而珍贵的品质；还有珊珊，你从小到大的支持，带给了我温暖与力量。

最后，我要特别感谢我的孩子们。成为你们的母亲，是我生命中最谦卑却最骄傲、最脆弱却最勇敢的角色。你们让我懂得，爱不仅是一种给予，更是一种接受。愿有一天，你们能因我而感到骄傲，就如同我无比以你们为傲一样。

这本书的目的并不是给出明确的答案，而是希望以双重关爱的视角，陪伴每一位读者去探索：如何找到属于自己的平衡之道。无论是学会关爱自己与他人，突破内心的束缚，赢得彼此的信任，还是在事业与生活中重新找回初心，我衷心希望这些思考能为你带来一丝启发、一分力量，让你在自己的道路上迈出更坚定的一步。

许多努力或许在短期内难以见到成效，今天看不到，明天可能仍无所获，但只要坚持，总会在某个不经意的时刻开花结果。

正如比尔·盖茨所言："我们总是高估 1 年或 2 年内可以实现的目标，却低估 5 年或 10 年间能够达成的成就。"愿你怀揣这份耐心与信念，在关爱与平衡的旅途中，逐渐遇见更好的自己，拥抱更美的未来。

在人生的旅途中，愿我们都能如陶渊明所言："结庐在人境，而无车马喧。"在追逐与忙碌的间隙，重新触碰内心的光亮，找到真正属于自己的温暖与平和。

胡 佳

于清华园

2024 年 11 月

参考文献

写在前面

Goldin, C. (2021). Career and Family: Women's Century-Long Journey toward Equity. Princeton: Princeton University Press. https://doi.org/10.1515/9780691226736

McKinsey & Company, & LeanIn.Org. (2023). Women in the workplace 2023. Retrieved from https://www.mckinsey.com/women-in-the-workplace

Rosette, A. S., & Tost, L. P. (2010). Agentic women and communal leadership: How role prescriptions confer advantage to top women leaders. Journal of Applied Psychology, 95(2), 221–235. https://doi.org/10.1037/a0018204

Schein, V. E. (1973). Relationship between Sex Role Stereotypes and Requisite Management Characteristics. Journal of Applied Psychology, 57(2), 95-100.

Worldjournal. (n.d.). 娃哈哈接班塵埃落定 宗馥莉全面接手集團公司. Retrieved November 26, 2024, from https://www.worldjournal.com/wj/story/121474/8198846

第一章

Bandura, A. (1999). Social cognitive theory: An agentic perspective. Asian Journal of Social Psychology, 2(1), 21-41.

Bandura, A. (2001). Social cognitive theory: An agentic perspective. Annual Review of Psychology, 52(1), 1-26.

Baxter, J., & Wright, E. O. (2000). The glass ceiling hypothesis: A comparative study of the United States, Sweden, and Australia. Gender & Society, 14(2), 275-294.

Brown, B. (2015). Daring greatly: How the courage to be vulnerable transforms the way we live, love, parent, and lead. Penguin.

Bruk, A., Scholl, S. G., & Bless, H. (2018). Beautiful mess effect: Self–other differences in evaluation of showing vulnerability. Journal of Personality and Social Psychology, 115(2), 192-205.

Byham, T. M. (2017). Women leaders: Taking the lead in advocating for oneself. Development Dimensions International Reports.

Catalyst. (2020). Why diversity and inclusion matter: Financial performance. Catalyst Reports.

Cotter, D. A., Hermsen, J. M., Ovadia, S., & Vanneman, R. (2001). The glass ceiling effect. Social Forces, 80(2), 655-681.

Development Dimensions International (DDI), & Conference Board. (2017). Women in leadership: Tapping into the hidden strengths of diverse leadership teams. DDI Press.

Eagly, A. H. (2013). Sex differences in social behavior: A social-role interpretation. Psychology Press.

Eagly, A. H., & Johnson, B. T. (1990). Gender and leadership style: A meta-analysis. Psychological Bulletin, 108(2), 233.

Eagly, A. H., & Karau, S. J. (2002). Role congruity theory of prejudice toward female leaders. Psychological Review, 109(3), 573-598.

Eagly, A. H., Johannesen-Schmidt, M. C., & Van Engen, M. L. (2003). Transformational, transactional, and laissez-faire leadership styles: a meta-analysis comparing women and men. Psychological Bulletin, 129(4), 569-591.

Exley, C. L., & Kessler, J. B. (2022). The gender gap in self-promotion. The Quarterly Journal of Economics, 137(3), 1345-1381.

Grijalva, E., Harms, P. D., Newman, D. A., Gaddis, B. H., & Fraley, R. C. (2015). Narcissism and leadership: A meta - analytic review of linear and nonlinear relationships. Personnel Psychology, 68(1), 1-47.

Hofstede, G. (1980). Culture's consequences: International differences in work-related values. SAGE.

Hoyt, C. L., & Simon, S. (2011). Female leaders: Injurious or inspiring role models for women? Psychology of Women Quarterly, 35(1), 143-157.

Hunt, V., Layton, D., & Prince, S. (2015). Why diversity matters. McKinsey & Company, 1(1), 15-29.

Kanter, R. M. (1977). Men and women of the corporation. Basic Books.

Koenig, A. M., Eagly, A. H., Mitchell, A. A., & Ristikari, T. (2011). Are leader stereotypes masculine? A meta-analysis of three research paradigms. Psychological Bulletin, 137(4), 616-642.

Paustian-Underdahl, S. C., Walker, L. S., & Woehr, D. J. (2014). Gender and perceptions of leadership effectiveness: a meta-analysis of contextual moderators. Journal of applied psychology, 99(6), 1129-1145.

Pratch, L., & Jacobowitz, J. (1996). Gender, motivation, and coping in the evaluation of leadership effectiveness. Consulting Psychology Journal: Practice and Research, 48(4), 203-220.

Rudman, L. A., & Glick, P. (2001). Prescriptive gender stereotypes and backlash toward agentic women. Journal of Social Issues, 57(4), 743-762.

Schein, V. E. (1973). The relationship between sex role stereotypes and requisite management characteristics. Journal of Applied Psychology, 57(2), 95-100.

第二章

网易. (2020, May 12). 真格方爱之对话小红书创始人瞿芳：小红书没有边界 | 真格老友记 Retrieved November 17, 2024, from https://www.163.com/dy/article/FCF8N8N00511B6FU.html

Belmi, P., Raz, K., Neale, M., & Thomas-Hunt, M. (2024). The consequences of revealing first-generational status. Organization Science, 35(2), 667-697. https://doi.org/10.1287/orsc.2023.1682

Bloom, P. (2016). Against empathy: The case for rational compassion. Ecco Press.

Boyatzis, R. E., & McKee, A. (2005). Resonant leadership: Renewing yourself and connecting with others through mindfulness, hope, and compassion. Harvard Business Review Press.

China Daily. (2020, September 17). 张楠：生活成就抖音，抖音丰富生活. Retrieved November 17, 2024, from https://caijing.chinadaily.com.cn/a/202009/17/WS5f630aa3a3101e7ce9724f49.html

Colvin, G. (2015, December 13). 如何巧妙化解公司丑闻？通用汽车给你全新启示. 财富中文网. Retrieved November 17, 2024, from https://www.fortunechina.com/business/c/2015-12/13/content_251769.htm

Covey, S. R. (1989). The 7 habits of highly effective people: Powerful lessons in personal change. Free Press.

Depow, G. J., Hobson, N., Beck, J., Inzlicht, M., & Hougaard, R. (2023). The compassion advantage: Leaders who care outperform leaders who share followers' emotions. PsyArXiv. https://doi.org/10.31234/osf.io/md2g8

Eagly, A. H., & Karau, S. J. (2002). Role congruity theory of prejudice toward female leaders. Psychological Review, 109(3), 573–598. https://doi.org/10.1037/0033-295X.109.3.573

Forbes China. (n.d.). 封面人物 | 王来春：制造业 40 年，在有限机会中做正确抉择. 福布斯中国. Retrieved November 17, 2024, from https://www.forbeschina.com/woman/woman/63442

Gates, M. (2019). The moment of lift: How empowering women changes the world. Flatiron Books.

Hochschild, A. R. (1983). The managed heart: Commercialization of human feeling. University of California Press.

Hougaard, R., & Carter, J. (2022). Compassionate leadership: How to do hard things in a human way. Harvard Business Review Press.

Hu, J., He, W., & Zhou, K. (2020). The mind, the heart, and the leader in times of crisis: How and when COVID-19-triggered mortality salience relates to state anxiety, job engagement, and prosocial behavior. Journal of Applied Psychology, 105(11), 1218–1233. https://doi.org/10.1037/apl0000620

Klein, K. J. K., Hodges, S. D., & Buck, B. (2021). Are women the more empathetic gender? The effects of gender role expectations. Current Psychology, 40(5), 2315–2326.

https://doi.org/10.1007/s12144-020-01260-8

Lanaj, K., Jennings, R. E., Ashford, S. J., & Krishnan, S. (2022). When leader self-care begets other care: Leader role self-compassion and helping at work. Journal of Applied Psychology, 107(9), 1543–1560. https://doi.org/10.1037/apl0000957

Lin, S.-H., Poulton, E. C., Tu, M.-H., & Xu, M. (2022). The consequences of empathic concern for the actors themselves: Understanding empathic concern through conservation of resources and work-home resources perspectives. Journal of Applied Psychology, 107(11), 1843–1863. https://doi.org/10.1037/apl0000984

Matta, F. K., Scott, B. A., Koopman, J., & Conlon, D. E. (2015). Does seeing "eye to eye" affect work engagement and organizational citizenship behavior? A role theory perspective on LMX agreement. Academy of Management Journal, 58(6), 1686–1708. https://doi.org/10.5465/amj.2014.0106

McCullough, M. E., Kilpatrick, S. D., Emmons, R. A., & Larson, D. B. (2001). Is gratitude a moral affect? Psychological Bulletin, 127(2), 249-266. https://doi.org/10.1037/0033-2909.127.2.249

McGregor, D. (1960). The human side of enterprise. McGraw-Hill.

Medsci.cn. (n.d.). 小护士吴春媛：辞职创业 30 年，每年从苹果拿来百亿. Retrieved November 17, 2024, from https://www.medsci.cn/article/show_article.do?id=2ccce2670424

Mindful Leader. (n.d.). Leaders connect with empathy but lead with courage. Retrieved November 17, 2024, from https://www.mindfulleader.org/blog/66976-leaders-connect-with-empathy-but-lead

Murphy, K. (2020). You're not listening: What you're missing and why it matters. Celadon Books.

Nishii, L. H., & Mayer, D. M. (2009). Do inclusive leaders help to reduce turnover in diverse groups? The moderating role of leader–member exchange in the diversity to turnover relationship. Journal of Applied Psychology, 94(6), 1412–1426. https://doi.org/10.1037/a0017190

Nooyi, I. (2021). My life in full: Work, family, and our future. Portfolio.

Porter, M. E., & Nohria, N. (2018). How CEOs manage time. Harvard Business

Review, 96(4), 42–51.

Schabram, K., & Heng, Y. T. (2022). How other- and self-compassion reduce burnout through resource replenishment. Academy of Management Journal, 65(2), 453–478. https://doi.org/10.5465/amj.2020.1424

Simon, L. S., Rosen, C. C., Gajendran, R. S., Ozgen, S., & Corwin, E. S. (2022). Pain or gain? Understanding how trait empathy impacts leader effectiveness following the provision of negative feedback. Journal of Applied Psychology, 107(2), 279–297. https://doi.org/10.1037/apl0000882

Sohu.com. (2015, December 15). LinkedIn CEO：如何用同理心管理并帮助你规模化公司？. Retrieved November 17, 2024, from https://www.sohu.com/a/49134810_114877

Sohu.com. (2020, February 29). 柔与韧：聊聊女性领导力的核心优势. Retrieved November 17, 2024, from https://www.sohu.com/a/378492481_774663

Welch, J., & Byrne, J. A. (2001). Jack: Straight from the gut. Warner Books.

第三章

胡志鹏 & 闫淑敏. (2014). 女性高管成长中的三重玻璃天花板及其突破路径. 中国人力资源开发 (07), 30-36.

赵慧军 & 王丹. (2006). 浅议职业女性玻璃天花板知觉及其效应. 中国人力资源开发 (05), 97-99.

Ahrendts, A. (2020). Leading with grace and grit: The Burberry turnaround story. Harvard Business Review.

Barra, M. (2019). Leading GM through transformation: Insights on decision-making and resilience. Fortune Magazine.

Brescoll, V. L. (2011). Who takes the floor and why: Gender, power, and volubility in organizations. Administrative Science Quarterly, 56(4), 622-641.

Eagly, A. H., & Carli, L. L. (2003). The female leadership advantage: An evaluation of the evidence. The Leadership Quarterly, 14(6), 807-834.

Elsesser, K. M., & Lever, J. (2011). Does gender bias against female leaders persist? Quantitative and qualitative data from a large-scale survey. Human

Relations, 64(12), 1555-1578.

Ely, R. J., & Meyerson, D. E. (2000). Theories of gender in organizations: A new approach to organizational analysis and change. Research in Organizational Behavior, 22(1), 103-151.

Gerkovich, P. R. (2004). Women and men in US corporate leadership: Same workplace, different realities?. Catalyst.

Hyun, J. (2005). Breaking the Bamboo Ceiling: Career Strategies for Asians. Harper Business.

Judge, T. A., & Bono, J. E. (2001). Relationship of core self-evaluations traits—self-esteem, generalized self-efficacy, locus of control, and emotional stability—with job satisfaction and job performance: A meta-analysis. Journal of Applied Psychology, 86(1), 80-92.

Lu, J. G. (2022). A social network perspective on the Bamboo Ceiling: Ethnic homophily explains why East Asians but not South Asians are underrepresented in leadership in multiethnic environments. Journal of Personality and Social Psychology, 122(6), 959-982.

Lu, J. G. (2023). A creativity stereotype perspective on the Bamboo Ceiling: Low perceived creativity explains the underrepresentation of East Asian leaders in the United States. Journal of Applied Psychology, 109(2), 238-256.

Rometty, V. (2018). Becoming the leader of the future: Lessons learned from the journey of a woman in tech. Harvard Business Review, 96(1), 76-85.

Rosette, A. S., & Tost, L. P. (2010). Agentic women and communal leadership: How role prescriptions confer advantage to top women leaders. Journal of Applied Psychology, 95(2), 221-235.

Rudman, L. A., & Glick, P. (2001). Prescriptive gender stereotypes and backlash toward agentic women. Journal of Social Issues, 57(4), 743-762.

Ryan, M. K., & Haslam, S. A. (2005). The glass cliff: Evidence that women are over-represented in precarious leadership positions. British Journal of Management, 16(2), 81-90.

Ryan, M. K., Haslam, S. A., Morgenroth, T., Rink, F., Stoker, J., & Peters,

K. (2016). Getting on top of the glass cliff: Reviewing a decade of evidence, explanations, and impact. The Leadership Quarterly, 27(3), 446-455.

Tsai, J. (2020). Lessons from failure: Insights from Alibaba's journey. Harvard Business Review.

第四章

于坤, 王哲源, 彭雄良, 王佩, 赵泽珺, 严一丹 & 曹培悦 . (2022). 组织中利他行为的可持续性及其前因机制：基于主动性动机视角 . 心理科学进展 (10), 2164-2176.

钱理群 . (2012). 北大等大学在培养利己主义者 . 科学网—新闻 .

Batson, C. D. (2014). The altruism question: Toward a social-psychological answer. Psychology Press.

Bear, J. B., & Woolley, A. W. (2011). The role of gender in team collaboration and performance. Interdisciplinary Science Reviews, 36(2), 146-153.

Brescoll, V. L. (2011). Who takes the floor and why: Gender, power, and volubility in organizations. Administrative Science Quarterly, 56(4), 622-641.

De Cremer, D., & Van Knippenberg, D. (2002). How do leaders promote cooperation? The effects of charisma and procedural fairness. Journal of Applied Psychology, 87(5), 858.

Emmons, R. A., & Shelton, C. M. (2002). Gratitude and the science of positive psychology. In C. R. Snyder & S. J. Lopez (Eds.), Handbook of positive psychology (pp. 459-471). Oxford University Press.

Grant, A. M. (2008). Designing jobs to do good: Dimensions and psychological consequences of prosocial job characteristics. The Journal of Positive Psychology, 3(1), 19-39.

Grant, A. M. (2013). Give and take: A revolutionary approach to success.

Grant, A. M., & Patil, S. V. (2012). Challenging the norm of self-interest: Minority influence and transitions to helping norms in work units. Academy of Management Review, 37(4), 547-568.

Hu, J., & Liden, R. C. (2015). Making a difference in the teamwork: Linking team prosocial motivation to team processes and effectiveness. Academy of Management Journal, 58(4), 1102-1127.

Oc, B., & Bashshur, M. R. (2013). Followership, leadership and social influence. The Leadership Quarterly, 24(6), 919-934.

Tepper, B. J. (2000). Consequences of abusive supervision. Academy of Management Journal, 43(2), 178-190.

Rosenthal, S. R., & Tuckman, B. E. (1994). Emotional intelligence in female leaders. Journal of Applied Psychology, 79(4), 480-494.

第五章

董竹君 . (1996). 我的一个世纪 . 东方出版社 .

人民网 . (n.d.). 时代楷模张桂梅专题报道 . Retrieved from https://cpc.people. com.cn/GB/67481/382991/434908/index.html

张清平 . (2016). 林徽因传 . 中华书局 .

American Express. (2018). The 2018 State of Women-Owned Businesses Report. American Express. https://about.americanexpress.com/newsroom/research-insights/the-state-of-women-owned-businesses-report

Bloom, N., Han, R., & Liang, J. (2024). Hybrid working from home improves retention without damaging performance. Nature, 630(7930), 920–924. https://doi.org/10.1038/s41586-024-07500-2

Bridges, D., & Horsfall, D. (2021). Resilience for gender inclusion: Developing a model for women in male-dominated occupations. Equality, Diversity and Inclusion: An International Journal, 40(6), 602–618. https://doi.org/10.1108/EDI-01-2020-0010

Brown, B. (2018). Dare to lead: Brave work. Tough conversations. Whole hearts. Random House.

Cisco. (2023, February 2). Resilience among working women. https://newsroom.cisco.com/c/r/newsroom/en/us/a/y2023/m02/resilience-among-working-women.html

Deloitte. (2021). The Deloitte Global 2021 Millennial and Gen Z Survey.

Retrieved from https://www2.deloitte.com/cn/zh/pages/about-deloitte/articles/millennialsurvey-2021.html

Garson, H. S. (1998). Oprah Winfrey: A biography. Greenwood Press.

Goldman Sachs. (n.d.). 10,000 Women: Empowering women entrepreneurs globally. Retrieved from https://www.goldmansachs.com/community-impact/10000-women

Hu, J., Chiang, J. T.-J., Liu, Y., Wang, Z., & Gao, Y. (2023). Double challenges: How working from home affects dual-earner couples' work-family experiences. Personnel Psychology, 76(1), 141-179. https://doi.org/10.1111/peps.12559

Hu, J., Zhang, S., Lount, R. B., & Tepper, B. J. (2023). When leaders heed the lessons of mistakes: Linking leaders' recall of learning from mistakes to expressed humility. Personnel Psychology, 77(2), 683–712. https://doi.org/10.1111/peps.12570

IBM. (n.d.). 19 ways women have advanced their careers at IBM. Retrieved from https://www.ibm.com/blogs/jobs/19-ways-women-have-advanced-their-careers-at-ibm/

Jogulu, U. D., & Franken, E. (2022). The role of resilience and cultural context in career advancement: A comparative study of Malaysian and Australian senior women managers. Gender, Work & Organization, 29(6), 1832–1850. https://doi.org/10.1111/gwao.12829

Justo, R., DeTienne, D. R., & Sieger, P. (2015). Failure or voluntary exit? Reassessing the female underperformance hypothesis. Journal of Business Venturing, 30(6), 775-792. https://doi.org/10.1016/j.jbusvent.2015.04.004

Keller, H. (1954). The story of my life. Garden City, NY: Doubleday.

Khilji, S. E., & Pumroy, K. H. (2019). We are strong and we are resilient: Career experiences of women engineers. Gender, Work & Organization, 26(7), 1032–1052. https://doi.org/10.1111/gwao.12397

KPMG. (2023). KPMG Women's Leadership Report 2023. Retrieved from https://kpmg.com/us/en/careers-and-culture/womens-leadership/summit/kpmg-womens-leadership-report-2023.html

KPMG. (2021). Advancing the future of women in business: A KPMG

Women's Leadership Summit report. KPMG.

Krishna, V., & Ramakrishnan, L. (2021). Women entrepreneurs: Exploring the influence of qualitative goals on startup success. Journal of Innovation and Entrepreneurship, 10(1), Article 45. https://doi.org/10.1186/s13731-021-00145-9

Maher, J. M. (2013). Gendered analysis of work-life balance: Resilience in male-dominated occupations. Gender, Work & Organization, 20(2), 232–243. https://doi.org/10.1111/gwao.12045

Moen, P., & Dempster-McClain, D. (1987). Social integration and longevity: An event history analysis of women's roles and resilience. American Sociological Review, 52(5), 635–647. https://doi.org/10.2307/2095884

Murakami, H. (2005). 海边的卡夫卡 [Kafka on the Shore]. 上海译文出版社. (原著出版年份：2002 年)

Sandberg, S. (2013). Lean in: Women, work, and the will to lead. Alfred A. Knopf.

Smith, S. (2002). J.K. Rowling: A biography. Arrow Books.

Sohu. (2023). 周群飞：从打工妹到"全球最富有白手起家女性". Retrieved from https://www.sohu.com/a/666642461_121644663

Sorge, R. E., Mapplebeck, J. C. S., Rosen, S., Beggs, S., Taves, S., Alexander, J. K., ... & Mogil, J. S. (2015). Different immune cells mediate mechanical pain hypersensitivity in male and female mice. Nature Neuroscience, 18(8), 1081–1083. https://doi.org/10.1038/nn.4053

The Harvard Crimson. (2023, January 27). Claudine Gay: A profile of Harvard's first Black president. Retrieved from https://www.thecrimson.com/article/2023/1/27/claudine-gay-presidential-profile/?utm_source=chatgpt.com

U.S. Senate Committee on Small Business and Entrepreneurship. (2014). 21st century barriers to women's entrepreneurship. https://www.sbc.senate.gov/public/_cache/files/3/f/3f954386-f16b-48d2-86ad-698a75e33cc4/F74C2CA266014842F8A3D86C3AB619BA.21st-century-barriers-to-women-s-entrepreneurship-revised-ed.-v.1.pdf

Wagnild, G. M., & Young, H. M. (1993). Development and psychometric evaluation of the Resilience Scale. Journal of Nursing Measurement, 1(2), 165–178.

https://doi.org/10.1891/1061-3749.1.2.165

Witmer, H. (2019). Developing a degendered organizational resilience model: Challenging traditional conceptualizations of resilience. Gender in Management: An International Journal, 34(3), 180–200. https://doi.org/10.1108/GM-10-2018-0127

Zellers, D. F., Howard, V. M., & Barcic, M. A. (2008). Mentoring relationships: A review of the literature and their impact on resilience in women's career development. Journal of Career Development, 34(2), 95–112. https://doi.org/10.1177/0894845308317731

第六章

张清平 . (2016). 林徽因传 . 中华书局 .

张维迎 . (2016). 企业家精神 . 北京大学出版社 .

21st Century Business Herald. (2024, September 10). 娃哈哈风波调查① | 合同被改签，职工持股会 24.60% 集团股权谁在持股？. Retrieved from https://m.21jingji.com/article/20240910/herald/f82f8d0ca0a62b32ed969576c257b1bc.html

Amanatullah, E. T., & Morris, M. W. (2010). Negotiating gender roles: Gender differences in assertive negotiating are mediated by women's fear of backlash and attenuated when negotiating on behalf of others. Journal of Personality and Social Psychology, 98(2), 256–267. https://doi.org/10.1037/a0017094

Bain & Company. (2014). Everyday moments of truth: Frontline managers are key to women's career aspirations. Retrieved from https://www.bain.com/insights/everyday-moments-of-truth/

Bowles, H. R., & Babcock, L. (2013). How can women escape the compensation negotiation dilemma? Relational accounts are one answer. Psychology of Women Quarterly, 37(1), 80–96. https://doi.org/10.1177/0361684312455524

Card, D., Cardoso, A. R., & Kline, P. (2016). Bargaining, sorting, and the gender wage gap: Quantifying the impact of firms on the relative pay of women. The Quarterly Journal of Economics, 131(2), 633–686. https://doi.org/10.1093/qje/qjw001

Catalyst. (2020). Women in the workforce: United States. Retrieved from https://www.catalyst.org/research/women-in-the-workforce-united-states/

Clance, P. R., & Imes, S. A. (1978). The imposter phenomenon in high achieving women: Dynamics and therapeutic intervention. Psychological Bulletin, 85(5), 901-927. https://doi.org/10.1037/0033-2909.85.5.901

CNN Business. (2013, February 25). Yahoo CEO Marissa Mayer bans telecommuting. CNN. Retrieved from https://www.cnn.com/2013/02/25/tech/web/yahoo-telecommuting-ban

Correll, S. J., Benard, S., & Paik, I. (2007). Getting a job: Is there a motherhood penalty? American Journal of Sociology, 112(5), 1297-1338.

De Hart, J. S. (2018). Ruth Bader Ginsburg: A life. Knopf.

Eagly, A. H., & Carli, L. L. (2007). Through the labyrinth: The truth about how women become leaders. Harvard Business Review Press.

Ely, R. J., Ibarra, H., & Kolb, D. M. (2011). Taking gender into account: Theory and design for women's leadership development programs. Academy of Management Learning & Education, 10(3), 464-474. https://doi.org/10.5465/amle.2011.0009

Forbes. (2014, May 30). Michael Dell: "Never be the smartest person in the room." Forbes. https://www.forbes.com/pictures/54f4e717da47a54de8245724/michael-dell-never-be-the

Fortune Editors. (2021, March 18). Rosalind Brewer becomes the first Black woman CEO of Walgreens Boots Alliance. Fortune. Retrieved from https://fortune.com/2021/03/18/rosalind-brewer-first-black-woman-ceo-walgreens-boots-alliance/

Goleman, D. (1998). Working with emotional intelligence. Bantam Books.

Grant, A. (2021). Think again: The power of knowing what you don't know. Viking.

Growfers. (n.d.). The story of Vera Wang: From editor to bridal fashion icon. Retrieved from https://growfers.com/story/verawang/

History.com Editors. (n.d.). Rosa Parks. Retrieved from https://www.history.com/topics/black-history/rosa-parks

History.com Editors. (2018, March 6). Rosalind Franklin and the discovery of DNA's double helix. History. Retrieved from https://www.history.com/news/rosalind-franklin-dna-discovery

Hoobler, J. M., Wayne, S. J., & Lemmon, G. (2009). Bosses' perceptions of family-work conflict and women's promotability: Glass ceiling effects. Academy of Management Journal, 52(5), 939-957.

Hu, J., Zhang, S., Lount, R. B., & Tepper, B. J. (2023). When leaders heed the lessons of mistakes: Linking leaders' recall of learning from mistakes to expressed humility. Personnel Psychology, 77(2), 683–712. https://doi.org/10.1111/peps.12570

McKinsey & Company, & LeanIn.Org. (2023). Women in the workplace 2023. Retrieved from https://www.mckinsey.com/women-in-the-workplace

Nooyi, I. (2021). My life in full: Work, family, and our future. Portfolio.

Rudman, L. A., & Glick, P. (2001). Prescriptive gender stereotypes and backlash toward agentic women. Journal of Business and Psychology, 26(5), 743–763. https://doi.org/10.1007/s10869-011-9252-5

Sina Finance. (2023, October 13). 【独家专访】宁高宁复盘管理 30 年 . Sina Finance. https://finance.sina.com.cn/jjxw/2023-10-13/doc-imzqyepm7586126.shtml

Sina Tech. (2019, October 22). 小红书瞿芳：国潮品牌崛起是新青年对传统文化的认同 . Retrieved from https://tech.sina.com.cn/i/2019-10-22/doc-iicezuev3832775.shtml

Woolley, A. W., Chabris, C. F., Pentland, A., Hashmi, N., & Malone, T. W. (2010). Evidence for a collective intelligence factor in the performance of human groups. Science, 330(6006), 686–688. https://doi.org/10.1126/science.1193147

第七章

American Express. (2017). The 2017 state of women-owned businesses report. Retrieved from https://ventureneer.com/wp-content/uploads/2017/11/2017-AMEX-SWOB-FINAL.pdf

American Psychological Association. (n.d.). Mary Whiton Calkins: First female APA president. APA History and Archives. Retrieved from https://www.apa.org/about/governance/president/bio-mary-whiton-calkins

Beauty Insider. (n.d.). Sabrina Tan: Founder of Skin Inc shares her inspiring journey. Beauty Insider. Retrieved from https://beautyinsider.sg/sabrina-tan-skin-incinterview/

Beijing Normal University News. (n.d.). 心至真，理致知，学致用——记心理学家、北京师范大学教授张厚粲. Beijing Normal University. Retrieved from https://news.bnu.edu.cn/zx/bsrw/121465.htm

Bellou, A., & Cardia, E. (2016). The Great Depression's lasting impact on female employment: Evidence from the United States. OpenICPSR. https://www.openicpsr.org/openicpsr/project/127501/version/V1/view

Carreyrou, J. (2015). Hot Startup Theranos Has Struggled With Its Blood-Test Technology. The Wall Street Journal. Retrieved from https://www.wsj.com/articles/theranos-has-struggled-with-blood-tests-1444881901

Dweck, C. S. (2006). Mindset: The new psychology of success. Random House.

Galinsky, A. D., & Schweitzer, M. E. (2015). Friend & foe: When to cooperate, when to compete, and how to succeed at both. Crown Business.

Gilligan, C. (1982). In a different voice: Psychological theory and women's development. Harvard University Press.

Growfers. (n.d.). The story of Vera Wang: From editor to bridal fashion icon. Retrieved from https://growfers.com/story/verawang/

Huang, L. (2018). The role of intuition in entrepreneurial decision-making: A cognitive perspective. Journal of Business Venturing, 33(1), 137–151. https://doi.org/10.1016/j.jbusvent.2017.11.001

Huang, L., & Pearce, J. L. (2015). Managing the unknowable: The effectiveness of early-stage investor gut feel in entrepreneurial investment decisions. Administrative Science Quarterly, 60(4), 634–670. https://doi.org/10.1177/0001839215597270

International Labour Organization. (2021). World employment and social outlook: Trends 2021. Retrieved from https://www.ilo.org/publications/world-employment-and-social-outlook-trends-2021

Iyiou. (2023). 亿欧专访 | 衣邦人创始人方琴：创业是一件自然而然的事. Iyiou News. https://www.iyiou.com/news/202203231029256

Kanze, D., Huang, L., Conley, M. A., & Higgins, E. T. (2018). We ask men to win and women not to lose: Closing the gender gap in startup funding. Academy of Management Journal, 61(2), 586–614. https://doi.org/10.5465/amj.2016.1215

McKinsey & Company. (n.d.). 创建科技生态系统：中国平安集团陈心颖访谈录. McKinsey & Company. Retrieved from https://www.mckinsey.com.cn/%E5%88%9B%E5%BB%BA%E7%A7%91%E6%8A%80%E7%94%9F%E6%80%81%E7%B3%BB%E7%BB%9F%EF%BC%9A%E4%B8%AD%E5%9B%BD%E5%B9%B3%E5%AE%89%E9%9B%86%E5%9B%A2%E9%99%88%E5%BF%83%E9%A2%96%E8%AE%BF%E8%B0%88%E5%BD%95/

McKinsey & Company. (2018). The power of parity: Advancing women's equality in Asia Pacific. McKinsey & Company. Retrieved from https://www.mckinsey.com/featured-insights/gender-equality/the-power-of-parity-advancing-womens-equality-in-asia-pacific

NetEase. (2023). 谁在管理拼多多：超级大脑和原子化组织. NetEase News. Retrieved from https://www.163.com/dy/article/GTK5QVFS0531M1CO.html

Page Executive. (n.d.). Leadership with humility and a sense of humour: Anita Menon's journey. Page Executive. Retrieved from https://www.pageexecutive.com/asia-pacific/leading-women/leadership-with-humility-and-a-sense-of-humour/

PR Newswire Asia. (n.d.). 首旅如家联合携程等发起"旅行木兰计划"：新增 2 万＋女性就业岗位. PR Newswire Asia. Retrieved from https://www.prnasia.com/story/395569-1.shtml

Prowse, J., Prowse, P., & Perrett, R. (2022). 'Women take care and men take charge': The case of leadership and gender in the Public and Commercial Services Union. Economic and Industrial Democracy, 43(2), 773-792. https://doi.org/10.1177/0143831X20943682

Rumelt, R. P. (2011). Good strategy, bad strategy: The difference and why it matters. Crown Business.

Sina Finance. (2024, November 22). 海信家电"换帅"，代慧忠退休，高玉玲全票当选新董事长. Sina Finance. Retrieved from https://finance.sina.com.cn/wm/2024-11-22/doc-incwxsyh3872003.shtml

Sladek, R. M., Bond, M. J., & Phillips, P. A. (2008). Age and gender differences in preferences for rational and experiential thinking. Personality and Individual Differences, 44(1), 42–52. https://doi.org/10.1016/j.paid.2007.07.007

Stitch Fix Newsroom. (n.d.). Leadership biographies: Katrina Lake's inspiring leadership journey. Stitch Fix. Retrieved from https://newsroom.stitchfix.com/wp-content/uploads/2016/08/Stitch_Fix_AllBios.pdf

Yang, T., Kacperczyk, A., & Naldi, L. (2024). The motherhood wage penalty and female entrepreneurship. Organization Science, 35(1). https://doi.org/10.1287/orsc.2023.1657

Zhihu Column. (n.d.). ImageNet 这八年：李飞飞和她改变的 AI 世界. Zhihu. Retrieved from https://zhuanlan.zhihu.com/p/28142670

Zhihu Column. (2024). 张楠：从抖音到剪映，持续推动字节跳动的增长与创新. Zhihu. Retrieved from https://zhuanlan.zhihu.com/p/682360777

第八章

Ahearne, M., Mathieu, J., & Rapp, A. (2005). To Empower or Not to Empower Your Sales Force? An Empirical Examination of the Influence of Leadership Empowerment Behavior on Customer Satisfaction and Performance. Journal of Applied Psychology, 90(5), 945–955. https://doi.org/10.1037/0021-9010.90.5.945

Akinola, M., Martin, A. E., & Phillips, K. W. (2018). To delegate or not to delegate: Gender differences in affective associations and behavioral responses to delegation. Academy of Management Journal, 61(4), 1467–1491. https://doi.org/10.5465/amj.2016.0662

Bandura, A. (1977). Self-efficacy: Toward a unifying theory of behavioral change. Psychological Review, 84(2), 191–215. https://doi.org/10.1037/0033-295X.84.2.191

Bartunek, J. M., Walsh, K., & Lacey, C. A. (2000). Dynamics and dilemmas of women leading women. Organization Science, 11(6), 589-610. https://doi.org/10.1287/orsc.11.6.589.12531

Bell, D., & Valentine, G. (Eds.). (1995). Mapping Desire: Geographies of Sexualities. London: Routledge.

Bloom, N., Han, R., & Liang, J. (2024). Hybrid working from home improves retention without damaging performance. Nature, 630(7930), 920–924. https://doi.org/10.1038/s41586-024-07500-2

DeYoung, C. G., Quilty, L. C., & Peterson, J. B. (2007). Between facets and domains: 10 aspects of the Big Five. Journal of Personality and Social Psychology, 93(5), 880–896. https://doi.org/10.1037/0022-3514.93.5.880

Eagly, A. H., Makhijani, M. G., & Klonsky, B. G. (1992). Gender and the evaluation of leaders: A meta-analysis. Psychological Bulletin, 111(1), 3–22. https://doi.org/10.1037/0033-2909.111.1.3

Eagly, A. H., & Carli, L. L. (2007). Through the labyrinth: The truth about how women become leaders. Harvard Business Review Press.

Forbes China. (n.d.). 6家中国公司被评为全球最适合女性工作的组织. Retrieved November 25, 2024, from https://www.forbeschina.com/business/66042

Frazier, L., & Sanders, A. M. F. (2019). Can a leader be too conscientious? A linear vs. curvilinear comparison. Poster presented at the 15th Annual River Cities Industrial and Organizational Psychology Conference, Chattanooga, TN. Retrieved from https://scholar.utc.edu/rcio/2019/sessions/18/

Hu, J., Zhang, S., Lount, R. B., & Tepper, B. J. (2023). When leaders heed the lessons of mistakes: Linking leaders' recall of learning from mistakes to expressed humility. Personnel Psychology, 77(2), 683–712. https://doi.org/10.1111/peps.12570

Kim, M., & Beehr, T. A. (2017). Self-efficacy and psychological ownership mediate the effects of empowering leadership on both good and bad employee behaviors. Journal of Leadership & Organizational Studies, 24(4), 466-478. https://doi.org/10.1177/1548051817702078

Langer, E. J., & Rodin, J. (1976). The effects of choice and enhanced personal responsibility for the aged: A field experiment in an institutional setting. Journal of Personality and Social Psychology, 34(2), 191–198. https://doi.org/10.1037/0022-3514.34.2.191

Li, M., & Bitterly, T. B. (2024). How perceived lack of benevolence harms trust of artificial intelligence management. Journal of Applied Psychology, 109(11), 1794–1816. https://doi.org/10.1037/apl0001200

Locke, E. A., & Latham, G. P. (1990). A theory of goal setting & task performance. Prentice-Hall, Inc.

Lorinkova, N. M., Pearsall, M. J., & Sims Jr, H. P. (2013). Examining the differential longitudinal performance of directive versus empowering leadership in teams. Academy of Management Journal, 56(2), 573-596. https://doi.org/10.5465/amj.2011.0132

Manz, C. C., & Sims, H. P., Jr. (1980). Self-management as a substitute for leadership: A social learning theory perspective. Academy of Management Review, 5(3), 361–367. https://doi.org/10.5465/amr.1980.4288845

Martin, S. L., Liao, H., & Campbell, E. M. (2013). Directive versus empowering leadership: A field experiment comparing impacts on task proficiency and proactivity. Academy of management Journal, 56(5), 1372-1395. https://doi.org/10.5465/amj.2011.0113

McKinsey & Company, & LeanIn.Org. (2023). Women in the workplace 2023. Retrieved from https://www.mckinsey.com/women-in-the-workplace

Ou, A. Y., Tsui, A. S., Kinicki, A. J., Waldman, D. A., Xiao, Z., & Song, L. J. (2014). Humble chief executive officers' connections to top management team integration and middle managers' responses. Administrative Science Quarterly, 59(1), 34–72. https://doi.org/10.1177/0001839213520131

Quinn, R. E., & Cameron, K. S. (1983). Organizational life cycles and shifting criteria of effectiveness: Some preliminary evidence. Management Science, 29(1), 33-51. https://doi.org/10.1287/mnsc.29.1.33

Robert, C., Probst, T. M., Martocchio, J. J., Drasgow, F., & Lawler, J. J. (2000). Empowerment and continuous improvement in the United States, Mexico, Poland, and India: Predicting fit on the basis of the dimensions of power distance and individualism. Journal of Applied Psychology, 85(5), 643–658. https://doi.org/10.1037/0021-9010.85.5.643

Schmidt, E., & Rosenberg, J. (2014). How Google works. Grand Central Publishing.

Sina Finance. (2023, October 13).【独家专访】宁高宁复盘管理 30 年 . Sina

Finance. https://finance.sina.com.cn/jjxw/2023-10-13/doc-imzqyepm7586126.shtml

Srivastava, A., Bartol, K. M., & Locke, E. A. (2006). Empowering leadership in management teams: Effects on knowledge sharing, efficacy, and performance. Academy of Management Journal, 49(6), 1239–1251. https://doi.org/10.5465/amj.2006.23478718

Yin, K., Zhao, J., Hou, N., & Nie, Q. (2022). The effects of employee empowering expectation and leader empowering behavior congruence: Based on the relational identification theory. [员工授权期望与领导授权行为一致性的影响效应：基于关系认同理论]. Journal of Industrial Engineering and Engineering Management, 36(5), 75-85. Retrieved from <Go to ISI>://CSCD:7287524

Vecchio, R. P. (1987). Situational Leadership Theory: An examination of a prescriptive theory. Journal of Applied Psychology, 72(3), 444–451. https://doi.org/10.1037/0021-9010.72.3.444

第九章

童兆颖 . (2004). 女性领导力与柔性化管理 . 领导科学 (20), 37-38.

杨德新 . (2015). 女性领导在管理沟通中的性别优势及魅力塑造 . 领导科学 (10), 47-48.

杨静 & 王重鸣 . (2013). 女性创业型领导：多维度结构与多水平影响效应 . 管理世界 (09), 102-115+117+187-188.

Edelman Trust Barometer. (2015). 2015 Edelman Trust Barometer: Global Results. https://www.edelman.com/trust

Ely, R. J., Ibarra, H., & Kolb, D. M. (2011). Taking gender into account: Theory and design for women's leadership development programs. Academy of Management Learning & Education, 10(3), 474-493.

Grant, A. M. (2013). Give and take: Why helping others drives our success. Penguin.

Halbesleben, J. R. B., Neveu, J. P., Paustian-Underdahl, S. C., & Westman, M. (2014). Getting to the "COR": Understanding the role of resources in the Conservation of Resources theory. Journal of Management, 40(5), 1334-1364.

Hobfoll, S. E. (1989). Conservation of resources: A new attempt at conceptualizing stress. American Psychologist, 44(3), 513-524.

Hobfoll, S. E. . (2001). The influence of culture, community, and the nested - self in the stress process: advancing conservation of resources theory. Applied Psychology, 50(3).

Hu, J. (J.), Kim, D., & Lanaj, K. (2024). The benefits of reflecting on gratitude received at home for leaders at work: Insights from three field experiments. Journal of Applied Psychology, 109(9), 1461-1488.

Lanaj, K., Johnson, R. E., & Wang, M. (2016). When lending a hand depletes the will: The daily costs and benefits of helping. Journal of Applied Psychology, 101(8), 1097-1110.

Lane, J. N., Lakhani, K. R., & Fernandez, R. (2023). Setting gendered expectations? Recruiter outreach bias in online tech training programs. Organization Science (forthcoming).

Langton, N., & Robbins, S. P. (2006). Organizational Behaviour: Concepts, Controversies, Applications. Pearson Prentice Hall.

McEwen, B. S. (2007). Physiology and neurobiology of stress and adaptation: Central role of the brain. Physiological Reviews, 87(3), 873-904.

Mun, E., & Jung, J. (2018). Change above the glass ceiling: Corporate social responsibility and gender diversity in Japanese firms. Administrative Science Quarterly, 63(2), 409-440.

Neff, K. D. (2003). Self-compassion: An alternative conceptualization of a healthy attitude toward oneself. Self and Identity, 2(2), 85-101.

Neff, K. D. (2003). The development and validation of a scale to measure self-compassion. Self and Identity, 2(3), 223-250.

Net Impact. (2012). Talent report: What workers want in 2012. https://www.netimpact.org

Post, C., & Byron, K. (2015). Women on boards and firm financial performance: A meta-analysis. Academy of Management Journal, 58(5), 1546-1571.

Schabram, K., & Heng, Y. T. (2022). How other- and self-compassion reduce burnout through resource replenishment. Academy of Management Journal, 65(2), 453-478.

Shanafelt, T. D., & Noseworthy, J. H. (2017). Executive leadership and physician well-being: Nine organizational strategies to promote engagement and reduce burnout. Mayo Clinic Proceedings, 92(1), 129-146.

Tong, S. L., Jia, N., & Fang, Z. (2021). The Janus face of artificial intelligence feedback: Deployment versus disclosure effects on employee performance. Strategic Management Journal, 42(9), 1600-1631.

Wu, L., & Kane, G. C. (2021). Network-biased technical change: How modern digital collaboration tools overcome some biases but exacerbate others. Organization Science, 32(2), 273-292.

写在最后

Mah, J., Kolev, K. D., McNamara, G., Pan, L., & Devers, C. E. (2023). Women in the C-Suite: A review of predictors, experiences, and outcomes. Academy of Management Annals, 17(2), 586-625. https://doi.org/10.5465/annals.2021.0042

Marks & Spencer. (n.d.). Talking menopause at M&S. Marks & Spencer. Retrieved from https://corporate.marksandspencer.com/talking-menopause-ms

McKinsey & Company. (2018). The power of parity: Advancing women's equality in Asia Pacific. McKinsey & Company. Retrieved from https://www.mckinsey.com/featured-insights/gender-equality/the-power-of-parity-advancing-womens-equality-in-asia-pacific